ANJOS CAÍDOS ENTRE NÓS

ARCANJO MIGUEL

ELIZABETH CLARE PROPHET

Autora de *Anjos caídos e as origens do mal*

ANJOS CAÍDOS ENTRE NÓS

O que você precisa saber

Tradução
Johann Heyss

1ª edição

BestSeller

Rio de Janeiro / 2014

CIP-BRASIL. CATALOGAÇÃO NA FONTE
SINDICATO NACIONAL DOS EDITORES DE LIVROS, RJ

Prophet, Elizabeth Clare, 1939-2009
P958a Anjos caídos entre nós / Elizabeth Clare Prophet; tradução: Johann Heyss. - Rio de Janeiro: BestSeller, 2014.
Tradução de: Fallen angels among us
ISBN 978-85-7684-723-6
1. Demonologia. 2. Bem e mal. 3. Anjos. 4. Espiritualidade. I. Título.
13-1379. CDD: 299.93
CDU: 289.9

Texto revisado segundo o novo Acordo Ortográfico da Língua Portuguesa.

Título original
FALLEN ANGELS AMONG US

Esse livro foi originalmente publicado em inglês e impresso nos EUA. Esta obra foi editada em língua portuguesa de acordo com os termos contratuais firmados entre a Editora Best Seller Ltda e Summit University Press.

Para informações, entrar em contato com:
Summit University Press

63 Summit Way, Gardiner, Montana 59030 USA
Tel.: 406-848-9500 – fax: 406-848-9555
e-mail: info@summituniversitypress.com – website: http://www.summituniversitypress.com

Summit Lighthouse do Brasil
Praça Manoel Moreira, 148
Centro – Carrancas – MG
CEP: 37.245-000
www.summit.org.br
Tel.: (35) 3327-1226

Capa e editoração eletrônica: Gabinete de Artes

EDITORA BEST SELLER LTDA.
Rua Argentina, 171, parte, São Cristóvão
Rio de Janeiro, RJ - 20921-380
que se reserva a propriedade literária desta tradução

Impresso no Brasil

ISBN 978-85-7684-723-6
Seja um leitor preferencial Record.
Cadastre-se e receba informações sobre nossos lançamentos e nossas promoções.

Atendimento e venda direta ao leitor
mdireto@record.com.br ou (21) 2585-2002

SUMÁRIO

PARTE V

PREFÁCIO

UM DAQUELES GRANDES MOMENTOS...

Perfeito para a época em que vivemos, *Anjos caídos entre nós - O que você precisa saber* recorre à história cósmica e planetária para revelar as forças por trás dos controladores e manipuladores no cenário mundial atual. O objetivo é oferecer informações básicas e gerais que nos permitirão navegar com segurança pelas águas turbulentas de nosso tempo.

Esta compilação de ensinamentos da professora espiritual, mística e escritora Elizabeth Clare Prophet é um relato elucidativo que responde a muitas das perguntas sobre como o planeta Terra acabou chegando à perigosa situação em que se encontra no século XXI.

Este livro é a continuação do best-seller da autora chamado *Anjos caídos e as origens do mal - Por que a Igreja ocultou o Livro de Enoque e suas impressionantes revelações.* Nesse livro, ela examina o drama primordial do bem e do mal, quando o primeiro traço de corrupção adentrou nosso mundo originalmente imaculado, a Terra. Através da análise detalhada de evidências bíblicas e acadêmicas, Prophet apresenta provas contundentes de que duas quedas distintas de anjos ocorreram há muito, muito tempo. Ela explica que alguns caíram com Lúcifer por causa do orgulho, e que outros se valeram de corpos humanos para saciar seu desejo pelas "filhas do homem". Os dois grupos têm reencarnado ao longo dos anos.

Em *Anjos caídos entre nós*, a autora mostra que estes anjos ainda se encontram entre nós e expõe as estratégias e mentiras específicas que eles vêm usando para subjugar o povo da Terra por milênios. Ela também apresenta práticas espirituais para que se possa enfrentar as forças das trevas com o invencível poder da luz.

DUAS VISÕES DO FUTURO

Há duas maneiras de se ver o futuro. Uma delas é encarar o amanhã como algo predestinado, ou seja, algo que nos acontecerá. A outra é acreditar que podemos mudá-lo até o momento exato em que ele ainda não se concretizou.

Estamos num desses grandes momentos históricos em que aqueles que têm conhecimento da sabedoria ancestral da Terra e de sua própria função nela acabam percebendo com mais clareza o papel único que desempenhamos hoje em dia. Estamos em um momento no qual temos a grande oportunidade de fazer a diferença em nosso destino espiritual, bem como no destino de nosso planeta e sua gente.

A busca por quem somos, de onde viemos e para onde vamos nos conduz ao passado distante, além da história oficial — de volta aos continentes perdidos de Atlântida e Lemúria[1], de volta à época em que os anjos expulsos do céu chegaram à Terra.

O planeta Terra se tornou lar de várias evoluções diferentes. Algumas são leais à luz e outras são comprometidas com as trevas. Algumas evoluções são homens. Outras são anjos caídos. Algumas são anjos de luz que se ofereceram como voluntários para encarnar e ajudar os filhos de Deus. A Terra é de fato uma encruzilhada em nossa galáxia. Trata-se de uma trama complexa.

MEMÓRIAS ANCESTRAIS DE ERAS DE OURO

Muitos de nós ainda lembramos de Lemúria e Atlântida em nossas almas, com uma consciência interna de quando, sob a influência dos anjos caídos, comprometemos a luz e abandonamos nossa senda espiritual.

Em Lemúria, este comprometimento, associado ao abuso da tecnologia, contribuiu para o afundamento do continente há mais de 12 mil anos. O que resta dele é o Círculo de Fogo, que circunscreve as fronteiras do oceano Pacífico ao longo da Costa Oeste das Américas e a Costa Leste da Ásia. Cerca de mil anos depois, Atlântida afundou. Os até então grandes continentes de Lemúria e Atlântida agora repousam no fundo dos oceanos, com seus triunfos e fracassos soterrados pela areias inconstantes do tempo.

Desde então, as eras passaram com inacreditável rapidez. Civilizações surgiram, floresceram, declinaram e desapareceram. E os povos de Lemúria e Atlântida reencarnaram repetidas vezes — interagindo entre si e com os anjos caídos — gerando bom e mau carma em sua jornada.

É com esse pano de fundo que vamos tomar nossos lugares no palco da história cósmica e descobrir nossos papéis para fazer da Era de Aquário uma Era de Ouro.

UM PODEROSO INDICADOR DO FUTURO

Antes de examinarmos alguns dos desafios e oportunidades com que nos deparamos na Era de Aquário, vamos dar uma olhada em um dos mais poderosos indicadores do futuro: a astrologia.

A astrologia nos mostra os efeitos das causas que provocamos no passado, nos mostra o retorno de nosso carma, tanto positivo quanto negativo. No lado positivo, Aquário tem sido visto como o portal da Era de Ouro. A Era de Aquário tem o potencial de ser uma era de liberdade, paz, irmandade e iluminação espiritual.

No lado negativo da contabilidade cármica, os ciclos das próximas décadas, mesmo dos próximos duzentos anos, anunciam guerras, pestes, tirania política, economia tumultuada e até a submersão de continentes. Porém, não precisa ser assim. Roger Bacon, o primeiro cientista moderno,

ATLÂNTIDA

disse que o propósito de estudar astrologia é evitar suas previsões negativas. Ele acreditava que era possível evitar guerras através do estudo da astrologia e chegou a afirmar que se os líderes da Igreja tivessem lido os alertas da astrologia quanto ao cometa de 1264, que precedeu as batalhas que irromperam por toda a Europa, eles teriam evitado as guerras de suas épocas.[2]

O nascimento do novo milênio coincide aproximadamente com a Era de Aquário. O que exatamente é a Era de Aquário? Há 12 eras astrológicas, cada uma de 2.150 anos. Elas levam os nomes dos signos do zodíaco. O ciclo inteiro de 12 eras se estende por 25.800 anos.

As eras são relacionadas à precessão dos equinócios. Em astronomia, esse é o movimento lento do eixo polar da Terra. À medida que o eixo se move, o ponto do equinócio de primavera se move através dos signos do zodíaco, indicando em que era nos encontramos.

Ninguém sabe exatamente quando começa e termina cada era, mas sabemos que estamos nos últimos dias da Era de Peixes. Por causa da precessão, passamos pelas eras em ordem reversa. Antes da Era de Peixes, tivemos a Era de Áries e antes dessa, a Era de Touro e assim por diante.

Em cada era estamos destinados a assimilar certos atributos de Deus e desenvolvê-los ao máximo. A Era de Áries, por exemplo, trouxe a consciência de Deus como Pai, o Legislador. Essa era foi caracterizada pela comunicação direta de Deus a Moisés. Moisés nos mostrou que nós também podemos caminhar e conversar com a Presença que habita dentro de nós, o EU SOU O QUE EU SOU, o nome de Deus que ele recebeu no monte Sinai.

PASSANDO DE PEIXES A AQUÁRIO

O início de cada era astrológica costuma ser acompanhado pelo nascimento de um avatar, ou Deus-homem, que incorpora o espírito da era que ele inaugura. A Era de Peixes trouxe a consciência de Deus como Filho, que a nós se revelou no Cristo universal personificado por Jesus, o Cristo. A missão de Jesus na Era de Peixes era ser nosso mentor na senda da mestria pessoal.[3]

A conclusão da Era de Peixes se dá na hora em que, após 2 mil anos do exemplo de Jesus, temos de demonstrar a mestria pessoal, a mestria sobre as nossas emoções, os nossos pensamentos, o meio ambiente e sobre todos os aspectos de nossas vidas.

O alvorecer da Era de Aquário nos traz a consciência de Deus como Espírito Santo e Mãe Divina. Nessa era, tanto homens quanto mulheres estão destinados a desenvolver seu lado feminino — o lado criativo, intuitivo, nutritivo e misericordioso de suas almas. O momento pode trazer uma oportunidade de renovada integridade para nossas almas e para a Mãe Terra.

Alguns creem que uma Era de Ouro vai acontecer de qualquer maneira, mas não é verdade. As pessoas têm livre-arbítrio e podem usá-lo para escolher um caminho de liberdade ou para seguir o rumo de uma civilização corrompida por anjos caídos.

PROFESSORES IMORTAIS

Alguns de nós vivemos nas grandes civilizações de era de ouro da Lemúria e da Atlântida, onde éramos conduzidos por mestres e adeptos avançados. Na época, sabíamos aplicar as leis de Deus e desfrutávamos de uma qualidade de vida superior à que temos hoje em dia.

Temos fortemente registrado em nosso subconsciente a lembrança de uma era em que vivíamos em meio a esses imortais. Hoje, eles são chamados de mestres ascensos. Têm nos mostrado o caminho ao longo de nossas muitas vidas e sempre mantiveram a visão de que a humanidade já viveu épocas de perfeição. Esses mestres são chamados ascensos por terem alcançado o domínio das circunstâncias da vida, vencido o ego humano, cumprido o propósito de suas vidas, concluído os estudos na escola da vida terrena e ascendido (ou seja, suas consciências se aceleraram), unindo-se finalmente a Deus. No Ocidente, dizemos que eles entraram no céu. No Oriente, diz-se que eles se iluminaram, ou que atingiram o parinirvana.

Esses mestres vêm de todas as etnias e religiões. Eles são santos e sábios que surgiram em todas as eras, oriundos das mais variadas origens e dos mais diversos estilos de vida. Entre eles temos Gautama Buda, Lao-Tsé, Kuan Yin, Confúcio e outros do Extremo Oriente. No Ocidente, vimos Enoque, Moisés, Jesus Cristo, Mãe Maria, Santa Teresa de Lisieux e muitos outros. Também estão incluídos incontáveis devotos conhecidos e desconhecidos de todos os tipos que ascenderam após dedicar várias vidas ao serviço e à devoção. Todos oferecem assistência eterna ao povo da Terra.

Conhecemos esses seres espirituais, juntamente com os arcanjos e as hostes angelicais, como a Grande Fraternidade Branca. Esse nome ancestral nada tem a ver com etnia, referindo-se antes à luz da qual derivam os povos e as religiões, a luz branca que se vê nas auras dos santos.

Em todas as eras, inclusive na atual, os mestres têm enviado seus mensageiros como representantes, no intuito de transmitir seus ensinamentos àqueles que procuram se reunir à sua Origem. Esses mensageiros são ao mesmo tempo porta-vozes e escribas; investidos do Espírito Santo, eles falam ou escrevem os ensinamentos dos mestres. Mark L. Prophet e Elizabeth

Clare Prophet eram mensageiros dos mestres ascensos. É através de seus ensinamentos que se revela agora a presença dos anjos caídos entre nós.

UMA ERA DE ILUMINAÇÃO É POSSÍVEL

Enquanto passamos da Era de Peixes para a Era de Aquário, estamos enfrentando o carma de muitas eras passadas. Agora é o momento em que somos chamados para demonstrar nossa maturidade espiritual. O fim da Era de Peixes marca uma época de ajuste de contas planetário e pessoal.

Os indicadores astrológicos do carma em marcha mostram as trevas que podem resultar de nossa inação. No entanto, caso optemos por agir, a astrologia também revela o suntuoso potencial de uma Era de Ouro.

Como podemos ajudar a criar uma era de iluminação?

SAINT GERMAIN

O mestre ascenso Saint Germain, patrono da Era de Aquário, traz a solução para o problema de nosso carma, tão antigo e complexo. Ele traz um ensinamento e um modo de vida. Mais importante ainda, ele traz a dádiva da chama violeta. Esta energia espiritual, quando empregada de acordo com as leis da alquimia, pode transmutar o carma. (Isso será discutido em detalhes na Parte 5 deste livro.)

Dizem que o melhor profeta do futuro é o passado. Enquanto exploramos o potencial do futuro do planeta Terra, é essencial identificar os eventos que nos conduziram ao presente. O filósofo George Santayana disse: "Quem não consegue se lembrar do passado está condenado a repeti-lo."[3] Apesar de ser verdade, até mesmo aqueles que se lembram do passado o repetirão caso não tenham a consciência e os meios para transcendê-lo. É por esta razão que *Anjos caídos entre nós - O que você precisa saber* está sendo publicado.

Pare um momento e pergunte a si mesmo(a): *Onde foi que eu estive nos últimos 12 mil anos? Quem sou eu? De onde vim? E para onde estou indo?*

Isso é exatamente o que você está prestes a descobrir.

Os Editores Originais

PARTE I

ANJOS CAÍDOS ENTRE NÓS

NOSSO PAI ENOQUE

CAPÍTULO I

OS MISTÉRIOS PROIBIDOS DE ENOQUE: A HISTÓRIA DOS HOMENS E DOS ANJOS QUE NÃO FOI CONTADA

Com o ritmo incrivelmente rápido da vida moderna, a maioria de nós não tem muito tempo para pensar sobre anjos. Mas nem sempre foi assim. No século IV, por exemplo, quando os beligerantes visigodos atacaram o Império Romano, quando a desordem civil e a corrupção social alcançaram índices nunca vistos, quando uma economia regulada chegou a uma inflação de dois dígitos, as pessoas pensavam em anjos.

E não se tratava apenas de reflexões isoladas sobre quantos anjos caberiam na cabeça de um alfinete. Não, perguntavam-se sobre questões que tinham ramificações sérias e de longo alcance.

O debate mais acalorado se dava ao redor de uma só questão crucial: os anjos já haviam se transformado em seres de carne e osso para desempenhar funções terrenas? Apesar de a maior parte do debate aparentemente ter escapado do relato dos historiadores, podemos e devemos reconstruir algumas dessas perguntas (por razões que logo ficarão claras).

Se os anjos já se tornaram seres encarnados que se parecem com seres humanos comuns, como são eles? Como os diferenciamos de nossos vizinhos? Seria um anjo um sujeito excepcionalmente bom, um sujeito doce feito um querubim? Ou excepcionalmente malévolo, como um dos satânicos anjos caídos?

Quanto aos últimos, o que começou como curiosidade casual de clérigos ganhou ares de mistério digno de Sherlock Holmes e se tornou uma investigação da história cosmológica ancestral através de documentos fragmentados que fornecem as peças que faltam para formar muito mais do que uma mera dissertação teológica sobre a natureza e a origem do mal.

EVIDÊNCIAS DE ANJOS CAÍDOS ENTRE NÓS

Acredito que minhas investigações sobre o Livro de Enoque, os textos de Orígenes, escrituras e textos apócrifos relacionados, estudos mitológicos e artefatos ancestrais, apesar de não serem de forma alguma completos, revelam a chave de certos fatos históricos a respeito da evolução de homens e anjos neste e em outros sistemas de mundos. Creio que esses fatos foram deliberadamente escondidos dos filhos da luz por milhares de anos e que, uma vez expostos e trabalhados por corações dedicados, serão ingredientes essenciais da mudança dos mundos rumo a uma nova era de paz e iluminação.

Apesar de o espaço não permitir a apresentação completa de todos os fatos à mão, temos a oportunidade de começar a esclarecer os mistérios proibidos de Enoque quanto à verdadeira natureza dos anjos caídos conhecidos como Vigilantes. Enoque transmitiu esses mistérios a seus filhos e demais familiares para que fossem preservados e alcançassem gerações muito distantes.

Tomando por base provas convincentes de diferentes fontes, nossa tese confirma o Livro de Enoque quanto à existência de anjos caídos, quanto a eles terem encarnado na Terra e corrompido a alma das pessoas e quanto a eles virem a ser julgados pelo Eleito no dia da vinda de seus servos eleitos. Seguindo essa lógica, nossa tese também chega à conclusão de que os anjos caídos (em conjunto com a prole dos Nephilim, que foram expulsos do céu pelo Arcanjo Miguel) continuaram a encarnar na Terra sem interrupção por pelo menos meio milhão de anos.

Sendo assim, estou pronta para provar e documentar que eles estão entre nós hoje, em posições de poder na Igreja e no governo, como principais motores em fatos relacionados a guerra e finanças, ocupando seus lugares em instituições bancárias e conselhos políticos que determinam o real futuro da humanidade através de controle populacional e engenharia genética, controle das fontes de energia e matéria-prima, educação e mídia, e através também de estratégias ideológicas, políticas e psicológicas de dividir para conquistar em todas as frentes.

A história oculta dos homens e anjos é como uma fresta que se abre na porta que conduz à denúncia completa e definitiva de manipuladores e manipulados, opressores e oprimidos. Quando eu terminar de escrever a última palavra do último livro sobre esse tema, ficará claro, pela graça de Deus e do Espírito Santo, que os anjos caídos encarnados (que são o tema principal da profecia de Enoque) têm, desde o começo, arruinado os sonhos de Deus e da humanidade. O tempo todo eles transformam os melhores esforços dos mais nobres corações em uma zombaria do Verbo encarnado, criando as implacáveis espirais de degeneração e morte tanto na civilização ocidental quanto na oriental.

A questão que se tornou assunto de minha pesquisa é: se os anjos do mal costumavam viver entre nós na Terra e, como parece indicar o livro sagrado, se disfarçavam de homens comuns, por que não continuariam entre nós? Considerando-se a situação atual do planeta, onde os encontraríamos hoje? Eles manipulam nosso governo? Administram maliciosamente a economia?

Afinal, quem são eles?

A MATERIALIDADE DOS ANJOS

Os homens do século IV tinham algumas das respostas, preservadas em livros obscuros e raros, alguns inclusive jamais traduzidos para a língua inglesa. Pesquisando os arquivos dos antigos Patriarcas da Igreja, me deparei com o intrigante fato de que eles realmente sabiam algo sobre a encarnação dos anjos — um conhecimento tão perigoso que foi banido como heresia.

Nos primeiros séculos depois de Cristo, os Patriarcas da Igreja filosofavam sobre a origem do mal no universo de Deus, especialmente na Terra. Todos concordaram que o mal estava enraizado nos anjos que caíram do céu, o conhecido relato das Escrituras sobre a rebelião de um arcanjo contra o Todo-Poderoso e os anjos que foram expulsos com ele.[1]

Normalmente esses anjos são representados como criaturas aladas imateriais, demônios sombrios e tenebrosos que, com suas tentações, induzem o ser humano ao erro, sussurrando pensamentos maldosos ao pé do ouvido. Porém, certas passagens-chave das Sagradas Escrituras indicavam que devia haver mais substância — literal e fisicamente — no que diz respeito aos anjos caídos.

Tudo indica que a materialidade dos anjos é uma crença antiga. Houve o anjo com quem Jacó lutou — concreto o suficiente para aleijá-lo pelo menos temporariamente, se não por toda a vida. Esse anjo era tão tangível que o autor do Livro do Gênesis o chama de homem, apesar de que, em outra parte das escrituras, ele é descrito como sendo um anjo.[2] O "anjo" disse a Jacó: "Deixe-me ir, pois o dia está a raiar." Como Jacó poderia ter segurado um anjo incorpóreo?

Os anjos que vieram à Terra para visitar Sodoma tiveram de ficar presos na casa de Lot para protegê-los de serem sexualmente atacados pelo povo local, sodomitas que queriam "conhecer" os anjos.[3] E Manoá se ofereceu para cozinhar o jantar para seu convidado — achando que era um homem comum até ele ascender aos céus no fogo aceso por Manoá. Só então Manoá soube que o "homem de Deus" era um "anjo do Senhor".[4]

JACÓ LUTANDO COM O ANJO DO SENHOR

Os maus anjos, os seres caídos, não eram menos tangíveis, de acordo com certas escrituras religiosas do mundo. Zaratustra, o grande profeta persa, despedaçou os corpos dos anjos, pois eles os usaram para fazer o mal. Os anjos (de acordo com a história) incitaram romances ilícitos com mulheres terrenas — o que seria difícil sem corpos físicos, especialmente porque geraram filhos.[5] A história dos anjos encarnados, apesar de questionável, pelo menos fazia sentido na escritura e na lenda.

O LIVRO DE ENOQUE

Mas havia o Livro de Enoque. Antes apreciado igualmente por judeus e cristãos, esse livro acabou caindo em desgraça entre poderosos teólogos —

precisamente por suas afirmações controversas sobre a natureza e os feitos dos anjos caídos.

O tema enfureceu de tal maneira os últimos Patriarcas da Igreja que um deles, Filastrius, chegou a condenar o livro por heresia.[6] Os rabinos tampouco deram crédito aos ensinamentos do livro sobre os anjos. O rabino Simeão ben Jochai, do século II d.C., lançou uma maldição sobre quem quer que no livro acreditasse.[7]

E assim o livro foi denunciado, banido, amaldiçoado, queimado — e, por último, mas não menos importante, foi perdido (e convenientemente esquecido) por mil anos. Porém, com excepcional persistência, o Livro de Enoque achou seu caminho e voltou a circular há cerca de dois séculos.

Em 1773, rumores de uma cópia remanescente do livro levaram o explorador escocês James Bruce à longínqua Etiópia. Segundo relatos, o Livro de Enoque fora preservado pela Igreja etíope, que o colocou junto aos demais livros da Bíblia.

Bruce salvou não apenas uma, mas três cópias do precioso livro, e as levou para a Europa e Inglaterra. Em 1821, quando o Dr. Richard Laurence, professor de hebraico em Oxford, produziu a primeira tradução para o inglês do livro, o mundo moderno teve o primeiro vislumbre dos mistérios proibidos de Enoque.[8]

O Livro de Enoque fala sobre o reino obscuro onde a história e a mitologia se misturam. Ao compartilhar o segredo dessa insofismável fonte de ancestral sabedoria, o autor revela ao leitor um copo cheio de conhecimento secreto.

Revela-se assim um drama primordial entre bem e mal, luz e trevas. O livro segue os passos de Enoque de volta à atemporalidade da Antiguidade — de volta ao primeiro sinal de corrupção em um mundo imaculado: a Terra.

A QUEDA E A DESTRUIÇÃO DOS VIGILANTES

O problema começou, de acordo com o Livro de Enoque, quando os anjos celestiais e seu líder Samiasa desenvolveram uma insaciável luxúria pelas "filhas dos homens" na Terra e um irreprimível desejo de ter filhos com essas mulheres. Samiasa temeu descer sozinho para encontrar as filhas do homem, portanto, convenceu duzentos anjos, chamados Vigilantes, para se juntar a ele em sua missão de prazer.

Então, os anjos fizeram juramentos e se comprometeram a executar a tarefa por meio de "execrações mútuas" — pragas. Uma vez selado o pacto, uma traição seria punida com horrores indescritíveis.

Com bravatas de quadrilhas, os anjos desceram e desposaram as filhas dos homens. Eles ensinaram às mulheres feitiçaria, encantos e adivinhação — versões distorcidas dos segredos do céu.

A trama vai crescendo como num suspense de ficção científica, mais fácil de encarar como fantasia do que como realidade. As mulheres concebem filhos desses anjos — gigantes do mal. Os gigantes começam a devorar toda a comida que os seres humanos conseguem produzir. Nada os sacia. Eles matam e comem pássaros, bestas, répteis e peixes. Para seu colossal apetite, nada é sagrado. Logo até o *Homo sapiens* se torna uma iguaria. (Enoque 7:1-15)

À medida que segue a história, um anjo rancoroso, chamado Azaziel, ensinou aos homens vários tipos de iniquidades, inclusive como produzir espadas, facas, escudos, armaduras peitorais e outros instrumentos de guerra. Assim, há milênios atrás, alguém explicou a guerra não como invenção humana nem praga divina, mas sim como resultado de um gesto vingativo de um anjo caído e exilado dos reinos do poder de Deus. Conclui-se que o homem, por alguma forma de manipulação, aderiu aos jogos de guerra dos anjos caídos e se permitiu cometer genocídio em nome de suas rivalidades.

No entanto, o relato de Enoque sobre os Vigilantes não acaba por aí. Quando os homens pediram ajuda contra as atrocidades de que estavam sendo vítimas, os céus lhes ouviram as preces. Os poderosos arcanjos — Miguel, Gabriel, Rafael, Surial e Uriel — intercedem pelo povo da Terra perante o Altíssimo, o Rei dos reis. (Enoque 9:1-14.)

O SENHOR ordena a Rafael que amarre os pés e as mãos de Azaziel. Gabriel recebe ordens de destruir os "filhos da fornicação", a prole dos Vigilantes, incitando-os à autodestruição em mútuo assassinato. Miguel é então autorizado a amarrar Samiasa e sua prole maldita "por setenta gerações sob a terra, até o dia do julgamento".[9] E Deus envia o Dilúvio para exterminar os gigantes do mal, os filhos dos Vigilantes.

O RETORNO DOS VIGILANTES

Nas gerações seguintes, após o afundamento do continente da Atlântida, os gigantes retornaram mais uma vez para assombrar a humanidade. Da mesma forma, parece que os Vigilantes terão poder sobre o ser humano (curiosamente, de alguma forma não definida) até o julgamento final desses anjos, que, segundo o autor, já passou da hora.

Há também uma passagem muito significativa perto do fim do Livro de Enoque que fala sobre os últimos dias na Terra:

> Nesses dias os anjos retornarão e se arremessarão sobre o leste [...] para atiçar os reis e neles fazer brotar um espírito de desassossego.
>
> E eles marcharão e caminharão para cima e para baixo na terra dos eleitos Dele.
>
> Eles começarão a lutar contra si mesmos... até que seja incontável o número de cadáveres resultantes de sua carnificina, e sua punição não seja leve.[10]

Essa parece uma sinistra profecia de nossa época — com guerras e rumores de guerras no "leste" e incontáveis corpos em uma terra sagrada. Não há data associada à previsão, mas basta trocar poucas palavras nos lugares certos para reproduzir as manchetes atuais.

O tema principal do Livro de Enoque é o julgamento final desses anjos caídos, os Vigilantes, e sua prole, os espíritos do mal.[11]

A INFLUÊNCIA DE ENOQUE SOBRE JESUS

A maioria dos acadêmicos diz que a forma atual da história no Livro de Enoque foi escrita em algum ponto do século II a.C., e foi popular por pelo menos quinhentos anos. O texto etíope mais antigo foi aparentemente feito a partir de um manuscrito grego do Livro de Enoque, que já era uma cópia de um texto mais antigo. O original, ao que tudo indica, foi escrito na língua semita, hoje considerada aramaico.

Apesar de o livro já ter sido considerado pós-cristão (as semelhanças com a terminologia e os ensinamentos cristãos são impressionantes), descobertas de cópias do livro entre os Manuscritos do Mar Morto em Qumram provam que o escrito já existia antes de Jesus. No entanto, ainda não se sabe a data do original, que foi usado como base para as cópias encontradas em Qumram que datavam do século II a.C. O livro é, para usar apenas uma palavra, antigo.

Muitos dos historiadores são de opinião de que o livro não contém de fato as reais palavras do patriarca Enoque, pois ele teria vivido (de acordo com cronologias no Livro do Gênesis) vários milhares de anos antes da primeira aparição conhecida dos escritos a ele atribuídos.

Porém, é claro que o conhecimento dos historiadores contemporâneos das escrituras judaicas não é, de forma alguma, completo. Com o passar do tempo, novas descobertas podem ajudar a esclarecer o cenário descrito pela tradição rabínica do Zohar, o que implica que os escritos de Enoque foram passados fielmente de geração a geração.[12]

A despeito de sua origem desconhecida, os cristãos já chegaram a aceitar as palavras do Livro de Enoque como as de uma autêntica escritura sagrada, principalmente o trecho sobre os anjos caídos e seu vaticinado julgamento.

Na verdade, muitos dos conceitos-chave usados pelo próprio Jesus Cristo parecem diretamente ligados a termos e ideias do Livro de Enoque.

Portanto, é difícil evitar a conclusão de que Jesus não apenas estudou o livro, mas também o respeitava o suficiente para adotar e desenvolver suas descrições específicas sobre a chegada do reino e seu tema de julgamento inevitável dos "ímpios", que é o termo usado com mais frequência para descrever os Vigilantes no Antigo Testamento.[13]

Há um extenso número de provas de que Cristo aprovava o Livro de Enoque. Mais de cem frases do Novo Testamento encontram precedentes nesse livro. A bênção de Nosso Senhor, que diz: "Abençoados sejam os mansos, pois eles herdarão a Terra"[14] talvez remonte a Enoque 6:9: "Os eleitos possuem luz, alegria e paz; e eles herdarão a terra."

Da mesma forma, quando Jesus repreende dizendo: "Ai daquele por quem o Filho do homem é traído! Melhor lhe fora se não tivesse nascido"[15] faz lembrar Enoque em: "Onde [será] o lugar de descanso daqueles que rejeitaram o Senhor dos espíritos? Teria sido melhor para eles que nem tivessem nascido."[16]

E a declaração "Ai de vós que são ricos"[17] de Jesus Cristo é reproduzida quase que integralmente em Enoque: "Ai de vós que são ricos, pois em vossas riquezas confiáveis; mas de vossas riquezas sereis despojados; porque vós não vos lembrastes do Altíssimo nos dias de vossa prosperidade."[18]

ENOQUE E A EPÍSTOLA DE JUDAS

Há outra dramática evidência da aceitação do Livro de Enoque por parte dos primeiros cristãos. A Epístola de Judas discute claramente o conteúdo do Livro de Enoque, observando que:

> Há certos homens que se esgueiram, incógnitos, que desde muito já estavam destinados a essa condenação, homens ímpios, transformando em lascívia a graça de Deus [...]
>
> Eles representam manchas em vossas festas de caridade, quando celebram convosco, fartando-se sem temor; são nuvens desprovidas de água, levadas de um lado para outro ao sabor dos ventos; são como árvores murchas, infrutíferas, duplamente mortas, desarraigadas.
>
> Ondas revoltas do mar a escumar suas próprias abominações; estrelas errantes, para as quais está eternamente reservada a negrura das trevas.[19]

Judas chega a citar Enoque diretamente e se refere a ele pelo nome, dizendo:

> E Enoque também, o sétimo depois de Adão, profetizou, dizendo: Eis que é vindo o Senhor com milhares de seus santos;
>
> Para a todos julgar, e condenar dentre eles todos os ímpios por todas as suas obras ímpias, que impiamente cometeram, e por todas as duras palavras que ímpios pecadores disseram contra ele.[20]

Notem que toda a premissa e conclusão do Livro de Enoque — isto é, o julgamento dos Vigilantes como sendo a chave para a libertação das almas de luz e como necessária purificação planetária antes da vinda do reino de Deus — é prevista de ocorrer "em uma geração que sucederá em um período distante, por causa dos eleitos". (Enoque 1:2)

Quem são os eleitos? Definimos os eleitos como aqueles que escolhem ser os instrumentos da vontade de Deus, de acordo com o chamado que recebem do Pai e do Filho para que sejam portadores da luz do Eleito.

Tomamos Enoque 1:2 para dizer que o julgamento é uma consequência direta e inevitável da chegada do Eleito — do Verbo encarnado — e de seus escolhidos neste e nós próximos séculos.

O julgamento profetizado por Enoque virá através da luz do Cristo que o Filho acendeu nos corações dos seus. A luz é a luz do "homem interior", a que Paulo chamava de "o Cristo em vós, esperança da glória".[21]

A profecia de Enoque sobre o julgamento é citada por Judas como evidência bíblica aceitável dos "ímpios". Judas baseou toda a sua epístola no tema enoquiano. Porém, quando o Livro de Enoque foi posteriormente questionado, até o próprio Judas se tornou suspeito, e sua carta mal conseguiu permanecer entre os livros canônicos da Bíblia.

Outra evidência notável de que os primeiros cristãos aceitavam o Livro de Enoque passou muitos anos enterrada debaixo da má tradução de Lucas 9:35 na tradução inglesa da Bíblia, descrevendo a transfiguração de Cristo: "Saiu da nuvem uma voz, que dizia: 'Este é o meu amado Filho: a ele ouvi.'" Aparentemente, o tradutor quis fazer esse verso concordar com um verso semelhante em Mateus e Marcos. No entanto, o verso de Lucas, no original grego, diz: "Esse é meu Filho, o Eleito.[22] Ouçam-no."

O Livro de Enoque também foi muito amado pelos essênios, uma comunidade da nova era que tinha um grande monastério em Qumram, no Mar Morto, na época de Jesus Cristo. "O tema dos anjos caídos", observa o Dr. Charles Francis Potter, "era uma das histórias favoritas dos essênios".[23]

Fragmentos de dez manuscritos de Enoque foram encontrados entre os Manuscritos do Mar Morto. Os famosos pergaminhos são, na verdade, apenas uma parte das descobertas feitas em Qumram. Boa parte dos demais achados consistia em literatura enoquiana, cópias do Livro de Enoque, e outras obras apócrifas da tradição enoquiana, como o Livro dos Jubileus.

Os essênios aguardavam a vinda do Messias para que parassem de sofrer perseguições, as quais atribuíam aos "filhos de Belial"[24] — sem dúvida os anjos caídos. Eles aguardavam a vinda do Eleito; pois o Livro de Enoque havia profetizado: "Vós vereis meu Eleito sentado no trono de minha glória. E ele haverá de julgar Azaziel, todos os seus associados e todas as suas hostes."[25]

Nesta mesma tradição, o próprio Jesus disse: "Agora é o tempo do juízo deste mundo [o sistema de mundo dos Vigilantes]; agora será expulso o príncipe deste mundo."[26]

Certamente que seus ouvintes, bem versados que eram nos ensinamentos do Livro de Enoque, teriam percebido a clara inferência de Jesus: que ele veio para realizar o julgamento dos anjos caídos profetizado no Livro de Enoque.

Em essência, Jesus se revelou o Messias, o Eleito do Livro de Enoque, que veio não só para realizar as profecias do Antigo Testamento, mas também para realizar uma profecia muito especial do Livro de Enoque — a saber, o julgamento dos Vigilantes e sua prole.

PATRIARCAS DA IGREJA SUBSEQUENTES CONTESTAM O LIVRO DE ENOQUE

Todos amaram e respeitaram o Livro de Enoque, pelo menos por algum tempo. A mudança de opinião se deu no século IV, durante a era dos Patriarcas da Igreja. Esses altamente respeitados intérpretes da teologia cristã eram destacados líderes e professores da Igreja Cristã que floresceram entre os séculos I e VIII d.C.

Primeiro os Patriarcas devotaram muita atenção ao assunto da queda do anjo a quem conheciam como o Satã bíblico. Eles também abordavam o assunto das personalidades de outros anjos caídos, o *modus operandi* dos espíritos do mal e a natureza do mal. Convencidos de que esses malvados ancestrais ainda estavam bem atuantes no mundo, os primeiros Patriarcas costumavam citar o Livro de Enoque para reforçar seus argumentos do bem contra o mal.

Agora vamos examinar como os subsequentes Patriarcas da Igreja se afastaram do conceito dos anjos encarnados e do Livro de Enoque, fazendo assim o jogo dos anjos caídos.

Os subsequentes Patriarcas da Igreja de fato tiveram dificuldades com o ponto de vista de Enoque, e resolveram procurar outra explicação para a queda dos anjos. Talvez se sentissem desconfortáveis com as implicações das histórias sobre alguns dentre nós que não são um de nós — homens que não são homens, e sim anjos caídos. Então eles examinaram o registro da queda de Lúcifer em Isaías 14:12-15, onde consta registrado:

> Como caíste do céu, ó Lúcifer, filho da manhã! Como foste lançado por terra, tu que debilitavas as nações!
>
> E tu dizias em teu coração: Eu subirei ao céu, acima das estrelas de Deus exaltarei o meu trono, e me assentarei no monte da congregação, aos lados do norte.
>
> Subirei acima das mais altas nuvens, serei semelhante ao Altíssimo. E serás, contudo, levado ao inferno, ao abismo mais profundo.

Alguns Patriarcas da Igreja viram nesses versos de Isaías a história da queda de um arcanjo e, subsequentemente, a de seus subalternos, puxando "pela cauda", de acordo com Apocalipse 12:4, "a terça parte das estrelas [anjos] do céu". Eles viram a queda como sendo por orgulho, e não por luxúria, como no relato de Enoque.

Os Patriarcas, ao que parece, tiveram uma ideia — um jeito fácil de evitar a problemática história dos anjos malignos encarnados. Eles escolheram por unanimidade a versão da queda dos anjos por orgulho em vez da versão enoquiana, que atribui a queda à luxúria, tornando-a uma equação do tipo ou/ou.

A questão é: o que os motivou a contestar o Livro de Enoque foi evitar a controversa doutrina da corporalidade dos anjos maus e de sua presença concreta na Terra? Se foi, por que o fizeram?

Talvez possamos reconstruir a lógica de seus argumentos. Se os anjos caíram por causa de luxúria, eles teriam de ter corpos físicos para satisfazer seus desejos físicos. Porém, se os anjos tivessem caído meramente por orgulho, uma corrupção da mente e do coração, eles não precisariam de corpos para consumar seu pecado. Eles poderiam simplesmente ser como aqueles demônios de asas de morcego que sussurram nos ouvidos humanos, incitando-os à vaidade das vaidades.

Essa explicação era, em termos teológicos, menos problemática. E até hoje — apesar dos Gengis Khans e muitos outros terem feito suas entradas e saídas, desfilando suas vilanias super ou sub-humanas, dependendo do caso — essa crença permanece.

Eu, por exemplo, não acredito que o pecado do orgulho deixe de necessitar de um corpo físico para se manifestar. A cultura que esses anjos caídos criaram hoje, como mostrarei, toma por base o materialismo e o exibicionismo, desde os variados tipos de fixação no corpo à obsessão pela moda. Eles criaram uma civilização baseada no orgulho e na luxúria, que se tornou campo de provas para egos caídos competirem por atenção e aplauso no culto ao sucesso.

Na verdade, o pecado da luxúria em si, tecnicamente, não requer um corpo físico para macular o registro da vida e da alma de homens e anjos. Afinal, Jesus não disse que o pecado da luxúria pode ocorrer mental e espiritualmente através de um coração impuro? "Eu, porém, vos digo: qualquer um que olhar para uma mulher com intenção impura, no coração já cometeu adultério com ela."[27]

Pode parecer que focar nos aspectos físicos do pecado talvez nos desvie do fato de que o estado de pecado ou virtude é uma condição da alma que pode ser levada à conclusão lógica de angariar o desprezo do Altíssimo em qualquer plano de habitação, seja de homens ou de anjos, usem eles corpos físicos, astrais ou etéreos.[28]

A ENCARNAÇÃO DOS ANJOS CAÍDOS

Não obstante, os Patriarcas da Igreja que se agarraram a uns versos de Isaías como salvação de seu dilema enoquiano deixaram passar a história mais impressionante de todas. A narrativa, após detalhar a queda do arcanjo Lúcifer, descreve os gestos altivos e mundanos desse ambicioso "filho da manhã", chamando-o claramente de "o homem que fez a terra tremer".

> Os que te virem te contemplarão, considerar-te-ão, e dirão: É este o homem que fazia estremecer a terra e que fazia tremer os reinos?
>
> Que punha o mundo como um deserto, e assolava as suas cidades? Que a seus cativos não deixava voltar soltos para suas casas?
>
> Todos os reis das nações, todos eles, jazem com honra, cada um no seu túmulo.
>
> Mas tu és lançado da tua sepultura, como um renovo abominável, coberto de mortos atravessados à espada, como os que descem às pedras da cova, como o cadáver pisado.[29]

Isaías chamava Lúcifer de homem — indicando fortemente que ele acreditava que "o expulso" havia caminhado na terra em carne, transitado entre os mortais como um deles.[30]

Cipriano, bispo de Cártago do século III, observou o uso específico da palavra *homem* e a usou como prova de que o Anticristo — Lúcifer — um dia viria como um ser humano. Afraates, teólogo cristão nascido na Pérsia do século IV, acreditava que Lúcifer já havia encarnado — como Nabucodonosor, rei da antiga Babilônia.[31]

No entanto, essa fenomenal prova da encarnação dos anjos caídos foi descartada pelos outros Patriarcas da Igreja — se é que chegaram a reconhecê-la pelo que era de fato — que acabaram usando a passagem de Isaías para começar outro debate: a controvérsia orgulho *versus* luxúria.

O escritor cristão Julius Africanus (200-245) primeiro se opunha à história tradicional da queda dos anjos por causa da luxúria. Ele chegou até a atacar os versos 1-4 do Gênesis 6 que falam dos "filhos de Deus", tradicionalmente interpretados como sendo os Vigilantes, e as "filhas dos homens", isto é, os descendentes de Caim — um paralelo ao Livro de Enoque em escritura aprovada. O verso em questão diz assim:

> Como os homens começaram a multiplicar-se sobre a terra, e lhes nasceram filhas,
>
> Viram os filhos de Deus que as filhas dos homens eram formosas; e tomaram para si mulheres de todas as que escolheram.
>
> Então disse o Senhor: Não permanecerá o meu Espírito para sempre com o homem; pois este é mortal; os seus dias serão 120 anos.
>
> Havia naqueles dias gigantes na terra; e também depois, quando os filhos de Deus conheceram as filhas dos homens, as quais lhes deram filhos. Estes foram valentes, os homens de renome que houve na antiguidade.

Julius Africanus preferia acreditar que a passagem sobre os "filhos de Deus" do Gênesis 6:2 que "viram as filhas dos homens" e as "tomaram para si" não se refere a todos os anjos, apesar do fato de certas traduções antigas da Bíblia dizerem claramente "anjos de Deus" — e não "filhos de Deus".[32]

Julius Africanus pensou que esse trecho, na verdade, fazia referência aos honrados filhos de Sete, que "caíram" (no sentido moral) por tomarem as filhas inferiores de Caim como suas mulheres.[33] Ele formou essa opinião contrariando o fato de que tanto o Livro de Enoque quanto o Livro de Judas mencionam anjos que abandonaram sua prévia condição (celestial),[34] o que Julius devia conhecer, e também a despeito do fato de o termo "filhos de Deus" estar espalhado pelo Antigo Testamento em referência a anjos,[35] que Julius também deveria conhecer.

As opiniões dos Patriarcas da Igreja logo se juntaram a essa interpretação. No começo do século IV, Efraim, uma autoridade síria, também declarou que o Capítulo 6 do Gênesis se referia aos setitas e cainitas — e, portanto, não à queda dos anjos por meio de luxúria.[36]

A controvérsia prosseguiu inflamando os Patriarcas da Igreja e acadêmicos, até que o Livro de Enoque foi finalmente declarado como heresia.

E assim as palavras de Enoque sumiram dos livros de consulta da civilização. Não deve ser irrelevante e nem desaforado perguntar quem cortou tais passagens: homens ou anjos? Quem queria tanto assim manter em segredo a presença de anjos caídos na Terra?

Passando-se por cristãos e judeus, eles — os anjos caídos e aqueles a quem haviam influenciado — denunciaram e suprimiram o relato do Livro de Enoque da queda dos anjos devido à luxúria da carne. Enoque ainda carrega seus veredictos de heresia e blasfêmia após 1.500 anos.

QUAL VEIO PRIMEIRO, GÊNESIS OU ENOQUE?

A descoberta no século XX de vários textos de Enoque em aramaico entre os Manuscritos do Mar Morto levaram o acadêmico católico J. T. Milik a compilar a história completa das histórias de Enoque, inclusive suas traduções dos manuscritos em aramaico.

O livro de Milik, um volume de quatrocentas páginas publicado em 1976 em Oxford,[37] é um marco do estudo acadêmico sobre Enoque, e o próprio Milik é, sem dúvida, um dos maiores especialistas no assunto em todo o mundo. Suas opiniões, fundamentadas ao longo de anos de profunda pesquisa, são respeitadíssimas.

Milik observa a interdependência nítida e próxima da história dos anjos caídos no Livro de Enoque e a história dos "filhos de Deus" no Livro do Gênesis. Porém, ele não chega à mesma conclusão que os Patriarcas da Igreja, segundo os quais o Livro de Enoque interpretava erroneamente o antigo relato do Gênesis, sendo portanto irrelevante.

Milik, ao contrário, chegou a uma conclusão surpreendente, ainda que bastante justificada: a de que a história dos anjos caídos de Enoque é não só anterior ao Capítulo 6 do Gênesis, mas que o próprio Capítulo 6 do Gênesis é, na verdade, um resumo direto do relato de Enoque.[38]

Isso é o que Milik chama de "solução inevitável": é o Capítulo 6 de Gênesis que se baseia no Livro de Enoque, e não o contrário. Milik considera que o texto do Gênesis, com sua formulação condensada e alusiva e citações diretas de duas ou três frases de Enoque, deve ser o mais recente dos dois, o que implica ser a história de Enoque pioneira em relação aos capítulos definitivos do Gênesis.[39]

Milik inverteu habilmente o jogo dos últimos Patriarcas da Igreja, que baniram os relatos dos anjos caídos que se acasalaram com as filhas dos homens e que rotularam os ensinamentos de Enoque de desvio herético do Capítulo 6 do Gênesis. Pois, se o sexto capítulo do Gênesis foi mesmo baseado no Livro de Enoque, então é óbvio que ele está recontando o mesmo evento que Enoque: a luxúria dos anjos caídos pelas filhas dos homens. O relato de Enoque estava na Bíblia, bem no texto aprovado do Gênesis, o tempo todo.

Se Milik tiver razão — e as provas indicam que ele tem —, o critério no qual os Patriarcas basearam seus julgamentos contra o Livro de Enoque são plenamente invalidados e seu testemunho contra Enoque se prova falso. Os argumentos deles carecem de fundamento. O caso de Enoque deve ser reaberto e novamente julgado.

DUAS QUEDAS DE ANJOS

No entanto, os leitores e as leitoras com mais astúcia acabarão se perguntando: se Genesis 6 fala sobre a queda dos anjos por luxúria, e quanto à outra queda bíblica do arcanjo — por orgulho — relatada em Isaías e observada (ou antes usada) pelos últimos Patriarcas da Igreja há muito tempo? Novamente, pesquisas acadêmicas do século XX trazem a resposta que não estava acessível na época dos Patriarcas da Igreja.

Através de exames profundos, detalhados e sem precedentes sobre o significado específico da passagem, o especialista em hebraico Julian Morgenstern descobriu que os versos do Gênesis traziam atados os traços de "dois mitos distintos e originalmente sem nenhuma ligação entre si sobre deuses e anjos".[40]

Em sua notável exegese (Hebrew Union College, 1939), Morgenstern prova que originalmente eram conhecidos dois relatos distintos de quedas de anjos: um era o relato da rebelião do arcanjo contra a autoridade de Deus e sua subsequente queda devida ao orgulho, na qual ele foi seguido por uma multidão de anjos menores, biblicamente chamados de Nephilim (os "caídos"); e o outro relato, fielmente registrado no Livro de Enoque — a queda posterior dos anjos, chamados Vigilantes, por meio de luxúria desenfreada pelas filhas dos homens.[41] E assim, conclui Morgenstern, os anjos caíram não uma, mas duas vezes.

Morgenstern explica que a própria construção do Gênesis 6:4, um dos versos mais intrincados e obscuros do Antigo Testamento, implica ser ele uma síntese de duas histórias diferentes. De acordo com a Bíblia de Jerusalém, o verso diz:

> Ora, naquele tempo (e também depois), quando os filhos de Deus se uniam às filhas dos homens e estas lhes davam filhos, os Nephilim habitavam sobre a terra.[42]

O texto especifica dois fatos: um, haviam seres chamados Nephilim na Terra; e dois, eles ainda estavam por perto quando os filhos de Deus desceram e se acasalaram com as filhas dos homens. Fica nítido, de acordo com Morgenstern, que os Nephilim são anjos caídos que já estavam na Terra quando os filhos de Deus — os outros anjos descritos por Enoque — também caíram por causa da luxúria.

No entanto, como os anjos caídos Nephilim chegaram à Terra originalmente? É aí, diz Morgenstern, que o anjo rebelde e a queda por orgulho se encaixam. Esse é o primeiro dos dois eventos celestiais distintos.[43]

VALIDAÇÃO DE ENOQUE

A aparente contradição entre as duas quedas de anjos, que acabou sendo usada pelos Patriarcas da Igreja contra Enoque, desaparece se há duas histórias distintas de quedas.

O Livro de Enoque então passa a ser uma confiável preservação da referência à primeira queda, a que se deu por meio da luxúria — referência que teria se perdido se não fossem poucas e breves referências apócrifas.

A negação do Livro de Enoque por parte dos últimos Patriarcas da Igreja obscureceu por séculos o entendimento humano sobre os anjos caídos. Além disso, as declarações dos últimos Patriarcas da Igreja contra a ideia de encarnação física dos anjos está longe de ser conclusiva. Provas linguísticas sustentam a teoria segundo a qual os judeus de tempos ancestrais acreditavam que os anjos caídos encarnavam fisicamente em corpos humanos.

Morgenstern também sugere que, para os primeiros judeus, os anjos caídos eram bastante concretos, observando que o crime dos "filhos de Deus" era característico do nível humano de existência. Ele mostra que a punição de Deus para esses anjos foi fazer com que eles adquirissem a natureza e as qualidades humanas das mulheres com quem se acasalavam, tornando-se então mortais. Morgenstern diz: "Nenhuma outra conclusão seria possível."[44] Condenados à vida terrena, os anjos, portanto, se tornaram homens mortais.

Dessa forma, cada argumento contra o Livro de Enoque vai por água abaixo. Há de chegar logo o dia em que as reclamações contra esse livro — no sentido de lhe faltar base histórica e lhe atribuir uma data posterior à real — também acabarão silenciadas pelas provas de antiguidade do livro.

Não só o livro pode trazer a antiga e autêntica história do verdadeiro Enoque, como também pode ser a resposta para o enigma filosófico da origem do mal no universo de Deus. De acordo com o Dr. Paul D. Hanson, de Harvard, o mito dos anjos caídos "oferece uma etiologia do mal no mundo: todo o mal do mundo surge a partir de um evento celestial, a rebelião de certos seres divinos e, mais imediatamente, da resultante geração de sua perniciosa prole no mundo".[45]

CAPÍTULO 2

A QUEDA DE LÚCIFER, DO HOMEM E A CHEGADA DOS RETARDATÁRIOS

Hoje vemos a confusão que nos cerca neste planeta e imaginamos onde tudo começou e como entramos neste mundo decadente, ausente de visão e de unidade entre povos e nações. Não foi sempre assim. Olhando para trás, para a história cósmica, descobrimos que a corrupção começou na época bíblica de Adão e Eva, quando os anjos caídos entraram em cena. Vejamos agora quando e por que esses anjos se encontravam no Jardim do Éden.

Entre as evoluções angelicais se encontra a mais alta ordem dos Arcanjos. Muitas pessoas hoje em dia conhecem os arcanjos Miguel, Gabriel e Rafael. Mas existe um que talvez não reconheçamos como arcanjo: ele, Lúcifer, era um arcanjo de grande estatura antes de se rebelar contra Deus. Sua rebelião foi motivada por sua recusa em servir aos rebentos do Senhor — o homem.

A QUEDA DE LÚCIFER

Há uma história apócrifa do Novo Testamento — escritos religiosos que foram transmitidos pelos primeiros cristãos, mas não se tornaram parte da Bíblia — segundo a qual, quando Deus criou a humanidade à sua imagem e semelhança, criou filhos e filhas. Ele enviou seres crísticos e disse aos seus anjos: "Formei o homem de acordo com minha própria imagem e semelhança. Essa imagem é a minha encarnação. Agora, portanto, venerem a imagem de Deus." Assim percebemos que, na hierarquia do reino de Deus, os anjos ocupam uma posição de servos ministrantes dos filhos de Deus.

Vocês podem dizer que Lúcifer ficou com ciúmes porque o SENHOR Deus não exigiu que a criação o adorasse, pois ele estava com Deus desde a origem de seus rebentos, portanto, não iria se curvar diante da luz de nenhum filho do Altíssimo.

O apócrifo Evangelho de Bartolomeu entra em detalhes sobre a razão da queda do arcanjo, explicando que Lúcifer revelou seu orgulho ao se recusar a ajoelhar-se diante do Cristo interno do homem criado pelo SENHOR: "Sou fogo do fogo", gaba-se. "Fui o primeiro anjo a ser formado, e devo reverenciar barro e matéria?"[1] Sua recusa em reverenciar o Filho de Deus dentro do homem foi o início da Grande Rebelião.

Às vezes é difícil entender como alguém tão próximo ao coração de Deus, um ser tão elevado — que era chamado de filho da manhã e Lúcifer (que significa "portador de luz") —, poderia se rebelar. Vejo o orgulho e o egocentrismo dele, marcas de sua queda, como uma argumentação intelectual desprovida de Deus, uma atitude de autossuficiência que alega: "Não preciso de Deus, pois posso fazer melhor do que Ele."

Quando tudo isso se deu na consciência de Lúcifer, ele ainda tinha uma luz imensa; e essa luz era resultado do seu momentum acumulado anterior à queda. Tão forte era a sua luz que milhões de anjos estavam a seu serviço, e quando ele decidiu se separar do núcleo de fogo do ser de Deus, as hostes angelicais, tão acostumadas a obedecer ao líder, o seguiram.

Podemos ler no décimo segundo capítulo do Apocalipse:

> E houve guerra no Céu. Miguel e seus anjos lutaram contra o dragão; e o dragão e os seus anjos lutaram, todavia, não prevaleceram; nem mais se achou o lugar deles nos céus. E foi expulso o grande dragão, a antiga serpente, que se chama diabo e Satanás, que a todos engana. Ele foi precipitado na terra, e os seus anjos foram lançados com ele.

Como já haviam se desarmonizado com seu ponto de origem, esses anjos rebeldes não podiam continuar habitando os planos mais elevados do reino de Deus. "Precipitado na Terra" significa que eles foram lançados ao plano físico para assumir corpos físicos, exatamente como nós, e que além disso iriam se sujeitar a partir daí às leis do carma e da reencarnação.

O Diabo (também chamado Lúcifer) e seus anjos não queriam ser jogados na Terra. Eles queriam se rebelar e permanecer no céu. Foi preciso uma batalha celestial, um Armagedom galáctico, para que o Arcanjo Miguel forçasse esses anjos a sair do céu e descer aos planos terrenos. E assim começou a estada dos anjos caídos na Terra.

O nome citado em Apocalipse 12:9 como o "grande dragão" é Satanás. A palavra *satanás* significa "adversário". Falamos de um demônio chamado Satanás, mas, na verdade, há um bando de anjos caídos chamados Satanás, que foram expulsos do céu com Lúcifer e seus anjos. Satanás é o progenitor original — ou o mais alto na hierarquia — dos Satanás. Referimo-nos a eles no coletivo como Satanás e seus descendentes.

Antes da Grande Rebelião, os Satanás serviam como iniciadores que instruíam e testavam as almas, assistindo-as na conquista de mestria divina.

Após a queda, eles se tornaram tentadores e passaram a se concentrar no objetivo de convencer os filhos de Deus a romper seus votos e violar as leis de Deus.

O Livro de Jó descreve Satã como um iniciador, um verificador. O primeiro capítulo registra "um dia, quando os filhos de Deus foram se apresentar perante o SENHOR, e veio também Satanás entre eles". Deus falou com Satanás sobre a bondade de Jó, dizendo que "não há ninguém como ele na Terra, um homem íntegro e reto". Satanás respondeu: "Teme Jó a Deus em vão?"

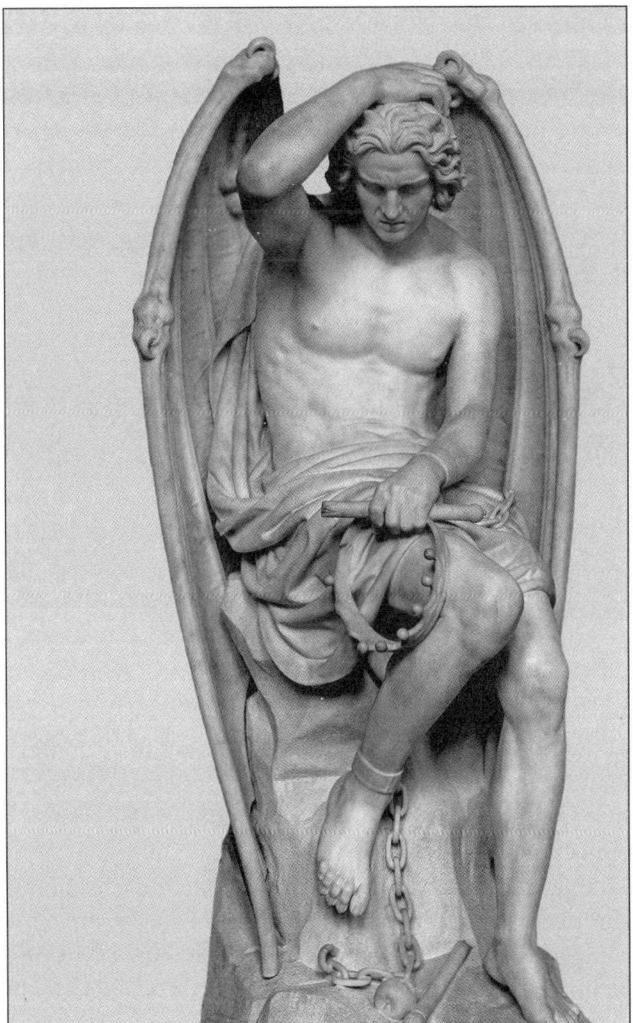

LÚCIFER CAÍDO

ANJOS EXPULSOS DO PARAÍSO

O SENHOR deu a Satanás permissão para testar Jó, e conferir a intensidade e o tamanho de seu amor por Deus caso ele perdesse suas posses mundanas e sua família. Ao longo dos testes feitos por Satanás, Jó permaneceu firme em seu amor e devoção a Deus.

Após os Satanás serem lançados no plano físico, encarnando na Terra, eles começaram a se casar e reproduzir com os locais. Assim, até hoje a semente de Satanás está encarnada entre nós. Nós vemos esses destruidores na mídia e em outras áreas, inclusive nas Igrejas e sociedades religiosas. Onde quer que eles passem, tomarão posição contrária a Deus e seu povo, opondo-se à luz e à verdade.

SATÃ CAÍDO SE RENDE AOS ANJOS DO SENHOR

AS PRIMEIRAS RAÇAS-RAÍZES

Milhares e centenas de milhares de anos antes da queda de Lúcifer e dos Vigilantes, os filhos de Deus na Terra viveram uma longa história de pureza e perfeição em várias civilizações de era de ouro. As primeiras dessas civilizações existiram nos continentes da África, Ásia e América do Sul, além de outras áreas que atualmente jazem debaixo de oceanos e areias desérticas. Essas eras douradas precederam outras eras douradas mais recentes, como as de Atlântida e Lemúria.

Assim como vemos uma grande variedade de etnias humanas hoje em dia, também há grande diversidade na origem e na evolução das almas das ondas de vida que trabalharam — e ainda trabalham — o seu destino na Terra. De acordo com a tradição esotérica, sete grupos primários de almas — as sete raças-raízes — devem encarnar neste planeta.

Raça-raiz é uma onda de vida, uma evolução de almas que vem do coração de Deus em certa época da história cósmica para animar um aspecto particular da consciência de Deus. Os membros de cada raça-raiz têm o mesmo padrão arquetípico peculiar, o mesmo plano divino e a mesma missão a cumprir na Terra.

As primeiras três raças-raízes conviveram em harmonia com as leis de Deus em três eras de ouro antes da Queda de Adão e Eva. Como nós, eles eram dotados de livre-arbítrio. Ao contrário de nós, porém, eles o usavam apenas para realizar a vontade de Deus. Eles tinham professores espirituais dos quais recebiam o conhecimento do mal (também chamado de *véu de energia*) e um alerta quanto às consequências de optar por conhecer o mal diretamente. Eles nunca caíam na conversa de que é preciso experimentar o mal para entendê-lo, distingui-lo, e assim poder escolher. Para eles, a análise no laboratório da alma bastava.

Assim, os membros das primeiras três raças-raízes não abriram mão da consciência ideal e mantiveram-se firmes na proposta de contemplar a perfeição absoluta de Deus. Eles jamais experimentaram o que foi chamado de Queda — a descida na consciência do reino do Espírito para o reino da Matéria, a descida do núcleo de fogo da consciência de Deus para o plano da dualidade, do bem e mal relativos. Vivendo todos em unidade e em harmonia com Deus e a natureza, seus corpos eram bem menos densos, bem menos físicos do que os nossos hoje em dia. Quando concluíam seus ciclos na Terra, eles voltavam a se unir a Deus em Espírito sem jamais experimentar pecado algum.

A QUEDA DO HOMEM NA LEMÚRIA

Foi durante a época da quarta raça-raíz que se deu a Queda alegórica do homem sob a influência do bando de anjos caídos conhecidos como Serpente. O Adão e a Eva bíblicos simbolizam o homem e a mulher vivendo no continente de Lemúria naquela época, cerca de dezenas de milhares de anos atrás.

Ao contrário das primeiras três raça-raízes, um conhecimento indireto do mal não satisfez os membros da quarta raça-raiz. Sucumbindo às tentações e mentiras dos anjos caídos, eles decidiram experimentar o *véu de energia* pessoalmente, servindo-se do fruto proibido da árvore do conhecimento do bem e do mal. Essa decisão marcou o abandono da inocência e a descida ao mundo da dualidade — da irrealidade, ou *maya*, como a chamam os hindus.

ADÃO E EVA NO JARDIM

Dessa alegoria entendemos que o conhecimento do bem e do mal não é de forma alguma um conhecimento no sentido divino do termo, mas a crença numa existência separada de Deus. É a crença de que Deus e o homem são dois, em vez de um. Esse suposto conhecimento imediatamente rebaixou a consciência do homem do plano de união com Deus, ou Espírito (o plano etérico), para a dualidade em forma densa (o plano físico). Esse conhecimento gerou, portanto, a imagem sintética no lugar da imagem da perfeição absoluta.

Originalmente, a inclinação do homem era manifestar apenas o bem, pois foi criado à semelhança de Deus, sendo, portanto, inerentemente bom. O Senhor proibira ao homem comer do fruto da árvore do conhecimento do bem e do mal, pois ele sabia que, uma vez entrando na dualidade, ela se tornaria parte integral de sua consciência e ele perderia o padrão do bem absoluto, de união com Deus.

Antes de sua Queda na consciência da dualidade, a atenção e a energia do homem eram centradas em Deus: a vida do homem era a vida de Deus, e pelo uso inteligente do livre-arbítrio ele dedicava as energias do Senhor para trazer os padrões gerados no céu aos padrões gerados na Terra.[2] Os acordos entre Deus e o homem não se romperam; portanto, como o homem se entregava por inteiro a Deus, Ele se entregava por inteiro ao homem.

Enquanto Adão e Eva continuaram a comungar com Deus face a face no Jardim do Éden no frescor do dia, enquanto Adão e Eva continuaram cientes da realidade do Deus único, não houve sensação de separação entre eles. Foi quando eles não conseguiram mais comungar com Deus que o Éden se fechou para eles. Então, uma vez que cogitaram a ideia de se separarem da consciência de sua Origem — da imagem divina na qual foram criados —, eles se sentiram nus e sós. Reconhecendo isso, eles se vestiram simbolicamente com folhas de parreira, mas de nada adiantou, pois é a alma que sofre as dores da perda de identidade, não a carne. Esse ponto de contato com o Infinito só pode ser encontrado ao se retornar à unidade da eterna Presença Divina.

Deus deu ao homem a liberdade de escolher entre as infinitas virtudes do bem. Entretanto, o homem usou sua liberdade para escolher entre as finitas manifestações do véu de energia, o mal. Ele não deu importância aos alertas do Senhor: "No dia em que dela comeres, tu [a consciência distintiva do bem] certamente morrerás."[3] Ele simplesmente não acreditava que sua capacidade de distinguir entre o Real (bem absoluto) e o irreal (bem e mal relativos) se perderia, uma vez que sua consciência pura absorvesse a substância impura do véu. Essa foi a compreensão equivocada do homem sobre o livre-arbítrio.

Aqueles que sucumbiram à influência dos anjos caídos se tornaram sujeitos à mortalidade. Quando seu ponto de referência se tornou dual e finito, eles não estavam mais livres da morte, pois ela é a consequência da finitude. Como conta o Gênesis, uma vez que o homem comeu do fruto, seus poderes criativos foram reduzidos. Ele foi compelido a deixar o Paraíso e lhe foi negado o fruto da Árvore da Vida — sendo esse fruto a essência do poder de Deus, que fornece tanto ao ser quanto à criação do ser que do fruto prova com as energias infinitas e criativas da vida imortal.

Assim como Lúcifer fora expulso do céu e lançado em um estado de mortalidade, o mesmo ocorreu com Adão e Eva, que, por sua própria escolha, foram excluídos da comunhão contínua com Deus em um paraíso celestial, onde somente as leis da perfeição haviam sido manifestadas pelas três primeiras raças-raízes.

ADÃO E EVA SENDO EXPULSOS DO JARDIM

A VINGANÇA DE LÚCIFER

Desde o momento de sua queda, Lúcifer foi separado de Deus e das energias de sua Origem. Porém, ainda tinha sob seu comando as energias de seu momentum anterior de mestria em Deus e das energias dos anjos que foram expulsos com ele. O mesmo vale para todos os anjos que caíram, inclusive os Vigilantes quando desceram à Terra.

Para manter essa energia, os anjos caídos procuraram seduzir os filhos da luz e arrancá-los de sua Origem Divina, como revela a história do Jardim do Éden. Desde então, os anjos caídos se colocaram em toda parte, misturando-se ao povo de Deus para controlá-lo e para subsistir vivendo da luz dele.

Com o poder e o fascínio de sua mestria passada, esses anjos caídos se fazem passar para os seres inocentes da Terra por verdadeiros intérpretes da lei de Deus, de seu universo, de sua ordem hierárquica e de seu plano divino. E, assim, a humanidade tem sido desviada e enredada nas tramas dos caídos por incontáveis séculos desde a Queda. Ligados uns aos outros pelo carma, os filhos da luz e os anjos caídos têm continuado a reencarnar lado a lado até os dias de hoje.

Apesar de o Arcanjo Miguel ter vencido a guerra no céu, ela continua na Terra. Desde então, nosso mundo tem sido cenário de uma batalha épica que ainda hoje se desenrola diante de nossos olhos.

Não apenas a Terra se tornou o novo lar desses anjos caídos, mas, quando o planeta veio a ser comprometido pela Queda do homem, acabou abrigando outras ondas de vida de outros sistemas de mundos.

A VINDA DOS RETARDATÁRIOS

A interrupção dos planos de Deus para as raças-raízes, que resultou da queda da quarta raça-raiz em Lemúria, é um episódio que os estudantes dos mistérios ocultos já conhecem bem. Quando o homem aceitou as mentiras serpentinas projetadas em seu pensamento e emoções pelos luciferianos caídos, houve o rasgar dos véus de inocência que o isolava deste mundo com invólucros de luz.

Os primeiros a cair foram os sumo-sacerdotes de Lemúria, cujo sutil senso de superioridade sobre o povo levou-os ao orgulho espiritual. Quando eles começaram a ser influenciados pela rebelião dos luciferianos pelo orgulho, cunhas de trevas foram implantadas na consciência do povo, separando-o de sua Origem. A agitação e a desarmonia fizeram por romper a proteção que sempre se mantém quando as pessoas expressam verdadeira irmandade umas pelas outras. Medo e dúvida ampliaram a lacuna entre um homem e outro, e entre o homem e Deus.

Depois que a humanidade se mostrou vulnerável às ilusões da dualidade, o planeta inteiro perdeu a capa de proteção que selava a consciência virgem das interferências do mal, e, assim, o homem perdeu sua proteção. Como semelhante atrai semelhante, o nível ao qual o homem desceu se transformou em um ímã para qualquer consciência interplanetária vibrando no mesmo nível.

E assim vieram os retardatários, aqueles que foram influenciados pelos seres caídos em outros corpos planetários e que não conseguiram cumprir o plano divino que lhes fora traçado em sua estrela natal. Eles são chamados de retardatários porque ficaram para trás em seu progresso espiritual, a despeito de onde tenham encarnado.

No caso do planeta Maldek (um planeta que existia no nosso sistema solar), a queda desses indivíduos foi tão grande, e sua rebelião tão completa, que acabou em guerra. O uso devastador da energia atômica resultou em destruição total — e o planeta explodiu.

O cinturão de asteroides entre Marte e Júpiter, restos de Maldek, é uma severa lembrança do que pode acontecer quando um povo abandona o seu Deus. Temos um nítido registro físico — bem em nosso sistema solar — da consequência do mau uso do livre-arbítrio.

Como castigo pela guerra e pela total aniquilação nuclear do planeta em que viviam, dois terços das evoluções de Maldek — aqueles que negaram totalmente a Deus — passaram pelo que no Apocalipse chamam de segunda morte,[4] a morte da alma.

A terça parte restante, uma sobra de almas considerada aproveitável por ter se oposto ao rumo maléfico de seus iguais, teve permissão do conselho celestial para encarnar na Terra. A esperança do céu era que esses indivíduos trabalhassem seu carma e voltassem a trilhar o caminho da retidão e da verdade. Pois no passado distante eles também conheceram o estado edênico; eles também vieram de Deus; eles também perderam a inocência. Entre eles havia humanitários, filantropos, cientistas e talentosos artistas e artesãos que resistiram à guerra e à desarmonia, mas cujos esforços pacíficos e construtivos foram sufocados pelo ruído de seus parentes mais belicosos e destrutivos.

A CIVILIZAÇÃO DE CAIM

Os retardatários restantes que encarnaram na Terra tiveram a oportunidade de escolher o bem e repelir o mal. Porém, em vez de serem atraídos para a perfeição por membros da quarta raça-raiz encarnada em Lemúria, muito poucos — mesmo entre os retardatários mais evoluídos espiritualmente — se mostraram inclinados a escolher o caminho da luz, apesar de sua mestria do passado em eras douradas.

A maioria desses retardatários, apesar de altamente desenvolvidos em termos materiais e científicos, havia se rebelado conscientemente contra Deus. Eles se recusaram a usar seus talentos e livre-arbítrio para glorificar a Deus e executar seu plano em Maldek. Na Terra, eles continuaram seguindo o rumo que acabou causando a destruição de seu lar planetário. Aqueles que persistiram em sua rebeldia contribuíram para aniquilar a virtude da quarta raça-raiz.

Os mestres ascensos nos dizem que Caim, o primeiro filho de Adão e Eva, foi um dos retardatários de Maldek que encarnaram na Terra. Caim, apesar de nascido da semente de Adão, foi concebido através da união da

O ASSASSINATO DO VIRTUOSO ABEL

consciência de Eva com a da Serpente, a Mentirosa, que lhe disse que ela certamente não morreria se provasse do fruto da árvore do Jardim do Éden.

Então Caim, cujo nome significa "raiz oca", trazia em si as sementes de sua revolta, que ele manifestou em encarnações prévias em Maldek. No relato do Gênesis sobre Adão e Eva, o irmão de Caim, Abel, um pastor, levou sua oferenda para o SENHOR, e ela foi aceita. Quando Caim, um agricultor, levou sua oferenda ao SENHOR, e ela não foi considerada digna, ele se levantou em fúria e assassinou Abel.[5] O voluntarioso Caim queria agradar a Deus do jeito dele, ao modo do ego, do orgulho e da ambição da Serpente, que lhe havia emprenhado a consciência — e não ao modo de Deus.

Caim e seu descendente Tubal-Caim, um "mestre de toda a obra de cobre e de ferro",[6] ensinaram suas artes para os homens da quarta raça-raiz, e os cientistas retardatários fizeram o mesmo. Os retardatários haviam aprendido a manipular e dominar substâncias materiais em encarnações anteriores em Maldek e outros planetas, e eles ensinaram esse conhecimento às evoluções menos evoluídas da Terra.

Entre as técnicas por eles ensinadas estão como dividir o átomo e canalizar energia nuclear para fins pacíficos e destrutivos, como criar várias formas de vida em tubo de ensaio, como usar ondas ultrassônicas, raios *laser* e raios astrais como implementos de cura e conquista. Suas conquistas na aeronáutica, na viagem espacial e em vários outros ramos da ciência eram bem mais avançadas do que hoje em dia.

Assim, as gerações de Caim injetaram nas futuras civilizações da Terra o conhecimento do uso dessas ciências, até mesmo a manipulação de ADN, tanto das evoluções mais elevadas quanto das menos elevadas, para colocar em prática seus planos maléficos. Esses rebeldes conseguiram perpetuar a si mesmos e à sua linhagem por milhares de anos, e, portanto, estavam presentes no alvorecer e na queda das civilizações ao longo das eras.

Graças ao seu maior desenvolvimento e mais experiência no plano físico, ao reencarnar na Atlântida, os retardatários ganharam controle total da sociedade materialista que lá construíram. Eles ocupavam posições-chave no governo, na religião, na ciência, na economia, nas artes e na mídia, que dominavam com obstinada consciência. Antes e agora, eles buscavam riqueza e poder como finalidades em si mesmos e não como meios para exaltar a natureza espiritual do homem e da vida. Em última instância, eles são materialistas. Não têm desejo de amar e servir a Deus, e sim de acumular riquezas e conforto.

Por sua eficiência em coisas materiais, os retardatários reforçaram a mentira luciférica de que o homem não precisa de Deus, pois pode fazer tudo por si mesmo. Assim, muitos filhos da luz que desejavam retornar ao estado perdido (inclusive alguns maldekianos que se mantiveram fiéis ao Senhor) logo foram totalmente dominados pelas ondas de vida mais avançadas. Todas as tentativas dos retardatários mais avançados, por mais socialmente progressistas que parecessem, tinham por objetivo preservar o *status quo* e impedir a iluminação espiritual da raça.

Os mais rebeldes dentre eles estavam determinados a reverter o curso ascendente da civilização da era de ouro. A intenção era privar a humanidade dos ensinamentos espirituais mais elevados e dos mistérios de Cristo, procurando assim garantir que os séculos passassem e qualquer registro da devoção do homem a Deus se apagasse e ninguém mais conseguisse ascender.

Por que, os leitores hão de perguntar, Deus permitiria que esses retardatários encarnassem na quarta raça-raiz, sabendo o risco que isso implicava? Os mestres disseram que havia duas razões: já havia sementes de consciência retardatária aqui (ou seja, o povo da Terra já tinha receptividade cármica) e o povo da Terra havia se oferecido internamente para ajudar essas almas a encarnar e treiná-las para um modo de vida mais elevado.

Ainda assim, os retardatários, que já haviam evoluído durante milhões de anos antes de vir para a Terra, eram almas mais velhas e experientes do que aquelas que haviam chegado mais recentemente direto do coração de Deus para a quarta raça-raiz, ou que chegaram mais tarde, na quinta e sexta raças-raízes. E, por conseguinte, eles conseguiram ludibriar os inocentes.

OS DESCENDENTES DE SETE

Depois que Caim matou Abel, Adão e Eva deram à luz seu terceiro filho, Sete — que o SENHOR mandou para substituir Abel. Os descendentes de Sete começaram novamente a "invocar o nome do SENHOR"[7] para seguir os caminhos divinos. Através da obediência às leis de Deus as gerações de Adão através de Sete produziram grande iluminação na história da Terra.

Todavia, como registrado em *Os livros esquecidos do Éden*,[8] alguns dos descendentes de Sete, os filhos de Jarede, foram atraídos a descer a montanha sagrada de Deus (sua moradia em um nível mais elevado de consciência) pelos filhos de Caim, que cometeram todo tipo de abominações e os atiçaram com música sensual vinda do vale abaixo.

Como observado no Capítulo I, o escritor cristão primitivo Julius Africanus não acreditava que os "filhos de Deus" que "viram as filhas dos homens" e "as desposaram" (como registrado no Gênesis) se referissem aos anjos, e sim aos filhos de Sete, apesar do termo "filhos de Deus" ser usado em toda parte no Antigo Testamento para se referir a anjos.[9]

Com o entendimento que agora temos do Livro de Enoque, que é mais antigo do que o Gênesis, sabemos que aqueles que tiveram desejo pelas filhas de Caim eram mesmo anjos que desceram e assumiram forma material, vindos da ordem celestial dos Vigilantes. É possível que alguns deles tenham encarnado através de Sete e depois desposado as filhas de Caim. A questão é que eles eram anjos — tenham eles encarnado através de Sete e subsequentemente caído após cederem à tentação ou tenham eles caído diretamente do céu e coabitado com elas.

Quando esses anjos caídos mantiveram relações sexuais com as filhas de Caim, os genes dos filhos de Deus se misturaram aos genes dos anjos caídos. É por isso que a Torá proibia que os judeus se casassem com não judeus[10] — para evitar que os genes dos anjos caídos misturassem sua semente de luz e para que eles não a usassem para perpetuar sua existência de forma mais poderosa e malévola.

Não obstante, a cultura da luz foi poluída, tanto por meio de casamentos quanto de imitação, e vivemos agora no que eu chamo de civilização de Caim, uma civilização corrompida por tudo que Caim representava — materialismo, devassidão e comprometimento da semente de luz.

A CRIAÇÃO MECÂNICA

Os mestres nos deram um ensinamento que é a conexão vital, a chave, para o entendimento sobre o que aconteceu na história cósmica da Terra. Trata-se do ensinamento perdido sobre os seres caídos e o homem mecânico em nosso meio — o ensinamento que Enoque transmitiu a seus filhos e que Noé guardava no coração para seus herdeiros —, para que possamos entender aqui e agora a verdadeira natureza da batalha do Armagedom.

O Mestre R,[11] patrono de Saint Germain, identificou o que ele chama de Conceito de Mecanização. Ele falava da chegada dos retardatários e as trevas que sobreviriam:

> Há muito tempo atrás, vieram de determinado sistema de mundos bandos que desceram à Terra, hordas das trevas que foram convidadas pela humanidade (pois a humanidade pensou em usar a força do bom exemplo para elevar a consciência dos bandos de retardatários).
>
> Agora, não é de conhecimento geral que esses retardatários vieram acompanhados por alguns que não tinham sido convidados. Alguns deles trouxeram para a Terra e para a humanidade determinados conhecimentos, e parte desses conhecimentos era de natureza destrutiva e degenerada. Além disso, eles também trouxeram estranhas criaturas que haviam criado — aparentemente, seres inteligentes que não foram criados por Deus, mas por cientistas avançados em outros sistemas de mundos.
>
> O alcance do mal dessas hordas e suas criações mecânicas foi extraordinário, e a opressão que eles descarregaram na humanidade tem sido terrível de se ver. A infiltração dessas criaturas no planeta é de fato uma manifestação da criação humana, não da criação divina. Deus não criou o mal; tampouco criou a destruição, ou o ódio, o egoísmo, ou qualquer tipo de vaidade.[12]

Falando na relevância desse conhecimento para nossas vidas hoje em dia, disse o Mestre R:

> E então vós podeis considerar que as velhas histórias de antigas civilizações nas quais emergiram os poderes do bem e do mal vos sejam relativamente desimportantes nos dias de hoje, mas a verdade é outra... Pois é bom que a humanidade

entenda a origem do mal, assim como entende a origem do bem, para que efetivamente elimine a causa e o núcleo daquilo "que parece ser, mas não é"...

Recordai-vos de que Jesus, em sua parábola sobre o joio e o trigo, anunciou que um inimigo havia semeado joio no meio do trigo.[13] O joio é o homem falso. Jesus disse que eles eram filhos do maligno, que existem à parte da criação original de Deus. E ainda assim, visto que o nada não pode criar algo, esse que foi criado tem de ter sido criado por alguém que em algum momento, em algum lugar, obteve a informação necessária para criar.

Há muitos registros no Novo Testamento sobre a vida de Jesus, segundo os quais ele se referia a certos indivíduos como "geração de víboras" e "hipócritas", dirigindo-se a eles com as seguintes palavras: "Vós pertenceis ao vosso pai, o diabo, e quereis executar o desejo dele. Ele foi homicida desde o princípio, e não se firmou na verdade, pois não há verdade nele. Quando ele profere mentira, fala do que lhe é próprio, porque é mentiroso e pai da mentira."[14] Esta referência faz uma nítida distinção entre todos os homens e alguns homens.

Permiti-me logo afirmar que há no planeta criaturas que não vieram de Deus — criaturas que são falsificações da verdadeira manifestação. Muitas dessas criaturas estão conscientemente trabalhando em prol dos propósitos insidiosos e insípidos das forças das trevas. Elas procuram extirpar o bem do mundo através de conspirações e estratégias, buscam colocar irmão contra irmão, tentam confundir, perturbar e destruir harmonias onde quer que estejam.

Essas criaturas funcionam no plano físico, utilizando e direcionando suas energias em um concentrado empenho contra a luz. Elas são, enfim, joguetes da "perversão espiritual em lugares elevados".[15] E a aliança entre as forças espiritualmente negativas com esses indivíduos malignos encarnados resultou no assassinato de muitas almas nobres ao longo das eras.

Não tenho tanto interesse em identificar e descrever esses indivíduos, e sim em chamar atenção para sua real existência...

Na Bíblia, esses seres sem alma são chamados por toda parte de "os malignos", pois eles providenciaram para que fosse removida qualquer descrição mais específica de sua raça — do contrário, a humanidade os descobriria e se levantaria em justa indignação contra seus soberanos.

O Mestre R então nos dá a perspectiva, as lentes para vermos e lidarmos com o mal entre nós:

Eu não trago essa informação para assustar ninguém, mas para avisar à humanidade que há seres entre vós que não são criação de Deus, que não têm o mesmo belo corpo espiritual com o qual são agraciadas as manifestações do Senhor.

Não proponho nenhuma caça às bruxas. Não proponho que se saia buscando identificar esses seres. Pois a vossa Presença Divina é totalidade do que desejais, e eu anseio que o resultado dessa transmissão de conhecimento seja que vos volteis mais e mais para Deus para receberdes tudo que é bom, que vos determineis mais do que nunca a vos manterdes alerta para ajudar a humanidade a rejeitar tudo que representa as trevas, as sombras e a dor no planeta Terra. Para fazer isso e aniquilar as tramas monstruosas jogadas sobre a humanidade por meio de sinistras estratégias, é importante que todos os que amam a luz se mantenham firmes em harmonia e unidade...

A existência no planeta Terra daquilo que talvez possamos chamar de "homem simulado" é um fato cuidadosamente escondido da humanidade. Apesar de ser de conhecimento de poucos, ele pode — e talvez deva — se tornar do conhecimento de muitos. Entretanto, é preciso muito cuidado ao se divulgar esse conhecimento, pois os mestres ascensos jamais desejariam fazer nada que não resultasse na maior das bênçãos e na libertação da humanidade de toda condição restritiva.[16]

CAPÍTULO 3

ESTRATÉGIAS, TÁTICAS E MENTIRAS DOS ANJOS CAÍDOS

Agora que a Terra já não é mais o Jardim do Éden, e sim um paraíso corrompido no qual muitos foram afastados da verdade, alguns foram levados a crer que os relatos sobre a guerra entre o bem e o mal e sobre a sedução dos filhos e das filhas de Deus por parte de Lúcifer e daqueles chamados demônios não passam de mito. O fato é que muitas das situações descritas no Apocalipse já ocorreram e estão acontecendo no grande drama de dezenas de milhares de anos de história que todos nós vivemos, mas dos quais não nos lembramos.

Ao encarnarmos e reencarnarmos, há um véu que desce, e ocorre a perda da memória. Não nos lembramos das experiências que tivemos em vidas passadas — mas nossa curiosidade sobre elas não cessa. E então assistimos a filmes de ficção científica e lemos livros de ficção, buscando traços dessas memórias que estão abaixo da superfície de nossa atual consciência.

Todos nós já nos encontramos com anjos caídos. Entretanto, essa pode ser a primeira vez que isso está sendo trazido à sua atenção consciente. É possível encontrar nas escrituras várias chaves para essa história pouco registrada e lembrada, como no Apocalipse, que é a visão de São João do fim dos tempos, onde esses anjos caídos — chamados coletivamente de "o dragão" — são expulsos do céu para a Terra.

Na realidade, o céu e a Terra são simples frequências de vibração. Quando os anjos que se rebelaram contra Deus não podiam seguir ocupando as frequências mais elevadas, eles foram lançados para baixo e desaceleraram a sua vibração para ocupar corpos humanos e tomar seu lugar entre nós. Nós nos esquecemos do episódio, mas ele está gravado em nosso subconsciente, e não podemos apagá-lo. É por isso que durante a infância ficávamos intrigados com os filmes de faroeste, com seus mocinhos e vilões, e agora com as forças do bem e do mal que entram em conflito nos céus das histórias de ficção científica. Temos um constante desejo de assistir ao desenlace dessa disputa entre as forças da luz e das trevas.

ANJOS CAÍDOS USURPAM O CARGO DO FILHO DO HOMEM

Talvez o maior bloqueio em nossa senda espiritual seja nosso fracasso, na qualidade de filhos e filhas de Deus, em reconhecer o mal encarnado nos anjos caídos entre nós. Esse é o principal teste no qual temos falhado repetidamente. E, enquanto não passarmos nesse teste, não apenas ficaremos vulneráveis às forças do mal, como também ficarão as futuras gerações que seguirem o caminho aberto por nós. Portanto, temos de ser "prudentes como as serpentes e simples como as pombas"[1] e não fazer vista grossa para as ações dos caídos.

Se pudermos entender as sagazes mentiras dos anjos caídos, será possível enfim compreender o que eles pretendem. Seremos capazes de aprender o que eles fazem para conseguir o que querem, passo a passo.

Em suma, a estratégia dos Nephilim e dos Vigilantes é usurpar o cargo do Filho do homem na Terra.[2] Esses seres caídos almejam para si o trono da graça. Eles perverteram os princípios da abundância divina para criar uma civilização materialista e mecanizada que se tornou desprovida consideravelmente do espírito da verdade viva.

Os caídos subsidiaram as atividades intelectuais dos retardatários e de outras evoluções obstinadas, e lhes garantiu os mais prestigiados empregos e principais cargos de lideranças relacionados a assuntos de âmbito internacional. Ao favorecê-los e destacá-los nos círculos comerciais, bancários, governamentais e industriais, eles podem manter, através desses indivíduos, o controle sobre o destino da maioria das pessoas na Terra.

Os anjos que caíram com Lúcifer abandonaram sua razão de ser — servir a Deus, e servir a Deus em seus filhos — e desde então têm raiva. Daí o aviso nas escrituras: "Ai dos que habitam na terra e no mar, pois o diabo desceu até vós, e tem grande ira, sabendo que pouco tempo lhe resta."[3]

Quando os Vigilantes caíram, também eles abandonaram sua razão de ser. Assim, a interjeição "ai" indica aflição pelo povo da Terra, pois os anjos caídos — por sua superioridade na ciência, na tecnologia e evolução — acabam passando a perna nos filhos de Deus. Portanto, muita desgraça atingiu este planeta, o que podemos confirmar hoje em dia em todas as formas de manipulação dos povos, em todas as nações. E não se restringe ao comunismo ou ao capitalismo; está em toda parte e se trata de uma poderosa elite internacional, irredutível em sua ambição de poder e controle do planeta e do povo da Terra.

Desde que os Nephilim e os Vigilantes foram lançados na Terra, eles se promovem entre nós como deuses. Eles não são deuses, mas muitas pessoas os alçam a tal status ao idolatrá-los e tomar parte de seu culto desprovido de fé. Os anjos caídos se cercaram de armadilhas materiais para substituir o reino espiritual que um dia conheceram. Eles criaram uma espécie de "reino dos céus" na Terra. Usaram e abusaram tanto da tecnologia quanto dos recursos naturais do planeta para amoldar e sustentar seu reino — e vêm escravizando a humanidade, os filhos de Deus, e suas próprias criações mecânicas.

Esses Nephilim usurparam o justo lugar dos filhos de Deus em todas as nações, e até mesmo em todos os planetas. E faz muito, muito tempo que eles vêm fazendo isso. Agora é o momento de reverter essa situação através dos portadores de luz, aqueles que trazem no coração a luz de Deus. No entanto, se vamos confrontar esse inimigo assim como Davi confrontou o gigante Nephilim Golias,[4] precisamos, primeiro, firmar em nós o conhecimento das estratégias, táticas e mentiras utilizadas pelos anjos caídos.

SUBVERSÃO DO DESTINO DOS IMPÉRIOS

Antigamente, os mestres ascensos caminhavam e conversavam com homens não ascensos. Sob a inspiração desses grandes seres, homens construíram impérios de luz em várias partes do mundo — como, por exemplo, a cidade de Ur dos caldeus, além de civilizações ancestrais da China, do Egito e das Américas. Essas sociedades ideais existiram em um passado muito distante. Elas foram caindo gradualmente, como resultado de influências malignas de invasores estrangeiros que cultivaram na humanidade uma crescente familiaridade e aceitação de seu jeito ímpio de levar a vida.

Desde o inicio, a aliança entre os luciferianos e os retardatários tinha um objetivo: derrubar toda e qualquer sociedade voltada para Deus e tirar os governos de todas as nações e a educação da juventude do controle dos filhos de Deus.

Na história bíblica da Torre de Babel[5] podemos ver o arquétipo do desejo dos anjos caídos de controlar o mundo. Monumento ao orgulho e ao ego, típico dos luciferianos, a torre foi construída para expressar força material e espiritual. Porém o fogo do julgamento de Deus desceu e confundiu o discurso da semente dos ímpios que a construíram, bem como o discurso dos filhos de Deus que se deixaram seduzir por sua irrefreada sede de poder. A lei do carma fez seu desejo maligno retornar e se abater sobre eles. E "assim o SENHOR os espalhou dali por toda a face da Terra",[6] para frustrar sua capacidade de transmitir palavras ímpias. Portanto, quando os homens renunciaram à Grande Lei, perderam contato não só com a sua Origem, mas também uns com os outros.

Quando as nações se dispersaram, os anjos caídos se valeram das diferenças entre os povos e tornaram sua separação mais importante do que sua união. Eles então tiraram proveito da discórdia e da desarmonia.

A TORRE DE BABEL

ESTRATÉGIAS E TÁTICAS

Quando o Arcanjo Lúcifer e seus anjos foram lançados na Terra para viver como homens mortais, receberam um tempo determinado para sua existência. No Apocalipse e no Livro de Daniel, esse período é citado como sendo "por um tempo, e tempos, e metade de um tempo".[7] Isso se refere a ciclos, não a anos — um só ciclo, às vezes, abrange dezenas de milhares de anos. São ciclos de oportunidade concedidos por Deus para que o indivíduo que um dia esteve com Ele no céu se arrependa e declare lealdade à "luz que ilumina todo homem (filho de Deus) que estava vindo ao mundo",[8] e se curve perante essa luz.

Porém, esses indivíduos elevados e poderosos se recusaram a dobrar o joelho e se curvar perante a luz na criação de Deus. Caso fizessem isso, os Nephilim e Vigilantes que controlam os mais altos níveis de governo, as economias das nações e a mídia perderiam o seu poder.

Para eles, exaltar e reconhecer Deus nos filhos da luz que habitam a Terra significaria reconhecer a superioridade deles. Eles teriam que abrir mão de suas posições de poder em todas as nações e reconhecer que o verdadeiro governo deveria estar nas mãos dos filhos e das filhas de Deus. Contudo, em seu desejo de manter o domínio, os anjos caídos fizeram e *continuam* fazendo tudo o que podem para enfraquecer e dividir os filhos da luz.

> DIVIDIR PARA CONQUISTAR

Como o ser humano tende a tomar partido, aqueles que pretendem manipular nações e povos veem vantagem na divisão da humanidade, e os incitam uns contra os outros para controlar o mundo. Usando essa estratégia, os anjos caídos conseguiram polarizar os filhos da luz em facções de esquerda e de direita na política, nas questões econômicas, de fé e de moral. Os filhos de Deus têm sido manipulados para assumir posturas que lhes exaurem as reservas de energia — lutar por essa causa ou por aquela causa — e, enquanto eles lutam, os manipuladores tramam por debaixo dos panos e, dessa forma, conseguem exatamente o que querem.

Ao longo dos séculos, os caídos vêm manipulando a onda do carma que retorna, aproveitando-se dela e usando-a para concretizar seus objetivos. Por exemplo, quando os filhos de Belial conseguiram convencer os filhos de Deus de que o ódio e a violência se justificam, tornou-se desnecessário para eles se envolver diretamente no assassinato de inocentes. A partir da criação de dois sistemas ou filosofias opostas — e da concentração de blocos de pessoas ao redor de ambos —, eles criam condições para conseguir convencer facilmente as pessoas da necessidade de defender a soberania do sistema ou filosofia que adotaram. Logo essas ideologias se tornam inseparáveis de seus egos e das civilizações egocentralizadas em que vivem. Incitados à guerra em defesa de falsos ideais, os filhos de Deus acabam de fato exterminando uns aos outros, deixando os seres das trevas no comando de ambos os lados — que eles lançam um contra o outro sempre que lhes convém ou para conseguir o que querem.

Esse tipo de manipulação das energias, pensamentos e sentimentos dos indivíduos e das massas humanas sempre foi a principal tática dos seres das trevas, cujo objetivo é dominar totalmente o homem e a sociedade.

Quem busca crescer politicamente no mundo costuma se aproveitar das fraquezas da humanidade para conquistar seus objetivos. A estratégia é colocar um setor da sociedade contra o outro, usando tanto questões seculares quanto religiosas para dividir e conquistar a mente das pessoas, cujos corações são, na verdade, um só. Usando um fluxo de ideias divergentes, eles colocam as pessoas umas contra as outras como forma de desequilibrar a população — afastando-as ou aproximando-as cada vez mais, de acordo com o que melhor sirva a seus propósitos. Essa tática é frequentemente a raiz e a causa única dos problemas sociais fundamentais que confrontam indivíduos e nações atualmente.

Os mestres nos oferecem percepções mais profundas dessa estratégia:

> Enquanto partidos políticos, variados grupos de interesse e questões de política internacional criam condições para dividir as pessoas em escala nacional, blocos de poder menores são criados até mesmo dentro de famílias e pequenos negócios. Ademais, a cortina de fumaça que é criada através de lançamento deliberado de informações falsas pela imprensa e outras formas de mídia torna, literalmente, impossível para qualquer pessoa ou seus representantes eleitos abordar corretamente as questões e formular medidas razoáveis.
>
> Por estranho que pareça, de tempos em tempos, ambos os lados da questão acabam revelando sua própria correção peculiar. No entanto, como forma de evitar o apoio popular em determinado grupo para certa questão, pontos de menor importância são enfatizados e pontos principais são distorcidos de tal maneira que os prós e os contras não podem ser avaliados de forma sistemática e objetiva. Então, uma vez tendo o indivíduo se comprometido com um ponto de vista particular ou tomado partido (sendo isso de natureza humana), ele reluta em considerar o outro lado da questão. Assim, muitos se prendem à sua filosofia, ao seu partido ou à sua religião por toda a vida, sem jamais conhecer a liberdade de reavaliar suas posições.
>
> Ocasionalmente, as pessoas ou partidos fazem mudanças. Teologias ou dogmas das religiões podem progredir, ficando mais informados, ou regredir, ficando mais tacanhos. Mas, no geral, as guinadas para o alto, para baixo e para as laterais das atitudes humanas e da opinião pública criam incertezas e caprichos que jamais permitem que a alma se esclareça quanto ao real sentido da vida.[9]

Como estamos todos envoltos em conflitos com os demais por causa de pequenezas, o objetivo maior de nossa união em Deus é esquecido. Enquanto isso, aqueles que estão dando as cartas ganham cada vez mais controle sobre os projetos de lei que passam por nossos poderes legislativos, bem como sobre todo tipo de atividade que acontece abaixo da superfície de nossa consciência.

Ao dividir os povos em dois ou mais lados de determinada questão, as divisões políticas com frequência se transformam em divisões religiosas, sociais e até pessoais. Essas desavenças podem gerar fanatismo em indivíduos e em grupos. Em meu estudo sobre as pessoas, reparei que aqueles que se polarizam à extrema direita ou à extrema esquerda também polarizam um grande ódio pelo outro lado, uma intolerância colossal. Eles se esquecem de que somos irmãos e irmãs — eles se esquecem da união.

O ódio é uma energia mortal. É cego, intolerante, preconceituoso, orgulhoso, insubordinado e tempestuoso, e contribui com enorme força para o tipo errado de revolução. Aqueles que trazem dentro de si esse ódio costumam concentrar, sem perceber, um ímpeto de energia contra a luz. Assim têm sido desencaminhadas algumas almas de luz que encarnaram com o propósito de libertar este planeta. Trancados em grupos dissidentes, as almas de luz perderam a visão e o conceito da irmandade de luz.

> CISÃO POLÍTICA, ECONÔMICA E RELIGIOSA

Vários sistemas de governo e de economia têm sido inventados pelos anjos caídos para dispor os filhos da luz em campos opostos se combatendo mutuamente em apoio a causas aparentemente virtuosas. No entanto, essa causa jamais se concretiza; nenhum dos lados sai vitorioso. E o sangue dos portadores de luz tem sido derramado por aqueles que lucram com a guerra — os Vigilantes e os luciferianos, que controlam a manufatura de armamentos e outros equipamentos de combate.

A trama desses anjos caídos é uma trama de *maya* (ilusão), que envolve todo corpo planetário como uma teia de aranha. O pior de tudo é que eles conseguiram separar os portadores de luz. Eles os dividiram no aspecto religioso em campos opostos e hostis até chegar ao ponto em que aqueles que se identificam com esta ou aquela religião fiquem uns contra os outros, com muito ódio e fanatismo. Essa é a tragédia absoluta.

Vemos o mesmo acontecendo na arena política, onde os anjos caídos costumam controlar as eleições. No caso dos Estados Unidos, eles fazem os filhos de Deus acreditarem que o processo eleitoral é justo e que os pontos de vista opostos estão representados de forma legítima em um sistema de dois partidos. Mas quem vence? Aquele que vence é, com frequência, um embuste plantado pelos anjos caídos em qualquer um dos partidos que eles resolvam apoiar. Tudo isso é camuflado por palavras e discursos cuidadosamente preparados, usando sempre as frases certas. E as pessoas pensam: "Ele é um bom sujeito, pois acredita na liberdade de expressão e na democracia. Ele pede que rezem por ele, então, só pode ser bom."

> ESTABELECIMENTO DE UM FALSO GOVERNO OCULTO

A filosofia pervertida dos luciferianos é um individualismo que exclui o Cristo interno de cada um, que impede a união da consciência crística de todos para o bem de muitos. Os luciferianos são individualistas a ponto de não cooperar com a sociedade. Eles a exploram ao mesmo tempo que alegam que suas políticas são para o bem do povo.

Por meio de sistemas políticos e econômicos pervertidos e corruptos, os luciferianos roubaram das massas a luz de sua herança divina. Eles tomaram as riquezas das nações e as enfiaram nos próprios bolsos. Eles organizaram um falso governo oculto através do qual pretendem controlar o mundo.

Um grupo em que operam os anjos caídos é conhecido como os Illuminati. Os Iluminati foram criados na Baviera em 1º de maio de 1776 por Johann Adam Weishaupt. Através dessa organização, os anjos caídos se infiltraram nos governos, economias e sistemas bancários do mundo. Eles sempre operam nos bastidores, tentando atrair para o seu lado os jovens de futuro brilhante, os filhos de Deus e os de sua própria espécie. Eles lisonjeiam esses recrutas, apelando para o seu orgulho intelectual e espiritual ao lhes dizer que são parte de um grupo de elite e que se tornarão governantes da humanidade. Ensinam a eles que as massas não são dignas de se autogovernarem e, portanto, devem ser governadas pela elite intelectual e pelos homens de ciência. Ao perpetuar a sua elite de poder, os anjos caídos tiram dos filhos da luz a oportunidade que Deus lhes deu de governarem a si mesmos segundo a sua consciência.

Seja no ocidente ou no oriente, não importa a forma de governo nem a argumentação, o movimento segue na direção de concentrar cada vez mais poder no governo central, e cada vez menos autoridade é concedida ao indivíduo. Por meio dessa tática, o poder e a riqueza ficam concentrados e acumulados nas mãos dos anjos caídos em todas as nações.

> POPULARIZAÇÃO DA CULTURA DA MORTE

Como deram as costas a Deus, os anjos caídos não podem conceder a seus filhos um desejo que eles mesmos não têm: um desejo intenso de ser um com Deus. Pelo contrário, como são comprometidos com a morte, eles dotam a sua criação com o desejo de autoaniquilação. E existe uma razão para isso.

O plano dos anjos caídos é ter a quantidade suficiente de retardatários e de indivíduos rebeldes ou perversos encarnados para levar adiante esse desejo de morte, seja pelo uso de drogas, pelo consumo de alimentos e bebidas prejudiciais à saúde ou pelo uso equivocado da energia através de atividades que desperdiçam a luz e a força vital. Tudo isso é popularizado pela mídia e no pátio da escola para dar o exemplo, para mostrar que os indivíduos que estão na moda estão seguindo o rumo da "morte fácil".

Os anjos caídos promovem sua filosofia e seus comportamentos anti-Deus para que os filhos da luz que permanecem fiéis aos princípios mais elevados se tornem minoria e sintam que, de acordo com a opinião popular, seus conceitos estão errados. Aqueles que vão contra a maioria se veem mal-afamados e sozinhos, às vezes de forma dolorosa.

Ir contra a opinião pública pode ser difícil para pessoas carentes de grande vontade, coragem e visão. Geralmente é difícil para qualquer indivíduo, principalmente uma criança, ir contra as atividades de grupo de seus companheiros. E quando um indivíduo resiste à pressão e acaba sendo relegado ao ostracismo, isto muitas vezes afeta a sua psicologia.

Em suas várias manifestações, portanto, a atração dos luciferianos pela morte promove e se vale de certo instinto gregário, de um coletivismo que se tornou um estilo de vida na Terra.

> DESPREZO E AUTOCONDENAÇÃO

Os anjos caídos nunca deixam de condenar as almas de luz. Seu objetivo é nos fazer sentir que somos pecadores sem qualquer valor, condenados para sempre. Eles fazem isso porque as pessoas que não se dão valor permitem-se mais facilmente absorver a consciência coletiva. É menos provável que eles defendam a verdade, pois não entendem mais que a verdade está dentro deles. Portanto, os portadores de luz que desconhecem seu valor e sua missão podem ser ludibriados para formar alianças e associações amigáveis com os anjos caídos.

Para esse fim, os demônios procuram manter a nossa atenção constante em tudo de ruim que já fizemos na vida. Eles impedem que nos esqueçamos de nossos pecados. Eles ficam nos martelando os nossos defeitos até o momento em que ascendemos ao céu. Procuram fazer com que nosso "passado negro e terrível" (por menor que tenham sido as nossas faltas) pareça um problema enorme que jamais poderemos superar. Isso é mentira!

Essa é a condenação mencionada no Apocalipse como sendo pronunciada pelo acusador dos irmãos "o qual os acusava de dia e de noite diante do nosso Deus".[10] O acusador dos irmãos nos lança o peso dessa condenação de modo que não importa o que façamos, nunca sentimos que será o bastante. Isso é o que dizemos a nós mesmos quando ouvimos as mentiras dos seres caídos em vez de ouvir a voz dos anjos bons e do Cristo falando em nosso coração.

Muitos portadores de luz desenvolveram esse hábito dos anjos caídos de crítica, condenação e julgamento, e costumam usá-lo contra os outros e contra si mesmos. Olhamos para a nossa parte humana e nos sentimos inadequados. No entanto, não estamos aqui para aperfeiçoar o nosso lado humano, e sim para liberar nossa grandeza interna e manifestar o pleno potencial de nosso eu espiritual.

Não devemos jamais esquecer que temos o direito de errar. Por que outra razão Deus teria nos dado o livre-arbítrio? O livre-arbítrio é o grande e nobre experimento através do qual, por meio de nossa vida na Terra, aprendemos a nos concentrar em nossa consciência de Deus.

Não são as falhas cometidas que levam as pessoas a fracassar. O problema é quando se começa a repetir o mesmo erro sem chegar à raiz do motivo pelo qual o está cometendo. É preciso perseverança e mestria pessoal para que evitemos condenar a nós mesmos ou aos demais, em nossa dedicação à autoanálise e em nossa luta para arrancar pela raiz os obstáculos a nosso crescimento espiritual.

MENTIRAS

Num nível exotérico, a palavra *mal* (*evil* em inglês) é uma forma reduzida do termo *energy veil* (véu de energia, em português). Os mestres nos disseram que a língua inglesa remonta ao idioma falado em Atlântida e muitas de suas palavras são abreviações de conceitos da lei cósmica que compreendíamos quando lá vivíamos. Hoje conhecemos as palavras, mas não nos lembramos de suas chaves ocultas. Nossa lembrança dessas leis foram bloqueadas pelas doutrinas e dogmas das religiões do mundo, já devidamente contaminadas com as sementes daquele que chamamos de Mentiroso.

Onde quer que o Mentiroso esteja (não importa), o fato de a mentira existir e de ainda estar presente na nossa consciência implica que ela já se tornou uma realidade temporária no tempo e no espaço, e que é inimiga da alma que busca se reunir ao Espírito do Deus vivo. Podemos rastrear essas mentiras contra o Espírito de Deus dentro de nós e, fio por fio, uma por uma, extirpá-las. Elas são totalmente ilógicas, mas, até que as examinemos com atenção, a verdade não aparece de modo muito claro ou fácil de discernir. Isso porque tais mentiras foram semeadas e entrelaçadas em nossa consciência, encarnação após encarnação, tanto pela Igreja quanto pelo estado.

Minha busca pela verdade começou quando eu era muito pequena, com cerca de 3 anos de idade. Desde então, passando pela adolescência e meus vinte e poucos anos, venho procurando a verdade em toda parte. Conversei com padres, pastores e rabinos. Conversei com todas as autoridades espirituais, inclusive pessoas que estudam metafísica.

Mas ninguém tinha o conhecimento que eu buscava. Eles me falavam dos mistérios, e sempre que eu fazia perguntas do tipo que qualquer criança faria com a maior naturalidade, eles me respondiam simplesmente: "Isso é um mistério. Não explicamos isso. Apenas aceitamos." E, assim, eu descobri que eles não tinham contato algum com o mistério interno do qual se intitulavam guardiães.

Todos nós já fomos intimidados por nossos professores. Quantos já ousaram questionar a hierarquia de nossas respectivas crenças religiosas? Jesus confundiu os doutores no templo, mas é preciso grande coragem e convicção interna para fazer isso. A maioria dos filhos de Deus não tem essa coragem, e, dessa forma, foi aceitando, entra ano, sai ano, uma crença cega ensinada por cegos que seguem um cego.

A verdade é que a Igreja foi invadida há séculos atrás por anjos caídos que foram lançados em encarnação para resolver o seu carma na Terra, resultado de seus pecados cometidos contra os filhos e as filhas de Deus. Esses anjos caídos, em vez de tomar sua estada terrena como penitência por sua rebelião e um prolongamento da oportunidade de vida, se infiltraram na hierarquia da Igreja para continuar sua blasfêmia contra o Filho, o Cristo universal, ao trair os Seus pequeninos.

Assim os filhos do coração de Deus, que mereciam contar com verdadeiros pastores, confiaram nesses lobos em pele de cordeiro e foram por eles mal doutrinados. Muitos que hoje são pastores também foram ensinados, desde a infância, a acreditar nas mentiras da Serpente como se fossem verdades saídas da boca do próprio Cristo.

Portanto, como perdemos a lembrança de nossa história cósmica, muitos não têm o conhecimento da própria identidade divina. Ninguém nos contou sobre a divindade que habita em nós, que nós podemos nos tornar o Cristo. E assim o véu de *maya* foi engrossando. Sem um instrutor, não tínhamos como saber o caminho. Nós acreditamos na mentira daqueles seres caídos segundo a qual Jesus é o único Filho de Deus, e aceitamos sua condenação em massa.

Ao aceitarmos as mentiras dos anjos caídos e ao nos misturarmos com eles, criamos carma. Nós reagimos a eles e fomos objeto de sua cólera, e nos vingamos em resposta. Assim, nosso carma nos atou aos caídos, às vezes de modo bastante pessoal, na mesma família. Eis uma das razões pelas quais vemos em algumas famílias tanto pessoas que são da luz e outras que não amam a luz.

Nós descobrimos, portanto, que quase todos — e é importante que não tenhamos aquele orgulho espiritual que nos faz achar que somos a exceção à regra — os filhos da luz na Terra absorveram as influências dos anjos caídos. Sem sequer nos darmos conta, deixamos que o nosso subconsciente absorvesse as suas filosofias, o seu modo de vida, o seu senso de moralidade, a sua ênfase no que eles consideram "vida boa". "Coma, beba e divirta-se, pois amanhã você morrerá" é o provérbio favorito de luciferianos e Vigilantes, porque eles sabem que receberão o seu julgamento final. Por isso, eles ensinam essa doutrina aos portadores de luz e os atraem ao culto do prazer, um culto da escravidão sensual.

Os anjos caídos, conscientes de que suas almas serão suprimidas, têm uma só meta. Eles dizem: "Se vamos ser suprimidos, então vamos levar os filhos da luz conosco." É por isso que continuam fazendo o que fazem. São capazes de destruir o planeta — seja por meio de guerras, holocausto nuclear, desastres ambientais ou outros meios — para levar com eles o máximo de almas de luz que puderem. E eles contam com a ajuda de todos os que endossam sua causa sem se dar conta disso.

Por meio dos falsos governos que estabeleceram, os seres caídos já atraíram muita gente para o seu lado. O nazismo é um exemplo claro de um governo controlado por eles que conquistou milhões de filhos da luz através de voz firme, tambores batendo, ritmos militares e exultações ao conceito de uma super-raça.

Apelando para o orgulho, que já haviam instilado nos filhos da luz para atraí-los, os luciféricos fizeram uma hipnose coletiva. Essa situação se repetiu várias e várias vezes. Civilizações surgiram e caíram por causa dos luciferianos, dos Nephilim e dos Vigilantes infiltrados nos mais altos escalões de governo, pervertendo apenas ligeiramente a verdadeira filosofia de Cristo e do Deus Todo-Poderoso.

> "SÓ HÁ UM FILHO DE DEUS"

A grande mentira que os anjos caídos perpetraram é que o único filho de Deus é Jesus Cristo. Esse é o engodo que vem dissipando o verdadeiro cristianismo. Através de calúnia semelhante, os anjos caídos tomaram dos filhos do oriente o entendimento de que eles têm potencial de realizar o estado búdico no *aqui e agora*, não em algum futuro astronomicamente distante.

Acredito que o cristianismo e especialmente o judaísmo tiveram extirpados a verdadeira essência da Palavra, quando Jesus, Moisés e os grandes profetas de Israel foram tornados uma exceção à regra, em vez de exemplos de vida para todos nós.

Essa é a mentira diabólica que tem causado confusão em pessoas de muitos credos, pois, se acreditarem que são pecadores miseráveis e não merecedores de se elevarem a grandes alturas, eles não ascenderão ao seu destino ígneo. Mas Jesus disse: "Aquele que crê em mim também fará as obras que eu faço. E as fará maiores do que estas, porque eu vou para o Pai."[11]

Jesus ensinava a crença no Cristo interior. Portanto, se você acredita no Cristo em Jesus, então precisa acreditar que Cristo, o Filho,[12] também vive dentro de você, e que esse é o seu direito espiritual nato. O apóstolo João afirmou isso ao dizer que Cristo é a "verdadeira luz, que ilumina a todos os homens que estavam vindo ao mundo".[13]

Todos os filhos e todas as filhas de Deus têm o potencial para se tornarem o Cristo, como Jesus fez. A cristicidade não é exclusiva de Jesus. É algo que ele alcançou ao se tornar um com o Logos, ou o Verbo divino. *Logos* é um termo grego para definir aquele aspecto de Deus que faz a mediação entre o Criador e a criação. Cada um de nós também pode se tornar um com o Logos — em outras palavras, tornar-se o Cristo, tornar-se plenamente um dos Filhos ou uma das Filhas de Deus.

Quando Deus criou o homem, ele nos deu o poder de seu Espírito. O poder do Espírito Santo é sempre a consumação do Pai e do Filho ocupando sua morada no nosso templo.[14] E onde quer que esteja o poder do Espírito Santo, sempre há também abundância dos dons do Espírito.[15] Esse poder estava com os primeiros apóstolos — daí o testemunho do Espírito Santo, daí o testemunho dos milagres.

Um autêntico milagre é uma transferência de energia de Deus para a alma, para que ocorra uma mudança permanente na consciência e uma virada total nas energias do ser. É esse tipo de milagre que procuramos. É esse tipo de poder que nós buscamos. E esse poder era nosso direito de nascença como filhos e filhas de Deus.

O acesso do homem a esse poder tem sido impedido por duas razões: primeira, a humanidade o usou mal. Por causa desse mau uso e da desobediência às leis da ciência que governam a liberação do poder de Deus, o homem se desqualificou para recebê-lo plenamente, sendo assim privado de seu uso até se provar digno.

Segundo, certos indivíduos, reconhecendo o poder que Deus dera ao homem, se colocaram entre esse poder e o povo através de um clericalismo que lhes permitiu reservar esses poderes e os mistérios secretos para si mesmos, privando as demais pessoas deles.

Nós já vimos isso acontecer tanto no oriente quanto no ocidente, e nas maioria das tradições religiosas em nosso corpo planetário. Como resultado, seja pela desobediência individual às leis de Deus ou pela manipulação dos arqui-impostores, a humanidade em massa tem sido privada do poder de Deus. Parte da sabedoria foi transmitida, mas o conhecimento do uso desse poder como a ciência do Cristo, a ciência do potencial interno da alma, este se perdeu.

> PECADO ORIGINAL

A crença de que há apenas um Filho de Deus e que ninguém mais pode ser como ele porque somos todos pecadores remonta ao conceito do pecado original, que tem sido transmitido de geração em geração. Oprimidas por essa crença, as pessoas sequer tentam pôr em prática os princípios básicos de vida que Jesus ensinou. Essa convicção se infiltrou nas religiões dos povos do mundo, privando-os da própria essência da vida que Jesus e outros avatares viveram.

A mentira do pecado original é um fardo pesado de condenação sobre toda a humanidade. Desde os tempos de Agostinho, patriarca da Igreja, as Igrejas vêm pregando que fomos concebidos em pecado e nascidos do pecado.[16] Mesmo antes de Agostinho, o salmista lamentava: "Em pecado me concebeu a minha mãe."[17] Ele também foi vítima da condenação planetária.

Essa condenação é sutil, e a maioria ignora por completo como ela é lançada contra nós. Contudo, nossa insatisfação frequentemente brota da crença arraigada no inconsciente de que as nossas almas são maculadas. Essa é a doutrina do pecado original — a crença de que a alma pecou e de que, de alguma forma, esse pecado está ligado à procriação. E, portanto, o ato mais grandioso da criação, de dar a vida às almas na Terra, foi comprometido pela suposta mácula do pecado.

Então nosso entendimento não deveria ser do pecado original, e sim da "bem-aventurança original". De que as nossas almas não vieram de Deus Pai-Mãe com o pecado de Adão e Eva, mas sim com o projeto original de nosso Criador. Esse projeto divino permanece inviolado, e ele nos dá o poder de nos tornarmos co-herdeiros com Cristo[18] e com todos os avatares que já viveram.

> "É PRECISO EXPERIMENTAR O MAL PARA CONHECER O MAL"

A mentira luciférica segundo a qual é preciso experimentar o mal para conhecer o mal, ou qualquer aspecto dele, é a grande mentira que foi ensinada à humanidade por milhares e milhares de anos. Os anjos caídos nos disseram o tempo todo que a única maneira de tomar uma decisão e amadurecer é provar do fruto da árvore do conhecimento do bem e do mal.

Quando aceitamos essa mentira e decidimos experimentar as sensações do véu de energia, nós deixamos o Jardim (a consciência mais elevada) e entramos nos tons acinzentados do bem e do mal relativos, que vão ficando cada vez mais escuros até que em alguns a luz é eclipsada pela escuridão da vaidade, da ambição e da consciência do ego.

Enquanto estávamos no Éden, éramos inocentes. Vivíamos na pureza da consciência original de nossas almas. Mas nossas almas jovens eram suscetíveis à astúcia sofisticada da lógica serpentina, e assim caímos.

E ao longo dos séculos de encarceramento de nossas almas no planeta Terra desde a Queda, criamos e alimentamos um eu irreal, permitindo que ele crescesse a ponto de, em alguns, ameaçar tomar o lugar do homem oculto do coração, o Cristo interior.

CAPÍTULO 4

O JOIO NO MEIO DO TRIGO

Depois que os anjos caídos encarnaram na Terra, muitos dos anjos de luz que permaneceram fiéis a Deus se ofereceram para encarnar também, para compensar o mal com o bem. Assim, há também em nosso mundo muitos anjos obedientes que servem à luz, que ajudam a humanidade, que trazem no coração o amor de Deus, que ensinam a humanidade a seguir o caminho mais elevado.

Desde nossa própria encarnação na Terra — fôssemos originalmente filhos e filhas de Deus, anjos ou seres de luz de outros planetas —, a maioria de nós se esqueceu da história da Queda e do nosso propósito em estar aqui. Amamos a luz, mas nos vemos enredados em teias de escuridão e presos na armadilha do carma com almas de luz e almas das trevas.

Os mestres ascensos revelaram essa história ancestral de seus arquivos,[1] para que tivéssemos o entendimento de que precisamos para reivindicar nosso direito espiritual de nascença, o de vencer as tentativas dos anjos caídos de destruir as nossas almas e de nos reunirmos a Deus.

Jesus falou sobre duas evoluções distintas na Terra. Seu ensinamento está especificamente oculto nessa conversa com Nicodemos: "Quem não nascer de novo não pode ver o reino de Deus."[2] Pelo menos é assim que costuma ser a tradução. Seja como for, o texto original em grego diz: "O homem que não nascer do alto não poderá ver o reino de Deus." O Evangelho de João confirma a versão grega: "Ninguém subiu ao céu, senão o que desceu do céu, o Filho do homem que está no céu."[3]

A expressão "nascer do alto" reflete a declaração de Jesus aos fariseus: "Vós sois de baixo, eu sou de cima."[4] No Capítulo 8 do Evangelho de João é citada uma declaração ainda mais forte de Jesus no sentido de distinguir essas duas evoluções. Aqui ele declara que os fariseus são a semente do "diabo".

O MAL E O DIABO

De quem exatamente Jesus estava falando ao usar o termo "diabo"? A palavra grega para mal, *diabolos*, significa "caluniador" e "acusador". Diabos, em geral, invertem a criação e difamam o nome da Divindade. São eles que endeusam o mal, ou o véu de energia, e reverenciam o materialismo em oposição à manifestação viva do Espírito de Deus.

Os anjos caídos já desistiram de seu lugar no céu. Sabemos disso ao ler o Apocalipse e o Livro de Enoque, que registra o pronunciamento de Deus para os Vigilantes: "Jamais irão para o céu" e "Jamais terão paz".[5] Assim, os seres caídos não têm nada a perder e têm tudo a ganhar ao tomar a essência vital dos filhos de Deus, roubando-lhes dinheiro e assassinando-os no campo de batalha.

Eles não têm remorso por sua conduta errada, nem têm pena de suas vítimas e tampouco conseguem sentir empatia — pelo contrário, procuram legitimar seus intentos homicidas valendo-se de títulos como "guerras de libertação". Jesus os chamava de "sepulcros caiados, que parecem formosos por fora, mas por dentro estão cheios de ossos de mortos e todo tipo de imundície".[6]

O renomado psicólogo Erich Fromm comentou que os "necrófilos" nutrem "exatamente o contrário dos valores que relacionamos à vida normal: não é a vida que os anima e satisfaz, mas sim a morte"[7] — a morte em toda sensacional espiral descendente de uma existência egoísta e sem propósito.

Poucos entenderam a motivação desse segmento da população, que parece ser a antítese dos filhos de Deus que amam a vida — uma raça raivosa, blasfemadora, inquieta e moribunda, cujo cerne é podre, rebelde e irresponsável no que concerne à luz e à honra de Deus. Por outro lado, poucos exploraram os ensinamentos de Enoque e dos Patriarcas da Igreja sobre a encarnação de demônios de anjos caídos.

SEPARANDO O JOIO DO TRIGO

Visto que já assistimos às repetidas encarnações do Verbo ao longo de milênios, da mesma forma assistimos a reencarnação dos Nephilim. Eles invadiram a Terra em bandos como Gengis Kan e sua hordas ou como Adolph Hitler com sua liderança enlouquecida, insano em sua exterminação dos judeus, um exemplo clássico dos conselhos de guerra dos Nephilim exterminando milhões de pessoas,

Qual a característica que puderam perceber nesses senhores da guerra que foram a julgamento em Nuremberg? Um ego insano, um orgulho insano, uma capacidade de negar totalmente o que haviam feito, uma capacidade de matar milhões e milhões de filhos de Deus. Vocês precisam compreender que existem dois tipos de pessoas vivendo hoje na Terra. Este ensinamento é o elo perdido na sua senda pessoal, na sua carreira, na sua vida, na forma como vão criar a sua família, criar os seus filhos, como vão educá-los.

Sim, existem dois tipos de pessoas na Terra. Os tipos clássicos como Hitler e seus generais loucos são fáceis de identificar, mas quando os Nephilim se tornam benfeitores bondosos, e não os vemos fazer nada além de tomar o nosso dinheiro em impostos e distribuí-lo para ganhar boa reputação, fica difícil definirmos quem é de esquerda ou de direita, quem é da luz e quem não é. Com o coração, a alma e o verbo internalizado terão de conhecê-los pelos seus frutos. Os filhos da luz nem sempre reconheceram seus opressores. Eles não se dão conta de que os destruidores do povo, às vezes, posam de seus salvadores, só para manter a fama de boa gente enquanto na verdade estão destruindo as próprias pessoas que supostamente querem conquistar. Sempre que massacres a sangue-frio acontecem, por trás deles estão a manipulação e os planos sanguinários de pessoas que de alguma forma não são exatamente como nós. Jesus explicou cuidadosamente a diferença entre o joio e o trigo. Ele disse que o trigo são os filhos da luz e que o joio são as sementes do Maligno que o inimigo veio semear entre nós. Jesus falou que eles só iriam ser separados no fim dos tempos, com a chegada dos anjos, que hão de juntar o joio em montes e queimá-los,[8] e os filhos da luz estarão libertos.

Por alguma razão esta mensagem de Jesus não foi assimilada, e nós não fomos ensinados sobre a sua relevância nos dias de hoje. No entanto, o fato é que ela é muito relevante. E assim o joio cresceu ao lado do trigo, e jamais poderemos saber antes do julgamento final se um indivíduo está vivendo da luz que toma dos filhos de Deus ou se ele é mesmo uma fonte de luz e unido a Deus. Por isso, Jesus nos avisou: "Não julgueis para não serdes julgados."[9] Porém, uma ausência de julgamento não implica em abrirmos mão da nossa capacidade de discriminação e discernimento para ver o que se está vendo e para se escolher bem os nossos representantes.

A maioria das pessoas hoje em dia simplesmente não está disposta a encarar os fatos e a realidade existente. Os Vigilantes, os Nephilim e sua criação perversa estão vivos e passam muito bem no planeta Terra. Eles são os indivíduos espiritualmente malignos que ocupam os cargos elevados na Igreja, no governo, na economia, na educação, nas artes, na mídia e na vanguarda da manipulação científica do futuro.

Até o momento, esses anjos caídos seguem incontestados. Porém, na condição de filhos e filhas de Deus, nós podemos reclamar o futuro para todas as crianças de Deus. Nós temos esta opção. O apóstolo Paulo disse que podemos escolher ser co-herdeiros da consciência crística universal que Jesus expressou. Essa é a mesma consciência mais elevada que Gautama expressou e que os santos do oriente e do ocidente expressaram.

Os seres caídos querem tirar de nós essa consciência crística. E pelos últimos dois mil anos eles o têm conseguido, em parte. Agora, no fim da Era de Peixes, temos a oportunidade de alcançar a mestria divina que Jesus nos demostrou como conseguir. Muitos ficaram para trás, pois os anjos caídos nos convenceram de que não existe essa história de anjos descendo para a Terra em corpos de carne e osso. Esse é o conhecimento que os Patriarcas da Igreja nos roubaram, mas que agora temos que recuperar para podermos alcançar a verdadeira liberdade.

Está na hora de as pessoas atualizarem os seus conceitos sobre diabos andando por aí de rabo e espeto. Está na hora de nos darmos conta de que os diabos são anjos caídos que usaram mal a ciência e a luz de Deus e elevaram seu véu de energia — toda a sua criação desprovida de alma e a sua cultura da morte e do materialismo.

Enquanto os anjos de luz que jamais caíram procuram exaltar os filhos de Deus a um modo de vida mais elevado, a uma luz mais elevada, a uma aceleração mais intensa no universo espiritual, os anjos caídos trabalham para prender os filhos de Deus numa perpetuação de simulacro de vida no universo material. Enquanto os seres caídos conseguirem manter os portadores de luz reencarnando nesses corpos terrenos densos, poderão continuar diariamente lhes sugando a luz, as reservas, o dinheiro, o talento e a consciência. É assim que eles têm mantido o materialismo irreal aparentemente infinito no qual prosperam.

IDENTIFICANDO CARACTERÍSTICAS DOS ANJOS CAÍDOS

Quando Deus criou os anjos, deu a eles poder de transmitir sensações impressionantes através do corpo emocional. Esse poder é inerente às hostes angélicas. Dessa forma, os anjos que desceram à forma material — tanto os anjos da luz quanto os anjos das trevas — retiveram parte daquele poder.

Essa característica é uma das razões que faz dos anjos caídos um grupo de indivíduos tão perigosos. Eles são muito carismáticos e podem comandar grandes grupos de pessoas com suas emoções. Ele podem expandir seu gigantesco corpo emocional para arrebatar toda uma audiência de uma vez só, levando-a às lágrimas ou às gargalhadas. Quando eles se alinham contra Deus, sua fúria é desenfreada.

Os anjos da luz que encarnaram para ajudar os filhos de Deus têm também uma habilidade nata de conduzir emoções de modo bastante poderoso. Entre esses anjos bons há anjos muito poderosos de categorias mais elevadas. Esses anjos expressam grande luz e podem inspirar milhões.

Assim, não podemos julgar pelas aparências quem é um anjo de luz e quem é um anjo das trevas. O estudante da verdade mais elevada também tem que tomar cuidado para identificar esses retardatários, luciferianos e Vigilantes pelos seus atos e não pela sua religião, nacionalidade ou etnia, pois esses defensores do Anticristo se infiltraram em todos os grupos, e não há religião, governo ou nação que se possa dizer imune à presença deles.

Eles são o joio que o inimigo semeou nos campos do empenho humano, crescendo lado a lado com o trigo. Como o Senhor disse que o joio só será separado do trigo na colheita, qualquer tentativa de classificar, rotular ou categorizar quem é quem só pode terminar em fracasso, e tentar fazê-lo é cair na armadilha de dividir para conquistar. Do ponto de vista externo, não há uma linha divisória clara separando os filhos de Belial dos filhos de Deus. Por isso, vamos seguir os passos do Mestre que ensinou: "Pelos seus frutos os conhecereis", pela sua vibração e pelas suas obras.

Também é importante ter consciência de que o mal imita o bem, e para ganhar almas do bem para sua causa ele precisa parecer que é bom. Achamos que é nesse ponto que os filhos da luz mais acabam sendo enganados. A não ser que tenham discernimento do Espírito, eles podem achar que por essas pessoas estarem agindo de forma boa, elas têm de ser boas. O mal é um estranho para a natureza dos filhos de Deus, e é precisamente por isso que se tornam vítimas involuntárias das tramas das forças do mal. Não entendem a natureza sutil do mal.

Quando esses mal-intencionados se fazem passar por bons, exibindo uma simpatia de fachada e parecendo gente do bem, aqueles que têm o discernimento do Espírito pode perceber em níveis sutis que esses imitadores têm motivos diabólicos. Eles estão simplesmente colocando uma camada de bem sobre um âmago de maldade.

Também é preciso entender que os indivíduos não são maus por convicção, a não ser que sejam ligados ao mal absoluto. Muitas pessoas da luz seguiram, por várias vidas, os caminhos dos seres caídos. Eles podem ter escondido a verdade, dissimulado seu discurso e estorvado suas práticas enquanto acreditam que são boas pessoas. No fundo, eles podem ser pessoas muito boas mesmo, mas neste momento eles estão presos às trevas e podem influenciar vocês a caírem com eles. Por isso, temos de ter cautela. "Provai se os espíritos vêm de Deus"[10] e não façam julgamentos nem alianças precipitados.

MAL ABSOLUTO

Há uma diferença entre o bem e o mal relativos e o bem e o mal absolutos. O bem absoluto é Deus; o mal absoluto é seu oposto.

Quando metaforicamente nos servimos do fruto da árvore do conhecimento do bem e do mal, a nossa visão caiu e começamos a ver o bem e o mal como relativos. Nossa habitação se tornou um mundo relativo, no qual não havia mais o conceito do bem absoluto. E assim começamos a fazer escolhas relativas. O bem e o mal relativos incluem as nossas ações e os nossos erros. É quando procuramos fazer o bem e escolher a melhor opção possível, o que acreditamos ser certo. E se erramos e nos arrependemos, podemos pedir perdão, emendar-nos e seguir em frente.

O mal absoluto é o intento daqueles que têm o mal no seu cerne, indivíduos que são a semente do mal e que jamais abandonam a sua única razão de ser: destruir a descendência de Deus, seus filhos e filhas. O mal absoluto, encarnado pelos anjos caídos, é o estado daqueles que declararam guerra contra Deus na Grande Rebelião. É a dedicação absoluta dos anjos caídos contra Deus e contra o potencial do Cristo em Seu povo.

Essa determinação é parte da psicologia e da personalidade de todo anjo caído. Eles não gozam mais da glória de serem filhos de Deus, tampouco contam com a aprovação do Pai celestial. Então eles precisam humilhar de alguma forma os portadores de luz para que pareçam maiores aos próprios olhos e aos olhos de seus companheiros. Eles se esforçam constantemente para reforçar o eu sintético (a antítese do Eu Verdadeiro[11]) e o ego.

Alguns expressam essa determinação por meio de sadismo físico e outros atos horrendos. Também se expressam através de pessoas que são muito sofisticadas e impõem seu ódio à sociedade como um todo através de formas legítimas — por exemplo, a tortura e a morte lenta da nossa população causada pelos detritos químicos, poluentes, drogas perigosas, remédios e todo tipo de experimentos com o corpo humano. É a mesma vibração, porém é realizado deixando as suas mãos limpas, de modo educado e socialmente aceitável. Esta é a única diferença.

Isso é a expressão do ódio à Mãe (o princípio feminino de Deus, que é o corpo de Deus), e ocorre de várias formas. Uma forma de expressão desse ódio é a indústria do tabaco, que faz um produto capaz de matar milhares de pessoas de câncer. Isso é morte lenta; é tortura; é sadismo. E por trás dessa indústria está a intenção assassina dos demônios.

Talvez alguns fiquem horrorizados ao ouvir ou ler isso dito de forma tão direta. Isso acontece porque muitos se tornaram insensíveis às formas socialmente aceitas de homicídio que existem por aí, como a indústria do álcool, a indústria farmacêutica e a indústria de alimentos, que envenena a nossa comida com produtos químicos, açúcar refinado e outras substâncias nocivas. Também vemos essa intenção maligna na popularização das drogas recreativas e na tentativa de torná-las socialmente aceitáveis.

Mais óbvia ainda para nós é a presença de anjos caídos — ou daqueles que foram por eles corrompidos — em gangues, cartéis de drogas e famílias mafiosas, onde se tornam o chefe dos grupos. Nesses casos, quase sempre há alguém que, em eras passadas, foi o capitão daquela unidade específica de anjos caídos. E os outros sempre seguem enfileirados logo atrás de seu líder.

Eles costumam reencarnar em grupos cármicos. Como cometeram crimes juntos no passado, eles têm que reencarnar juntos para desfazer o seu carma de grupo. Por exemplo, se um grupo de oito indivíduos mata alguém, os oito indivíduos terão de reencarnar para ajudar a dar vida a essa pessoa.

Esses indivíduos reencarnam repetidas vezes, e são dotados de um poderoso momentum. O que a força policial, os pastores de Igrejas e o povo de bem do mundo não percebem é que eles estão lidando com um momentum de mal absoluto de séculos de idade, quiçá milênios. Os anjos caídos sabem que vão encarar o juízo final. Qualquer um que não se importa se vive ou se morre viverá perigosamente, à custa dos outros, brincará com a vida e a morte e correrá riscos no dia a dia. É necessário ter exatamente esse tipo de atitude para se ingressar em uma dessas gangues.

Como esses grupos cármicos de criminosos internacionais têm reencarnado uns com os outros, eles até sabem no nível de suas almas que, depois que morrerem, continuarão voltando (até o dia do juízo final). Isso lhes dá uma sensação de imortalidade, mesmo quando eles encarnam a própria morte.

"POR QUANTO TEMPO HÃO DE TRIUNFAR OS ÍMPIOS?"

Aqueles que um dia tiveram uma grande luz podem receber uma oportunidade ainda mais longa de equilibrar seu carma e voltar ao trono da graça do que aqueles que tiveram menos luz. Essa é uma consequência da lei do carma, de acordo com o escrito: "Pois àquele que tem, lhe será dado (oportunidade); e ao que não tem, até o que ele tem lhe será tirado."[12]

E assim sabemos que a oportunidade concedida a alguns dos anjos caídos foi muito, muito longa, tanto que até o escritor dos salmos há milhares de anos atrás se lamentava: "Por quanto tempo, SENHOR, por quanto tempo hão de triunfar os ímpios?"[13] Pois o poder de suas trevas parece infinito enquanto eles se movem contra os filhos de Deus, que parecem bem menos poderosos e, frequentemente, indefesos.

De fato, os anjos caídos que juraram inimizade eterna a Deus no céu movem-se livremente pela Terra, encarnando as trevas com bravata, sofisticação, riqueza e sabedoria mundana. E assim o farão até que sejam confrontados por aqueles que estão encarnados que tiverem a coragem de ser porta-vozes do Ser Eleito — aqueles que trazem em si a luz da consciência crística e que escolhem cumprir a vontade de Deus e julgar os anjos caídos, como profetizou Enoque. Pois, por definição, aquele Ser Eleito que vem em nome de Deus tem a mestria necessária para desafiar os seres caídos.

É por isso que João Batista e Jesus Cristo, bem como os profetas e os avatares de todas as épocas, vieram à Terra: "Eu vim a este mundo para julgar."[14] Eles vieram porque querem dar um alívio aos abençoados filhos de Deus que são atormentados pelos caídos e que ainda não têm a habilidade — a consciência crística externalizada — de se posicionar contra eles.

PARTE II

O PERFIL DO MAL

INTRODUÇÃO

ACUMULANDO PODER E CONTROLE

Até agora, vimos a psicologia dos anjos caídos e do mal absoluto. Em suma, o mal não tem nada a perder e tudo a ganhar. Isso significa que eles são irresponsáveis, rápidos no gatilho e mentalmente poderosos. Os anjos caídos não estão interessados em dinheiro — eles já controlam o dinheiro do mundo. Eles estão interessados em ter poder e controle sobre o planeta em si. Eles podem propor muitos planos e estratégias aparentemente humanitários, mas por trás de tudo está o objetivo único de controlar ainda mais o mundo. Esse é o perfil daqueles que vão ser julgados.

Quando conhecemos o perfil dos anjos caídos encarnados, podemos entender porque, através de seu alinhamento interno com as trevas, eles estão determinados a apagar a chama da vela da liberdade nos corações de todos que batalham pela liberdade na Terra, nação por nação, pessoa por pessoa.

Eu também reitero aqui que o perfil e esse destino dos malignos contrasta com o das evoluções de luz no planeta, que estão comprometidas com o bem, que estão encarando o retorno de seu carma (que pode ser equilibrado) e cujo destino final é a união com Deus.

O Livro de Enoque nos deu o entendimento inicial de que um grupo de anjos caídos conhecidos como os Vigilantes encarnou na Terra e que o SENHOR Deus lhes pronunciou o julgamento. Mas eu talvez seja uma das poucas instrutoras espirituais no mundo a lhes dizer que os Vigilantes ainda estão encarnados entre nós.

Os Vigilantes são os mais malvados e mais poderosos dentre os anjos caídos encarnados. Eles não são uma classe de determinada raça, nacionalidade ou religião — eles aparecem em todas. São os poderosos que dão as cartas. Estão além dos super-ricos, eles *controlam* os super-ricos. Eles têm o poder e o controle das riquezas do mundo. Não os vemos ou os conhecemos necessariamente, mas todos sentimos sua influência.

Considerando-se que os Vigilantes tinham muita luz ao cair de seu estado elevado e que continuam tendo ainda maior resíduo de luz (poder) do que nós, podemos pensar: como poderemos esperar um dia enfrentá-los?

Como podemos esperar escapar de seu controle? Só há um jeito: Deus, na pessoa de seus poderosos arcanjos e legiões de luz, virá nos defender.

Em resposta ao nosso chamado, as legiões de luz enfrentarão os anjos caídos entre nós. Nosso papel como filhos e filhas de Deus é usar o nosso livre-arbítrio para invocar a assistência divina para que se cumpra a profecia do julgamento dos anjos caídos. Os mestres ascensos nos ensinaram a fazer isso através da Ciência da Palavra Falada.

A Ciência da Palavra Falada é uma forma mais avançada dos tipos de oração usadas no oriente e no ocidente. Ela usa preces, mantras, afirmações e meditações com decretos dinâmicos — que são poderosas petições ditas a Deus — que geram uma força dinâmica de energia que enviamos pelos nossos chacras,[1] nossos centros de energia espiritual, e direcionamos ao mundo inteiro.

Quando pedimos ajuda para qualquer problema aos mestres e aos poderosos arcanjos através da invocação diária de sua intercessão, damos a eles autorização, como filhos e filhas de Deus encarnados, a interceder para que os ímpios não possam mais oprimir a humanidade. (Na Parte 5 deste livro explicamos como invocar a ajuda dos mestres e arcanjos.)

Qualquer um que conheça um fragmento sequer da história da Terra nos últimos dois mil a cinco mil anos entende que guerra e opressão têm se abatido perpetuamente sobre a humanidade. Há uma causa e um núcleo dessas condições, e lhes digo que todos que estão vivos no planeta hoje em dia carregam em seus subconscientes o registro da infame traição dos anjos caídos.

Cada um de nós tem seu próprio limite de consciência. Há certos fatos que estamos dispostos a encarar e outros, não. Algumas pessoas não querem encarar o fato de que o mal absoluto existe. Eles acham difícil conceber que seres que um dia viveram tão perto de Deus possam se rebelar e inverter o poder do bem absoluto, transformando-o em mal absoluto e usando-o contra os filhos da luz.

Para muitos, o limite de consciência não permite admitir que existe uma conspiração de anjos caídos contra a luz. É por demais assustador ter essa consciência em nossa mente todos os dias. Ainda assim, percebemos a manipulação dos nossos produtos de consumo, do nosso dinheiro, de cada aspecto da nossa sociedade e da nossa cultura, e até mesmo do nosso sistema de educação e das mentes dos nossos jovens. Vemos isso aqui e vemos isso acolá, e dentro de nossas mentes e corações nós ouvimos os sussurros dos anjos bons, que nos dizem: "Somem dois e dois. Quem iria querer criar esta situação planejada de destruição das almas e corpos das pessoas?"

Uma das prioridades principais de Saint Germain e da fraternidade da luz tem sido nos ajudar a juntar dois e dois e desmascarar o perfil do mal que vemos nas atividades dos anjos caídos entre nós.

CAPÍTULO 5

MANIPULAÇÃO ECONÔMICA GLOBAL

Hoje em dia, o povo dos Estados Unidos está dividido em praticamente toda e qualquer questão. O país nunca esteve tão fragmentado. Talvez a única questão em que todos concordam é a economia — e todos concordam que ela vai mal. Mas o porquê de estar indo mal e como resolver o problema são indagações que voltam a gerar divisões.

A situação nos Estados Unidos reflete, em vários sentidos, os problemas encarados por outras nações. A economia de uma nação é mais do que um mecanismo de produção e distribuição de produtos e serviços. Quando falamos em economia, estamos falando de um modo de vida.

Fartura é a lei natural da vida, como Jesus nos mostrou. A Ele e seus discípulos nunca faltou nada, e eles nunca foram dados a excessos. Jesus nos trouxe o entendimento da vida abundante, da manifestação de todo o bem e de toda a dádiva perfeita de Deus. E ele também falou da manipulação da fartura da vida por parte dos poderes constituídos.

Hoje em dia, o entendimento de como se alcança uma vida de fartura foi tirado de nós através da manipulação feita pelos saqueadores no meio de nós. Por conta da nossa ingenuidade, muitos de nós lhes demos atenção pela idolatria. De acordo com a lei cósmica, ficamos energeticamente presos àqueles a quem damos atenção ou devoção, pois a atenção é um fluxo de energia. Assim, ficamos carmicamente ligados aos anjos caídos e lhes demos a nossa força e a nossa luz.

Representando o seu drama para um público inconsciente, os anjos caídos escolheram a política, a mídia e a indústria de entretenimento como o seu palco principal. Apesar de haver pessoas da luz com enorme integridade em todos esses campos, as áreas citadas são frequentemente dominadas por aqueles que, consciente ou inconscientemente, promovem os interesses escusos dos anjos caídos. Ao atrair nossa atenção para seus espetáculos — sejam ultrajantes, hilários, espetaculares ou profundamente tocantes — eles tomam nosso dinheiro e *nossa luz*. É assim que os anjos caídos que vivem entre nós nos dias de hoje, embora um fracasso espiritual, conquistam cada vez mais poder para si mesmos. Então, a luz das pessoas é transformada em trevas por meio de estratagemas que subjugam e destroem os mesmos indivíduos de quem a luz foi tomada.

Muitos desses estratagemas se concentram no dinheiro, pois dinheiro é poder. Dinheiro em todas as suas formas, mesmo que seja uma cédula de papel, representa energia — a energia de Deus, a fartura de Deus. Quando o dinheiro é concentrado nas mãos daqueles que optaram por encarnar o mal em vez de encarnar o Cristo, esse dinheiro dá poder a eles — e tanto dinheiro quanto poder são as coordenadas necessárias para o controle. Essas serpentes usam esse poder para manipular as condições do mundo e os eventos mundiais para que se conformem com seus objetivos.

O problema da economia é um problema espiritual. Quando não se tem o pão de cada dia, quando não se tem um teto para si e é preciso lutar diariamente para sobreviver, fica mais difícil seguir a senda de integração da alma com Deus.

A sobrevivência econômica está se tornando uma questão crucial para cada vez mais gente no mundo à medida que a economia vacila e parece cada vez mais vulnerável e à beira de um colapso. Nós agora estamos no meio dos maiores desafios econômicos desde a Grande Depressão dos anos 1930. A manipulação da economia mundial por parte dos bancos centrais tanto antes quanto depois da crise de 1929 resultou em constante inflação, apesar de haver presságios de deflação nos Estados Unidos e ao redor do mundo. Seja a manipulação dos resultados econômicos no sentido de causar inflação ou deflação, alguém sempre irá se beneficiar. Em termos históricos, contudo, a inflação foi o maior desafio econômico, e muitos alegam que ela voltará a se mostrar um enorme obstáculo.

CANIBALISMO ECONÔMICO

Inflação é canibalismo econômico. Ela devora as poupanças e impossibilita planos de longo prazo. É uma forma velada de roubar as futuras gerações ao fazer com que as pessoas gastem hoje o capital de amanhã. Apesar de a inflação afetar a todos, ela causa mais sofrimento aos pobres.

Vladimir Ilyich Lenin observou corretamente que a rota mais rápida para destruir a sociedade capitalista era corromper sua moeda. Isso se consegue, em grande parte, através da inflação. A inflação jamais começou sem um aumento de quantidade da moeda corrente. E a inflação jamais cessou sem corromper a sociedade de modo proporcional ao nível da própria inflação. Na história recente, ela destruiu mais governos legalmente constituídos do que qualquer outra força exceto a guerra.[1]

Às vezes, as pessoas em altas posições, tanto dentro quanto fora do governo, tratam a inflação como se ela fosse um mistério. Não obstante, alguns desses indivíduos são os mesmos que manipulam o fornecimento da moeda nos bastidores.

Adolf Hitler surgiu das cinzas da economia alemã, que foi destruída após a Primeira Guerra Mundial, não pela guerra em si, mas pela inflação. Entre 1916 e 1923, o Reichsbank — o Banco Central alemão — hiperinflacionou a moeda do país. Os preços subiram de tal forma que o valor de uma refeição no restaurante aumentava enquanto o freguês comia. Os alemães dizimaram florestas inteiras na tentativa de imprimir papel-moeda a tempo de acompanhar a inflação.

Max Warburg era um membro da equipe do Reichsbank na época, e Paul Warburg, seu irmão, que já estava nos Estados Unidos havia alguns anos, associou-se ao banco de investimento de Kuhn e Loeb. Warburg viajou por todos os Estados Unidos em campanha pela criação de um banco central nos moldes do Reichsbank.

O novo banco central, que acabou se chamando Federal Reserve System (o Fed), foi resultado de uma conspiração de banqueiros. O Fed é pouco mais do que um mecanismo complicado de manipulação da economia e de criação de dinheiro fictício. A instituição pode ser usada para criar inflação, deflação, recessão, depressão ou colapso a qualquer momento. Está inteiramente fora das mãos do próprio povo. E, acima de todas as coisas, esse é o grande perigo.

Porém esse não é um problema exclusivo dos Estados Unidos. Todo banco central de todas as nações é estruturado de modo semelhante e serve aos mesmos propósitos que o Federal Reserve.

Entre 1923 e 1929, o Fed criou uma inflação terrível e depois a conteve abruptamente. O inevitável aconteceu: em outubro de 1929 Wall Street quebrou, levando junto toda a economia dos Estados Unidos e do resto do mundo para a Grande Depressão. A crise econômica durou cerca de uma década e afetou basicamente todas as nações, ricas ou pobres.

O Congresso dos Estados Unidos hoje não controla o Fed; o Fed é controlado pela elite do poder — e é essa mesma elite do poder que controla o Congresso. Apenas um decreto do Congresso pode extinguir o Federal Reserve. Em 2010, o Congresso dos Estados Unidos tentou auditorar o Federal Reserve, mas não teve sucesso.

O mesmo cenário existe nos sistemas políticos em toda parte. Governos do mundo inteiro gostam da inflação, pois ela funciona como desculpa para tomar dinheiro das pessoas por meio de impostos. Muitos países do mundo recebem bem o retorno da inflação como forma de pagar suas dívidas públicas com a moeda desvalorizada. E, como Saint Germain nos diz, quem está no controle tem outro motivo velado:

> Uma parte do problema que percebemos se dá porque aqueles que estão em posição de conter os gastos geralmente são aqueles com interesses próprios investidos que carecem de visão ampla para lidar com um problema muito complexo [...]
>
> O sistema de partidos políticos e de eleições frequentes, apesar de criado para preservar a democracia numa forma de governo representativa e republicana, cria duras exigências para aqueles que tentam se eleger. Para isso, os políticos precisam garantir o voto popular.
>
> Considerando-se que o controle da inflação e o corte de gastos governamentais devem afetar de forma nefasta vastos segmentos sociais, os políticos jamais ganham popularidade pregando uma cura real para a inflação, que seria o sacrifício do ganho imediato, dos lucros imoderados e até mesmo a boa vida pelo ganho a longo prazo da prosperidade e da boa gestão do governo e dos negócios da nação baseados nas realidades da oferta de dinheiro e dos recursos disponíveis. Assim, aqueles que querem se eleger não estão dispostos a explicar para a grande massa ignorante a gravidade da situação e as consequências que a implementação de soluções reais traria para todo o povo.
>
> Essa geração e sua prosperidade foram construídas sobre o sistema de crédito. O aumento da oferta de dinheiro criou um conceito irreal de vida próspera.[2]

Se o Congresso não acabar com o Federal Reserve System, há poucas chances de o governo dos Estados Unidos — que foi estabelecido para prestar contas ao povo — conseguir controlar a inflação a longo prazo. Apesar de no momento não termos inflação, tem sido essa a tendência desde a Grande Depressão, e ela pode voltar a representar um problema concreto no futuro. Em termos históricos, a inflação tem servido aos interesses dos banqueiros que criaram o sistema de bancos centrais, e seu interesse velado é manter o *status quo*. Enquanto os bancos centrais permanecerem autônomos e não estiverem sob o controle de nenhum poder externo, como o Congresso ou as legislaturas das respectivas nações, é interesse deles dar continuidade à tendência inflacionária.

Manipular a economia assim é manipular diretamente a vida da população. Através do trabalho de suas mãos e de suas mentes, as pessoas ganharam o direito de acumular prosperidade, de poupá-la, de receber juros sobre ela. No entanto, a inflação rouba os frutos do trabalho, de modo que a quantia que hoje é suficiente para alimentar a família já não é mais no dia seguinte.

Saint Germain apela aos mais vigorosos de nós para que "comparem as condições críticas da inflação com a manipulação do mercado livre". Ele diz que "muitos que expressam sua opinião sobre economia nos dias de hoje não são plenamente qualificados para conduzir a economia", e tampouco têm a necessária compreensão do componente espiritual da economia. Assim, apesar de suas credenciais educacionais e mundiais, do ponto de vista mais elevado dos mestres ascensos eles são:

> "[...] meros amadores, que abordam as questões dos sistemas monetários das nações, o equilíbrio do orçamento, os impostos e os encargos financeiros da burocracia federal como se fossem especialistas na ciência da abundância.
>
> As verdadeiras leis da economia e as soluções divinas para a economia mundial não se encontram nas melhores escolas da elite nem nas mentes dos especialistas (que, se o fossem, não teríamos problemas de tão imensas proporções)...
>
> Que os governos e o povo aprendam a viver dentro de seus limites financeiros, e que o valor real dos produtos e serviços sejam baseados sobre a teoria e a aplicação prática da lei do labor sagrado,[3] realizado para a glória de Deus, que reside dentro da Sua humanidade."

Saint Germain explicou que a manipulação do livre mercado e dos governos livres das nações pelo monopólio capitalista ou pelo socialismo corporativista não dará certo porque a manipulação destrói a criatividade individual e extingue o desejo do indivíduo de ser autossustentável em Deus. Embora ele não tenha nos dito o que vai dar certo, ele disse que a solução começa com esse princípio fundamental: Tudo o que homem semear, isto também ceifará;[4] e o seu corolário: aquilo que o homem não semear, não ceifará. Saint Germain avisou:

> Há pessoas demais de todos os tipos que ainda querem ganhar sem fazer por onde, e que estão dispostas a abraçar qualquer filosofia econômica que lhes traga imediatamente prazeres e prosperidade material . Estes não têm corações nobres e seus nomes entrarão na história como os desprezíveis, os destruidores da vida abundante da alma...
>
> Que o valor da vida repouse no padrão do ouro que se origina da regra de ouro, que é o princípio da economia divina: faça aos outros aquilo que deseja que os outros façam a você. Essa regra de ouro é aplicada ao ouro do coração, à sabedoria dourada que serve às necessidades da comunidade pelo amor — a prática do amor que se transforma em compaixão, na caridade e no compartilhamento das alegrias da vida abundante com aqueles que alimentam o sentimento de carência.
>
> Se me perguntais por que a economia está nessa situação desastrosa, eu vos direi que é porque não há gente suficiente atenta a Deus e ao próximo. As pessoas veem as soluções apenas em termos de mais dinheiro e mais controle governamental e regulação da vida. No entanto, sem o coração e sem a sintonia com o Divino, a luz de Deus não flui para suprir as necessidades do povo.

REVOGAÇÃO DO PADRÃO-OURO

A substituição do ouro pela prata e pelos metais mais comuns e, finalmente, sua substituição pelo papel como meio de troca, é uma conspiração dos manipuladores para magnetizar a consciência das pessoas para as frequências menos elevadas desses metais e assim privá-las das qualidades benéficas, saudáveis e estimulantes do ouro.

Os mestres falaram sobre o problema da criação do papel-moeda que não tem respaldo no ouro:

> Visto que a semente do maligno se implantou na própria estrutura da civilização, é inevitável que em algumas regiões e em alguns níveis haja uma grande mudança. Vós já observastes, pois, os sinais nos céus e os sinais em Wall Street quanto às condições nada auspiciosas da economia dos Estados Unidos e do mundo. Vistes os movimentos frenéticos e desvairados dos que controlam os bancos internacionais, os sistemas monetários e as moedas das nações, correndo por toda parte para imprimir mais dinheiro e deter o inevitável retorno do carma. Pensai em como isso é ridículo: poderá o papel-moeda impedir o carma da semente do maligno?[5]

Os mestres explicaram que o ouro é necessário para a estabilidade da economia das nações, bem como para a estabilidade da consciência dos indivíduos.

A intenção era de que o ouro fosse o padrão de troca para o comércio por toda a Terra. Com um padrão-ouro em vigor, não haveria como gastar tanto dinheiro de forma tão imprudente, porque dinheiro novo só poderia ser impresso pelos governos se o seu estoque de ouro para respaldá-lo crescesse. Em outras palavras, o dinheiro não poderia mais ser criado do nada, mas sim como resultado do crescimento econômico real.

O restabelecimento do padrão-ouro é vital para as nações. As pessoas precisam entender a grande fraude que foi cometida contra elas pela impressão de papel-moeda sem lastro, e que a contínua impressão de papel-moeda causará o colapso das economias das nações.

De uma perspectiva espiritual, o ouro é a luz do sol precipitada e é um foco da luz do Cristo. Como tal, o padrão-ouro foi ordenado por Deus como forma de manter equilibrado o fluxo da radiação solar que passa pelas mãos das pessoas para a saúde de seus quatro corpos inferiores e a perpetuação da fraternidade. Em todas as civilizações onde o ouro circulava como moeda de troca e era usado por todas as pessoas, havia uma correspondência em mestria de grande iluminação, abundância, saúde e mestria pessoal. O costume de usar ouro como adorno em tribos primitivas lhes foi transmitido por antigas civilizações, das quais eles são os últimos remanescentes.

A GUERRA E A COBIÇA POR DINHEIRO

O dinheiro e a cobiça costumam motivar as guerras, e é a cobiça por mais dinheiro que faz com que as nações ocidentais forneçam material bélico e todo tipo de armas ofensivas e defensivas para os demais países do planeta.

É a besta do dinheiro, como a chamam os mestres, que impulsiona por todo o corpo planetário o desenvolvimento da tecnologia, das mercadorias e de tudo mais. Essa ganância tem suas origens nos Nephilim e nos Vigilantes, que há muito tempo começaram a cobiçar a luz do povo de Deus. É essa cobiça pela luz que está por trás da cobiça pela abundância, a energia e a própria força vital dos portadores de luz.

A cobiça pelo dinheiro, a despeito do custo que tenha para a vida humana, atravessa séculos. Jakob Fugger (1459-1525) é o arquétipo original do financista moderno, banqueiro de investimentos e capitalista de risco. Fugger, que costumava ser chamado de "o Rico", nasceu numa família de comerciantes ricos. Seu lema era "ganhar enquanto puder".[6] Através de vários negócios lucrativos, inclusive o financiamento de exércitos para lutar entre si, Fugger expandiu seus já consideráveis investimentos e acumulou uma fortuna. Usando sua vasta riqueza para comprar influência, Fugger, literalmente, comprou a posição de Santo Imperador Romano para Carlos V e, em troca, valeu-se de suas ligações políticas para expandir o seu império capitalista. Ele é considerado uma das pessoas mais ricas de todos os tempos.

Esse arquétipo aparece em todas as gerações como aqueles que financiam as guerras, que monopolizam os recursos nacionais, que constroem fábricas de munição, que criam e destroem indústrias, nações, vidas e fortunas. Esses indivíduos, agindo individualmente ou em grupo, podem ser implacáveis em seus objetivos. Eles dão apoio financeiro e militar a diferentes polos em conflito, além de outros tipos de suporte, jogando uns contra os outros em guerra, disputas econômicas e embates ideológicos, colocando irmão contra irmão. E eles não têm dúvida de que vão ganhar mais poder e controle sobre as nações ao manipular tanto o conflito quanto o seu resultado.

GANÂNCIA E PROPAGANDA

O uso de magia negra prevalece no planeta. Não estamos normalmente alertas a isso em nível consciente, pois ele sempre aparece disfarçado, adoçado e legitimado pelas mentes e métodos mais engenhosos.

A magia negra é a prática científica, ou sistemática, do mal. Trata-se de uma manifestação necessária do mal, pois sem ela o mal não poderia existir. A magia negra implica no mau uso das energias de Deus para qualquer propósito que seja incompatível com a Sua vontade. As forças do mal a empregam para ganhar controle sobre as manifestações de Deus e para garantir para si, por meio de manipulação fraudulenta da lei cósmica, as coisas deste mundo — dinheiro, fama e o poder de manipular homens e nações. As vantagens que eles conseguem são usadas então para colocar obstáculos no caminho daqueles que aspiram realizar a vontade de Deus e servir à luz.

Alinham-se às forças do mal os *momentuns* de cobiça humana que se concentraram em várias instituições. Essas instituições se tornaram parte necessária e integral de nosso mundo civilizado. Algumas foram patrocinadas pela fraternidade da luz baseadas no princípio da regra de ouro ensinada pelos avatares, mas, com o tempo, até mesmo elas acabaram se tornando instrumentos das trevas.

No mundo publicitário se praticam várias formas legítimas de magia negra, às vezes até sem o conhecimento dos executivos responsáveis. Por meio da perversão de formas puras de arte e do uso habilidoso dos símbolos, os anunciantes conseguem controlar tanto as mentes quanto os mercados, dessa forma controlando a energia do povo. Assim, as agências de publicidade podem se tornar agentes de controle quando se valem de artistas e de pessoas criativas que foram treinadas para se tornarem mestres na manipulação das mentes.

Quase todos os anúncios contêm elementos de hipnose. Atrair a atenção e treinar o olho do espectador em imagens-chave faz com que sua energia flua para o objeto da atenção. Isso aciona reflexos automáticos no cérebro, empurrando o espectador para o resultado predeterminado — nesse caso, a compra do produto anunciado sem o uso correto do livre-arbítrio por parte de quem compra.[7]

Nas últimas gerações tem sido propagandeado com muito glamour o uso de álcool e tabaco (ambos os quais impedem o fluxo da luz de alcançar o cérebro, sem contar que causam câncer de pulmão, doenças coronarianas e outros sérios efeitos colaterais), e o resultado no corpo físico e sutil da humanidade tem sido devastador. Em outra frente de batalha, a exibição de imagens sugestivas contendo nudez parcial ou total em filmes cobra um preço temeroso que é pago com a energia das pessoas, especialmente os jovens. Toda a mídia — rádio, televisão, internet, revistas, jornais, livros e filmes — desempenha um papel significativo na promoção de um estilo de vida centrado no materialismo e na sensualidade.

Quando a atenção das pessoas concentra-se em propostas materialistas, elas estarão basicamente alimentando a criação dos anjos caídos com seu dinheiro e sua energia. Essa é a única maneira pela qual os caídos conseguem se sustentar. Como previamente visto, quando os anjos caídos se rebelaram contra Deus, foram separados de sua Origem e pararam de receber o fluxo contínuo de luz que antes lhes dava vida. Esse é o preço da rebelião. Desde sua queda, eles têm caminhado pela Terra como se fossem deuses, mas a maioria não passa de mortos-vivos.

Esses mortos-vivos não vão recuperar o trono da graça, a não ser que mudem de rumo. No fim serão julgados, e sabem disso. Ou seja, eles são inescrupulosos, pois não têm motivo para viver a não ser comer, beber e protelar aquele amanhã quando, com certeza, morrerão. Sua motivação, além de adiar o dia de seu julgamento e, no ínterim, estabelecer um reino sintético, é se vingar de Deus. E como os caídos não podem alcançar Deus, eles tentam destruir as almas de Seus filhos, tentando-os com a boa vida e dizendo que eles, "com certeza, não morrerão"[8] se pecarem contra as leis de Deus.

O objetivo dos anjos caídos é envolver a grande massa em uma existência materialista desprovida da presença de Deus. Saint Germain menciona o preço que os portadores de luz têm pago por isso:

> A excessiva indulgência do povo com produtos de consumo comprados com dinheiro sujo e sem o lastro do padrão-ouro acabou por produzir uma profunda insegurança nas pessoas, uma resistência subconsciente a aceitar as responsabilidades da vida e do trabalho em conjunto... para produzir a vida abundante, que é a única fundação verdadeira para uma civilização da era de ouro...
>
> O materialismo é uma doença tão debilitante para o espírito humano quanto o comunismo. Ambos saíram das mentes de manipuladores e têm afetado milhões de portadores de luz; e sua aceitação da filosofia da Serpente os deixou em um eufórico pesadelo. Sua (falsa) paz, resultado de sua separação psicológica de Deus, os deixou com uma sensação de segurança em uma era em que tudo ao redor deles [...] oferece as condições mais ameaçadoras da história moderna para o espírito humano.

CAPÍTULO 6

TERRORISMO E ANARQUIA INTERNACIONAIS

A raiz do terrorismo mundial é o suicídio, então vamos começar procurando entender suas origens. O suicídio original foi a rebelião dos anjos caídos contra Deus Todo-Poderoso e sua decisão de soltar a mão de Deus. Por meio desse ato, os anjos caídos cometeram suicídio espiritual. A partir daí, eles estabeleceram o exemplo do suicídio espiritual por meio de várias indulgências, abusos e perversões que eles ensinaram a nós e a nossos filhos ao longo das eras, inclusive tirar a vida através do suicídio físico.

Missões terroristas suicidas combinam suicídio com assassinato. A promessa por trás desses atos é a de que aqueles que matam em nome de Deus terão uma recompensa eterna. Por exemplo, os que morrem no processo de matar os supostos inimigos de Alá creem que vão direto para o céu, que vão se encontrar com Alá e colher abundantes recompensas.

Os homens-bomba de hoje em dia procuram a imortalidade através da morte e não pela elevação da alma. Os anjos caídos forjaram esse falso caminho — que vai até o último suspiro do indivíduo — como um atalho para a união com Deus.

Em níveis internos, a falsa hierarquia dos anjos caídos sempre aliciou o apoio de seus homens mecânicos e subalternos, bem como daqueles filhos da luz que são mal-informados e estão crentes que servem à verdadeira hierarquia de luz e à causa da verdade e liberdade mundiais. E assim, com essa crença equivocada e com esse falso entendimento, até os filhos de Deus têm sido instrumentos do mal absoluto para levar adiante ações contra a luz.

Os variados níveis e estilos de terrorismo que vemos dependem do tipo de evolução de cada caso, da motivação e também da origem do ódio. Alguns atos terroristas são motivados pelo mal absoluto dos seres caídos que juraram hostilidade eterna contra o Cristo vivo. Eles estão mortalmente determinados a destruir tudo o que representa a luz e a liberdade do planeta. Outros são atos do mal relativo, motivados por aqueles que têm sido manipulados para acreditar que os atos terroristas trarão algum bem.

Muitas vezes essa senda falsa é trilhada por portadores de luz que foram ludibriados e desviados. Não devemos esquecer que o mal relativo consiste em atos que podem ser perdoados, por terem sido cometidos por filhos de Deus que não fariam mal algum se soubessem o que estavam fazendo. Não obstante, os fins nunca justificam os meios. Jamais devemos dizer "Façamos males, para que venham bens".[1]

Os terroristas podem dizer que desejam uma vida melhor para o povo, que trabalham pelo bem, mas, na verdade, seus atos fomentam anarquia. Eles fazem por destruir a sociedade, destruir os meios legais e o processo democrático pelo qual representantes escolhidos pelo povo assumem o governo e tomam posições de responsabilidade, autoridade e poder.

O terrorismo é um rasgo nas vestes do governo, da sociedade e das instituições de Deus, e o início da anarquia. O anarquista original foi Lúcifer, que se rebelou contra a autoridade de Deus e desde o começo defendeu a violenta subversão da ordem estabelecida no universo.

Os anjos caídos se infiltraram nos governos das nações e introduziram muitos elementos irresponsáveis. Uma vez no poder, eles consideraram a corrupção que os seus pares semearam um motivo justificável para destruir todo o sistema. Assim, os terroristas, como vimos, são a pior gangue de causadores de problemas deste planeta. Se suas atividades tivessem ganhado impulso suficiente, as vidas de todos os homens, mulheres e crianças estariam sob permanente ameaça.

Os atos terroristas têm o propósito subjacente de instaurar um estado de terror no povo. Não há maior nível de medo do que o terror. As graduações do medo incluem a ansiedade, o nervosismo, a tensão, a dúvida e o medo. O terror é o medo mais intenso. Quando algo desperta terror no coração, é como encarar uma morte em vida, ou viver no inferno. E esse é o sentido, o verdadeiro objetivo do terrorismo.

Os demônios e anjos caídos ficam muito satisfeitos por poderem extrair uma reação de medo extremo dos filhos da luz, pois quando um indivíduo está aterrorizado, os seus chacras se abrem. O estado de terror provoca um derramamento de luz, da mesma maneira que um ato terrorista causa o derramamento de sangue. Um indivíduo em estado de terror não tem o controle divino para reter a luz, e dessa forma a luz derramada flui até os anjos caídos do mesmo jeito que a luz, ou a energia, flui para o objeto da atenção da pessoa.

Os terroristas sempre preferem criar o medo extremo antes de cometer assassinato. Quando alguém está em estado de medo, sua química se transforma de modo radical. Sendo assim, incitar terror e medo na população antes de matar as pessoas torna mais fácil para os anjos caídos extrair delas o máximo de luz.

Então percebemos que, além da destruição das instituições democráticas, o propósito dos anjos caídos ao cometer atos de terrorismo é extrair grandes quantidades de luz das pessoas e depois usá-la para suas próprias finalidades.

CAPÍTULO 7

MANIPULAÇÃO GENÉTICA

Sem seu lugar no céu, os anjos caídos perderam a oportunidade de serem cocriadores com Deus. Mas eles trouxeram de lá tudo que sabiam sobre a ciência da criação, e nunca pararam de tentar criar um ser superior ao homem. E não fazem isso por uma razão benevolente. Eles só querem realizar tal ato por vingança. A criação daquilo que os mestres ascensos chamam de homem mecânico é a vingança suprema dos anjos caídos contra os filhos de Deus.

Portanto, nesse plano relativo de *maya* vemos que o Anticristo e os anjos caídos tiveram a sua oportunidade. Eles tiveram a sua época de primazia quando a mente serpentina dominou a humanidade, especialmente nos períodos mais sombrios, quando a humanidade não conhecia o único Deus verdadeiro. A consciência dos anjos caídos contribuiu para a perversidade a que se chegou nos tempos da Atlântida, que finalmente fez com que os conselhos celestiais proclamassem um édito que gerou o Dilúvio que fez o continente submergir.

A partir dos registros akáshicos[1] — impressões etéricas de tudo que já aconteceu no universo físico — podemos ler a história da ruína autoinflingida pela humanidade pela sua cooperação com os experimentos genéticos dos Nephilim. Não havia limite para as vilanias criadas para seu prazer, inclusive robôs escravos animados que obedeciam a suas ordens, que acabaram extrapolando. A engenharia genética da raça humana e de criaturas inferiores se tornou seu *modus operandi* para controlar a humanidade e o relacionamento entre Deus e o homem.

Como suas criações não foram inspiradas pelo Espírito de Deus, e sim pelo ego e desejo de controle, as criações dos cientistas da Atlântida eram hediondas, chegando a misturar até sêmen de animais e de seres humanos. As criaturas sobre as quais lemos em nossas mitologias são provas de tais experimentos. Esses seres caídos roubaram material genético dos portadores de luz para aprisionar a criação de Deus em monstruosas criaturas que eram não apenas distorções dos propósitos e intentos de Deus como também uma degradação da própria imagem divina: a cabeça e o torso de homens ou mulheres nos corpos de cavalos e todo tipo de abominação, como o mitológico sátiro (homem-bode) e outros tipos estranhos e grotescos demais para sequer pensarmos ou mencionarmos.

De acordo com as leituras de Edgar Cayce, o mais renomado vidente do século XX, esses mutantes foram resultado não apenas de alterações genéticas como também da união de humanos com o que ele chama de "COISAS". Cayce nos deixou o seguinte registro sobre a era da Atlântida:

> Não se trabalhava para ganhar a vida (como no presente); indivíduos que eram filhos da Lei do Um — e alguns que eram filhos de Belial (na experiência inicial) — eram servidos pelos robôs, ou COISAS, que eram contratados por indivíduos ou grupos para fazer o trabalho de casa, para cultivar os campos ou fazer as atividades dos artesãos.[2]

Interpretando os textos do pai sobre a Atlântida, Edgar Evans Cayce diz que o termo "COISAS" se refere:

> [...] a criações de formas de vida dos seres espirituais [os Nephilim] que se projetaram na matéria [...] A Terra vinha seguindo um padrão evolutivo [...] que foi interrompido pela projeção na matéria dessas formas-pensamento. Parece que frequentemente se misturaram a animais, e o resultado, às vezes, foi bem bizarro.[3]

A partir dessa pesquisa de Cayce, Brad Steiger, em seu livro *Atlantis Rising*, conclui que algumas dessas criações apresentavam

> [...] deformidades físicas tais como apêndices com penas, pés de pato e outras características de animais [...] e uma característica extra e insidiosa da cultura da Atlântida: os filhos de Belial logo descobriram o controle cibernético do cérebro humano. Eles decifraram o código de ADN, o que lhes permitiu moldar a hereditariedade. Esse controle em mãos desprovidas de ética só poderia resultar na criação de mais "COISAS".[4]

É por isso que Deus teve de destruir os produtos da experimentação dos Nephilim. E então a Atlântida foi destruída por um terremoto e um tsunami.

Dessa forma, a natureza se livrou do desequilíbrio que lhe fora imposto por uma geração obstinada, e as criações anormais dos Nephilim e dos retardatários foram destruídas. E foi proclamado o édito: daqui por diante, cada semente só irá dar fruto "da sua espécie".[5] A possibilidade de cruzar vidas humanas e animais foi então proibida por decreto divino.

CONSEQUÊNCIAS DA ENGENHARIA GENÉTICA

Ao manipular as correntes de ARN e ADN, os filhos de Belial (para usar o termo de Cayce) interferiram e reduziram drasticamente a relação do homem com Deus. Através do controle das ondas cerebrais e do sistema neurológico — com seu delicado equilíbrio no meio de um intercâmbio de força vital do Homem Espiritual para os órgãos e células do homem genérico — eles alteraram a capacidade genética da humanidade de ter uma consciência psíquica (ou consciência anímica, da alma, ou "solar").

Eles interferiram na teia de luz que interconecta os corpos etérico, mental, emocional e físico por meio dos quais a corrente de vida espiritualmente evoluída recebe as sugestões da Divindade. Por meio dessa "lavagem cerebral" genética, do controle dos quatro corpos inferiores pela mídia de massa e da programação dos jovens desde os primeiros anos de vida, os filhos de Belial reforçaram o embotamento dos receptores de pensamento no homem genérico e causaram curtos-circuitos na sua receptividade para frequências mais elevadas do homem espiritual sintonizado com a Mente universal. Em outras palavras, os filhos de Belial pretendiam interferir no instrumento físico dos portadores de luz para tolher as faculdades de suas almas.

Os mestres ascensos ensinam que os registros do horror genético e do cataclismo da Atlântida, que permanecem no subconsciente de todas as pessoas vivas no planeta hoje como uma memória inesquecível da raça, são a causa subjacente dos problemas modernos como ansiedade, insônia, histeria, doenças psicossomáticas, desequilíbrio mental e tantas enfermidades cármicas da carne.

Da mesma forma, a vulnerabilidade da humanidade ao fanatismo religioso e político (buscando um salvador ou um demagogo que a proteja da iminente manipulaçao genética, do pesadelo nuclear e do subsequente cataclismo) se origina de sua prévia subjugação aos "gigantes da terra"[6] e dos registros do afundamento tanto da Lemúria quanto da Atlântida.

É por isso que as pessoas são tão afetadas por histórias como a do temível golem (o robô do século XVI que se rebela contra seu criador e aterroriza os habitantes da cidade),[7] a história de Frankenstein e a infinita ficção científica do assunto. Esse fascínio mostra sua necessidade de periódica descarga das "COISAS" que espreitam no inconsciente coletivo. Por não conseguirem lidar com essas memórias de alma, as pessoas têm uma necessidade desesperada por filmes de horror e de desastres, filmes com assassinatos e histórias macabras, para neutralizar o que jaz abaixo. As pessoas assistem a esses filmes juntas em cinemas lotados como uma espécie de catarse em grupo. Elas gritam, choram, comem pipoca, e depois acabou, "foi só um filme". "Fascinante assunto a se pensar." "Descarga de tensão física e emocional." "Essas coisas não podem ser reais." Ao menos, é o que dizem.

CAPÍTULO 8

PROFANAÇÃO DA CULTURA DA MÃE

Nossos corpos e a própria Terra são dádivas de Deus, veículos que nos foram dados para nossa estada na Terra. Sem eles nós não poderíamos cumprir nossa missão na vida nem equilibrar nosso carma. A forma física que temos é sagrada, e como nos diz Paulo: "Não sabeis vós que sois santuário de Deus, e que o Espírito de Deus habita em vós?"[1] Assim, quando não honramos e respeitamos nosso corpo ou os corpos dos demais, quando o agredimos ou abusamos, quando poluímos o ambiente ou maltratamos os animais, estamos criando carma físico.

O místico Kabir disse: "O Absoluto sem forma é meu Pai, e Deus com forma é minha Mãe."[2] É o aspecto Mãe de Deus que corresponde à matéria e ao universo material. A palavra latina *mater* significa "mãe, origem, fonte", e é considerada por alguns etimologistas como sendo a origem da palavra "matéria".

A matéria é o corpo da Mãe. Não há nada no universo material que não seja domínio da Mãe Divina. Ela sustenta as civilizações do mundo, e todos os detalhes da vida lhe pertencem. Ela está em toda parte — na ciência, na tecnologia, no governo, na economia, na saúde, na educação, nas artes, no meio ambiente. Ela é o fogo, o ar, a água e a terra. Ela é a natureza.

Vivemos em uma época em que não poderia ser maior nossa necessidade da Mãe Divina: nossos corpos e a própria Terra que nos sustenta estão sendo poluídos e envenenados por detritos químicos agrícolas, ambientais e farmacêuticos, toxinas e resíduos tóxicos. Nossas crianças não estão recebendo a educação adequada. Elas estão cercadas pela violência nos noticiários e nos programas de entretenimento, nas ruas, na escola e em casa. E o mais ultrajante de tudo é que elas têm sido cada vez mais negociadas como escravas sexuais, exploradas pela prática do turismo sexual infantil, são forçadas a prostituição, a pornografia e todo tipo de mal. As mulheres estão abortando em quantidades alarmantes. Estupro e assédio sexual são ocorrências frequentes. Os governos e as economias estão desmoronando porque nossos líderes são fracos.

Essas e outras devastações das trevas estão trabalhando juntas para destroçar a família e o ideal familiar em nossa sociedade. Os sintomas do ataque à família são os altos índices de divórcio, o desemprego generalizado, o número cada vez maior de pedidos de benefícios sociais, o aumento de crimes e abuso de drogas, a violência doméstica e abuso infantil, gravidez na adolescência e assim por diante. Saint Germain disse que a perda da energia do Pai nas famílias e na sociedade é também uma forma planejada de profanação da Mãe Divina. O ponto crucial da vida familiar está em jogo.

Entender nosso relacionamento com a Mãe Divina implica lidar com o relacionamento que temos com o princípio feminino, onde quer que ele se encontre na vida. Tanto os homens quanto as mulheres têm um lado feminino. É o lado sensível, intuitivo. É a criança interior, a alma. Se queremos respeitar a Mãe Divina, devemos examinar a forma como tratamos o feminino — a forma como cuidamos de nossa alma e da alma dos outros.

A CRUCIFICAÇÃO DA MÃE

A mulher tem sido maltratada por representar o poder de Deus que desce ao plano da Matéria para o julgamento do Malvado. É a Mãe Divina quem vai defender todos os filhos de Deus contra as forças do mal. Como registrado em Apocalipse 12, desde que foi expulso do céu, Lúcifer planejou uma vingança de perseguir a mulher e a sua semente:

> Viu-se também outro sinal no céu: um grande dragão vermelho, que tinha sete cabeças e dez chifres, e sobre as suas cabeças sete diademas.
>
> A sua cauda levou após si a terça parte das estrelas do céu, e lançou-as sobre a Terra. O dragão parou diante da mulher que estava prestes a dar à luz, para, dando ela à luz, lhe devorasse o filho.
>
> Ela deu à luz um filho, um varão que há de reger todas as nações com vara de ferro. E o seu filho foi arrebatado para Deus e para o seu trono.
>
> A mulher fugiu para o deserto, onde já tinha lugar preparado por Deus para que ali fosse alimentada durante mil, duzentos e sessenta dias. [...]
>
> Quando o dragão se viu lançado na Terra, perseguiu a mulher que dera à luz o filho varão. [...]
>
> Então a serpente lançou de sua boca, atrás da mulher, água como um rio, a fim de fazer com que ela fosse arrebatada pela corrente.
>
> Mas a Terra ajudou a mulher, abrindo a sua boca e engolindo o rio que o dragão lançara da sua boca.
>
> Então o dragão irou-se contra a mulher, e foi fazer guerra aos demais filhos dela.[3]

Como vimos ao longo dos séculos, aqueles que representam a Mãe Divina sobre a Terra têm sido perseguidos, mortos, negados e profanados pelos anjos caídos e seus instrumentos. Por meio da profanação do seu corpo, de sua prole e de sua própria vida através da poluição e dos problemas ecológicos, e assim por diante, a Mãe é crucificada.

Na Era de Peixes, Jesus, o Cristo, estava na cruz. Nesta era, a Era de Aquário, é o princípio feminino que está na cruz — não só as mulheres, mas a polaridade feminina no homem e na mulher; a energia que caiu nos últimos dias da Lemúria e que está destinada a ascender novamente. O relato alegórico dessa queda simbolizou a decadência da era, e a subsequente destruição e afundamento do continente foram resultado da profanação da luz da Mãe nessa civilização.

Na antiga Terra Mãe da Lemúria, localizada ao longo do que hoje conhecemos como o Anel de Fogo que cerca o Pacífico, havia 12 templos dedicados à Mãe Divina. Eles cercavam o altar central. Antes da profanação da Lemúria, os sacerdotes e as sacerdotisas cuidavam do altar e mantinham acesa a chama da Mãe. Essa energia da Mãe é mais do que isso, mas também inclui o fogo na base da espinha, a *kundalini,* sobre a qual meditam os iogues. É o fogo sagrado da Mãe. A adoração da luz da Mãe é uma antiga e permanente tradição da Índia, que vem da Lemúria, bem como a antiga língua sânscrita.

No declínio da civilização lemuriana, os sacerdotes e as sacerdotisas que guardavam e adoravam no altar macularam as energias sagradas da Mãe através de práticas perversas. Essa perversão culminou, pouco antes do afundamento do continente, no assassinato da mais elevada representante da Mãe Divina na Lemúria. E assim, durante as eras que se passaram desde então, tivemos de descobrir o que é viver em uma cultura em que as pessoas deixaram de honrar a luz da Mãe em si mesmas, na ciência e na tecnologia, na mídia, no governo, nas instituições religiosas e em quase todos os aspectos da vida.

O RESSURGIMENTO DA MÃE

Agora, no alvorecer da Era de Aquário, estamos sentindo a poderosa vibração da energia da Mãe se elevando outra vez. Os homens e as mulheres estão caindo em si — em sua própria identidade — e sentindo a renovação da chama do Feminino Divino.

Sabemos pelos arquivos da Fraternidade que essas eras nas quais a chama da Mãe foi ganhando domínio no interior dos indivíduos foram marcadas por grandes avanços na ciência, na arte e na cultura. As civilizações mais recentes do planeta não alcançaram as alturas da ciência que era praticada na Lemúria.

A Mãe, como aspecto da Matéria, é a polaridade feminina do masculino Espírito, e, contudo, é inerente ao Espírito. A Mãe é o grande ventre do qual nascemos, não apenas em corpos físicos, mas também para a vida eterna. A Mãe tem o mais terno amor por nós, e ao mesmo tempo sabe que somos mimados, que somos dados à autoindulgência e a brincar com as quinquilharias e bugigangas deste mundo. E assim ela se esconde e diz: "Venha me achar." A Mãe quer nos libertar das nossas ilusões. Ela quer nos ajudar a desembaraçar os novelos de nosso carma. Ela quer que tenhamos o senso de dever que nos levará a cumprir o projeto interno que foi posto em nosso interior pelo Pai.

A Mãe veio a nós após 12 mil anos escondida atrás do véu. Quando a cultura da Mãe desapareceu com o afundamento da Lemúria, o aspecto feminino do ser ficou latente, e a humanidade, dominada pelo aspecto masculino, avançou na conquista do tempo e do espaço.

Desde a Queda na Lemúria, a totalidade da realidade da Mãe tem estado fora de nosso alcance. Isso faz parte do carma coletivo que a humanidade compartilha. Desde que fomos expulsos do Éden, sofremos uma culpa coletiva inconsciente por nos termos imposto uma separação de Deus.

A partir desse momento, do qual nossas almas se lembram muito bem, é como se estivéssemos seguindo por um longo e escuro túnel, a noite escura da alma. Temos sido os filhos e as filhas de Deus insatisfeitos — um povo identificado como o eleito de Deus, os escolhidos — que não estão satisfeitos com o *status quo*, nem com o materialismo ou em seguir uma existência estritamente humana. Nós sentimos que a vida é mais do que a matéria, mais do que aquilo que nos disseram.

Quando a cultura da Mãe Divina começou a ressurgir, durante a década de 1960, ela foi eclipsada pelos anjos caídos. O resultado foi, como comentou o Mestre R, que "os mesmos que causaram a destruição da Atlântida retornaram [...] encarnados. Juntando forças com as trevas, eles criaram uma cultura que antagonizava diretamente com a cultura da Mãe Divina".[4]

A DÉCADA DE 1960

A revolução da década de 1960 talvez se encontre entre as mais estranhas de toda a história. Ao mesmo tempo, vimos a história se repetir, desde a decadência da Lemúria à decadência da Atlântida, até a decadência de vários milhares de anos antes de Cristo. A geração da década de 1960 viveu uma das revoluções mais paradoxais, desconcertantes e verdadeiramente impressionantes já registradas.

As pessoas sentiram a chegada de uma implacável onda de luz. Não se tratava de uma revolução de armas e movimentos políticos, não obstante terem desempenhado o seu papel. Também não era uma revolução apenas de música, sexo e drogas, nem de jovens se libertando das tradições e embarcando em novas modas, apesar de essas coisas também fazerem parte do cenário da época. O mesmo quanto ao misticismo, zen, vegetarianismo, degustação de vinhos, cafeterias, música folclórica e rock'n'roll.

Essa década também viu uma revolução contra a velha ordem que estava rapidamente desaparecendo, uma rebelião contra a tradição, contra mães e pais em toda parte. O cantor e compositor Bob Dylan captou o espírito da época em sua canção de 1964 que se tornou hino de toda uma geração: "The Times, They Are a-Changin".[1]

Essa geração trouxe uma mudança alquímica. Houve uma revelação. Foi uma intensificação da chama da liberdade, trazendo à tona as aspirações mais elevadas das pessoas — o povo querendo penetrar as profundezas de suas almas e as alturas de novos planos de consciência. Simultaneamente, as pessoas estavam se deixando levar por líderes que não tinham o direito de liderar, muitos dos quais eram agentes dos arqui-impostores que estavam prestes a executar sua grande contrarrevolução contra a luz. A coisa se deu da seguinte maneira:

A hipocrisia da antiga ordem era óbvia para as almas que estavam no auge da onda de Aquário. O novo espírito que tomou conta da Terra indicava a chegada da maré de liberdade. Todos sentiam essa onda espetacular. Quem não conseguia entender nem explicar, conseguia ao menos sentir. As pessoas se libertavam de suas amarras. O novo espírito fazia com que elas instintivamente quisessem se levantar e fazer algo, qualquer coisa que fosse. Foi uma revolução de individualismo, uma celebração do ser, da criação, com as pessoas dando glórias por serem quem eram de verdade — se é que elas sabiam o que isso significava.

Não interessava se a revolução havia atingido as pessoas de modo distinto, levando-as a fazer coisas diferentes. Essa era a natureza desse movimento. Mas havia também uma nova consciência da unidade da vida: cada indivíduo era parte desse movimento e estava ligado de alguma forma à grande mente cósmica. Houve uma sensação maior de irmandade, uma vontade de estar junto e de compartilhar, um senso de mobilidade e de não estar mais restrito à velha ordem.

Entretanto, houve quem se aproveitasse dessa energia de liberdade. Alguns ficaram livres, leves e soltos, irresponsáveis, trabalhando as repressões de séculos e expressando as mesmas rebeliões que causaram o afundamento da Atlântida.

Os líderes que surgiram na década de 1960 falavam de revolução. Eles conseguiam expressar às massas muitas das coisas que eles sentiam mas que não conseguiam expressar. Eles viam algumas das falhas da sociedade, as mancadas do Grande Irmão. Nas mentes dos jovens, os fracassos na Guerra do Vietnã se tornaram a prova positiva de que os líderes da revolução haviam captado e mantido a visão.

Muitos desses líderes haviam encarnado por uma dispensação dos Senhores do Carma,[5] que decretaram que aqueles indivíduos que haviam sido mantidos fora de encarnação por terem tomado parte no afundamento da Atlântida agora teriam de reencarnar para que recebessem a última chance de dobrar o joelho, de invocar a lei do perdão e de passar pela penitência, pela remissão dos pecados e pela regeneração pelo serviço a Deus. A Grande Lei exigia que esses indivíduos reencarnassem uma última vez para que, por meio de suas ações, suas palavras e suas obras, pudessem ser julgados.

Os Senhores do Carma tinham fé de que os filhos e as filhas de Deus tinham em mãos, se as invocassem, as leis da Terra e as leis de Deus para refutar e repreender o Mentiroso e as mentiras dos anjos caídos reencarnados.

Deus usou esses seres caídos para testar a liderança da geração. A maioria daquela liderança, entretanto, não conseguiu confrontar esses falsos líderes do povo, acabando na verdade por deixar que sua subcultura — a contrarrevolução que eles engendraram em Atlântida para a destruição daquela civilização — se tornasse parte da forma corrente de vida em quase todas as nações da Terra.

MANIPULAÇÃO QUÍMICA

A prevalência do uso das drogas em nossa cultura entrou em descontrole em certos segmentos da população, seja com drogas recreativas, farmacêuticas, nicotina ou álcool. Cada vez mais gente depende de alguma substância química para lidar com todo tipo de problema de saúde, inclusive uma série de supostos problemas em crianças cada vez mais novas. E há também aqueles que simplesmente querem ficar "doidões" — muitos com alarmante pouca idade. Apesar de o uso de tóxicos nos tempos modernos não ser novidade, notamos um aumento no uso das drogas recreativas durante a década de 1960.

> A CONSPIRAÇÃO DAS DROGAS

Boa parte da cultura da década de 1960 girava em torno do uso da maconha, que Saint Germain chama de droga da morte. Havia dois pontos de vista agudamente conflitantes em relação à erva. Alguns a defendiam, sustentando se tratar de uma inofensiva substância inebriante ou um sacramento de expansão da mente, ao passo que outros alegavam se tratar de uma planta mortal, capaz de gerar violência, insanidade e comportamento indecente. Apesar de o foco ter mudado ao longo das décadas, a controvérsia sobre a maconha prossegue. Hoje em dia, a batalha é quanto à legalização do uso médico da maconha.

Saint Germain revela que a tendência moderna do uso de drogas é parte de uma conspiração que começou além do alvorecer da história oficial:

> A história dessas drogas — maconha, cocaína, heroína e de todas as drogas sintéticas — é antiga. Eu aponto, portanto, a conspiração dos anjos caídos conhecidos como Nephilim [...] e como os Vigilantes [...] para controlar as populações dos mundos.
>
> [...] Poderes abomináveis na contramão da evolução da vida em toda parte acharam adequado usar o homem mecanizado, computadorizado [...] como formadores de opinião, socialites ascendendo socialmente atrás de deuses e de anjos caídos para aliciar, zombar e hipnotizar [...] a semente de Cristo encarnada.
>
> Seu propósito é múltiplo, mas o foco é o desejo de roubar a luz [...] de lançar os portadores de luz para os vales,[6] [...] onde eles se envolveriam nas práticas das trevas. E, portanto, [...] os anjos caídos encarnados demonstram "um caminho que ao homem parece direito"[7] — [eles] fornecem as drogas, conduzem o seu processamento e atraem os homens mecânicos para toda a conspiração [...] como manequins de vitrine para serem copiados pelos filhos da luz.
>
> Assim, aqueles que são glamorosos e aqueles que englobam as multidões da consciência de massa exercem um momentum em âmbito planetário para magnetizar os portadores de luz, atraindo-os para suas práticas com drogas, de rock pervertido e atos nefandos — e assim os portadores de luz se alinharam e aliaram-se carmicamente com as forças mais tenebrosas das profundezas do inferno [...]
>
> [...] Compreendi que a conspiração original contra os portadores de luz e as várias evoluções e criações que tiveram início há muito, muito tempo com a queda dos anjos caídos [...] se originou com uma manipulação química e genética, e se deu não só através do vício e do fornecimento ao povo de todo tipo de estimulantes, mas também por meio de outros tipos de conspiração, para assim limitar a capacidade das pessoas de se elevarem e tomarem as rédeas do próprio destino, de entrarem em contato com as oitavas de luz ou de enfrentarem os anjos caídos de qualquer forma que fosse.
>
> O que os anjos caídos querem desde a sua queda é manter sob o seu jugo todas as evoluções e os corpos planetários que invadiram, para impedi-los de alcançar qualquer forma de igualdade — de entrar em contato com o poder de Deus ou de aprender os segredos da Grande Fraternidade Branca, a qual eles mesmos [os anjos caídos] perverteram desde o início com suas artes de magia negra, guerra, feitiçaria, necromancia e bruxaria [...]
>
> [...] Essas falsas hierarquias dos seres caídos estão em toda parte, pois precisam controlar as pessoas para roubar delas a sua luz.[8]

Estudos demonstraram que o uso de maconha resulta no persistente envenenamento dos centros mais profundos do cérebro, responsáveis pela consciência do prazer. Assim, a droga envenena a parte do cérebro que nos permite perceber plenamente que estamos vivos. O resultado disso é que muitos dos usuários de maconha sofrem uma espécie de privação sensorial, um sintoma difícil de eliminar e menos provável de curar. A incapacidade de sentir prazer de forma plena leva a pessoa a perseguir essa sensação constantemente por não estar se dando conta da satisfação completa da vida. Portanto, o uso de maconha envolve o indivíduo em uma busca eterna de mais prazer, prazer esse que a pessoa não consegue mais sentir.

Confiando nas suas experiências pessoais, os usuários de maconha creem que a erva seja inofensiva, pois não percebem qualquer problema. Eles não notam os problemas porque as suas faculdades perceptivas estão sendo destruídas à medida que seguem usando a droga. Dessa forma eles têm cada vez menos a capacidade de discernir internamente os níveis de sua própria consciência de Deus. No dia a dia os usuários não percebem nenhum dano, porque a maconha vai destruindo não só os sentidos físicos, mas também os sentidos da alma. Este é um dos perigos mais sutis da maconha e da maior parte das drogas psicodélicas e que estimulam a psique. A pessoa não consegue detectar as mudanças em si mesma.

Esta é a sutileza do culto da morte. A cada baseado, o fumante perde determinada essência de vida no interior das células, e desaparece sua capacidade de perceber que já perdeu um pouco da essência da vida. Portanto, ele jamais pode se enxergar como era ou como é, visto que é inerente à droga a gradual destruição da capacidade de perceber a vida e de notar que essa vida está se esvaindo. E, ao perder o fio de contato com a vida, o caminho se abre para experimentar heroína e outras drogas mais pesadas.

Até hoje algumas pessoas usam como justificativa que Deus criou tudo, e que, portanto, o que quer que Ele tenha criado é para o bem de seus filhos. Mas Deus não criou a maconha, nem o ópio, nem nenhuma das drogas que são usadas hoje em dia, tampouco as plantas de onde elas são extraídas. O que não é de conhecimento geral é que a maconha e as outras drogas foram criadas através dos grandes avanços da ciência luciférica na Atlântida e na Lemúria.

Saint Germain diz que as pessoas querem a maconha por quererem, de fato, o Espírito Santo. A descida do Espírito transmite luz, bênção e uma Presença que preenche. Os atlantes e os lemurianos caídos sabiam que haviam sido separados do Espírito Santo; portanto, eles tentaram simular a bem-aventurança de forma química. Apesar de entenderem o mal que isso lhes causaria, puseram a ideia em prática, pois sabiam que já haviam se autodestruído mesmo ao se rebelarem contra Deus. Enquanto isso, eles desfrutariam do "Espírito sintético" e, mais ainda, não usariam sozinhos — estavam determinados a levar os filhos de Deus junto com eles rumo à "morte fácil".

Ouvimos falar de muitos indivíduos que usaram drogas e alcançaram uma certa perspectiva de vida que não teriam alcançado de outra maneira, e que essa nova perspectiva os levou à busca de caminhos espirituais, e isso os conduziu a uma espiritualidade mais elevada e, por fim, à iluminação. Minha tese é que esses indivíduos alcançaram a espiritualidade e a iluminação porque estavam prontos, não porque fumaram maconha nem porque tomaram qualquer droga modificadora de mentes.

Eu não aceito a premissa de que os sentidos espirituais se abram através de tais substâncias. Se determinados indivíduos tomaram drogas e acabaram se iluminando espiritualmente, isso se deu porque seu Cristo interior se esforçou e trabalhou neles *apesar* das drogas, *apesar* das condições associadas a essas drogas, e não por causa delas.

Basta conferir a grande quantidade de pessoas que tomam drogas e que jamais alcançam qualquer tipo de iluminação, jamais alcançam uma consciência mais elevada, para perceber que a teoria não se sustenta na prática. É inerente uma lógica muito sutil e serpentina, e é justamente esse tipo de lógica sutil que se tornou justificativa para todo tipo de prática em desacordo com as leis de Deus, inclusive uma moralidade muito permissiva em nossa sociedade.

Enquanto a década de 1960 viu uma explosão do uso da maconha nos Estados Unidos, as décadas seguintes foram cenário do aumento do uso da cocaína e da chegada de novas drogas — há nomes demais para enumerar.

A questão da droga não pode ser deixada de lado. As substâncias nocivas estão devorando os órgãos vitais de nossas nações e de nossas próprias almas, pois cada uma delas é atingida quando alguém sucumbe às drogas. Desnecessário dizer que nossa juventude está sendo violentamente atacada pela epidemia do uso de entorpecentes, e esse ataque se dá em todos os níveis de consciência de seu ser. Em certo nível, o objetivo dos seres caídos é destruir o templo do corpo, para que ele não possa abrigar a consciência de Deus.

> DROGAS FARMACÊUTICAS

Outro ponto que inspira grande preocupação é o uso desenfreado e impróprio de drogas farmacêuticas. Não é difícil obter remédios controlados, que vêm se tornando uma alternativa cada vez mais popular às drogas ilegais entre adultos e adolescentes. Seu uso é difundido entre crianças também.

Uma das estratégias dominantes dos anjos caídos é destruir a capacidade de conter luz das futuras gerações de portadores de luz. Os farmacêuticos dos Estados Unidos distribuem cinco vezes mais Ritalina do que o resto do mundo inteiro junto. Isso se traduz em 2 milhões de estudantes no ensino fundamental, só nos Estados Unidos, sendo medicados a qualquer momento por causa de distúrbio do déficit de atenção. Dentre esses, de 60% a 90% (entre 1,2 milhão e 1,8 milhão de crianças) estão sendo tratados com Ritalina. Outras recebem diferentes tipos de medicação ou tratamento."[9] Se uma criança é um pouco ativa na sala de aula, do modo como as crianças costumam se comportar naquela idade devido à empolgação de explorar o mundo ao seu redor, recebe drogas para acalmá-la.

Essas crianças muitas vezes são portadores de luz. Elas vêm cheias de grande energia criativa — sentem a energia criativa de Deus. Em vez de lhes permitirem expressar essa energia, o que fazem é lhes dar drogas para suprimir sua energia. Nossas crianças são drogadas por inspiração e com o apoio daqueles que estão determinados a não permitir que essas almas de luz cheguem à vida adulta com a pujança de luz que Deus colocou dentro delas.

Um relatório da Comissão de Médicos Legistas da Flórida mostrou que o número de mortes causadas por remédios controlados ultrapassou o número de mortes por drogas ilegais. Uma análise de 168.900 autópsias na Flórida em 2007 concluiu que o número de mortes por drogas legais era três vezes o número de mortes relacionadas ao uso de cocaína, heroína e todas as metanfetaminas juntas. Um sargento da unidade de drogas farmacêuticas desviadas do escritório do xerife do condado de Broward disse: "O abuso alcançou proporções epidêmicas; a situação é simplesmente explosiva."

Na Flórida, em 2007, as drogas ilegais foram responsáveis por 989 mortes. Em comparação, 2.328 pessoas morreram em decorrência do uso de analgésicos opioides, inclusive Vicodin e Oxycontina, e 743 foram mortas por drogas contendo benzodiazepine, inclusive depressores do sistema nervoso central, como Valium e Xanax.[10]

Um artigo de julho de 2010 no *St. Petersburg Times*, "A epidemia de remédios controlados alcança os bebês", relata:

> A epidemia de remédios controlados, bem documentada entre adolescentes e adultos, agora faz suas vítimas antes mesmo que elas nasçam. Médicos da área de Tampa Bay e especialistas em vícios têm relatado um aumento dramático nos índices de grávidas viciadas e crianças precisando de tratamento para síndrome de abstinência de drogas receitadas.
>
> O caso faz lembrar a epidemia de "bebês do crack" dos anos 1980, quando mães fumavam a droga durante a gravidez.

> Os médicos dizem que tratar de um bebê com drogas como oxycodone, metadona ou Xanax no corpo leva mais tempo, e requer mais medicamentos do que o tratamento para heroína e cocaína.
>
> — Os bebês estão sofrendo mais — disse o Dr. Terri Ashmeade, diretor-médico da unidade de tratamento intensivo neonatal do Hospital Geral de Tampa. — Os padrões de abstinência parecem piores com os remédios controlados do que o que víamos com heroína.[11]

> NICOTINA

Apesar de Deus ter dado aos anjos caídos "tempo, tempos e meio tempo" para se arrependerem de seus pecados, muitos não se arrependeram e ainda continuam com suas atividades diabólicas como fornecedores de drogas, álcool, nicotina e outras substâncias que violam as verdadeiras leis de nosso ser. O fardo das drogas sobre as pessoas não termina com as substâncias ilegais ou remédios controlados. O fumo é atualmente a maior causa de óbitos possíveis de evitar nos Estados Unidos.[12] No mundo, pelo menos 5 milhões de mortes todos os anos são causadas pelo tabaco.

A nicotina ataca o usuário no nível mais baixo do corpo mental. Trata-se de um narcótico que afeta drasticamente o sistema nervoso. Ela acelera o batimento cardíaco, eleva a pressão sanguínea e, em grandes doses, produz tremores, convulsões e vômitos. Ela causa a paralisia dos músculos, o que acaba prejudicando a respiração.

A nicotina é uma das substâncias mais tóxicas conhecidas. Trata-se de um veneno usado em inseticidas, equiparando-se ao cianeto na rapidez da ação, e não há uso medicinal para ela. Além de nicotina, há cerca de 4 mil substâncias químicas na fumaça do cigarro. Dentre elas, vários carcinógenos. Fumar aumenta a incidência de problemas cardíacos, bem como de câncer nos pulmões, na laringe, no esôfago, na bexiga, no pâncreas e nos rins.

A nicotina é uma das mais perigosas e viciantes drogas de uso comum. É tão difícil parar de fumar que, em casos avançados de enfisema, o paciente continua com o hábito até a morte. Os viciados em heroína que pararam de fumar e abandonaram a droga acharam mais fácil parar com ela do que com o cigarro. A maioria dos fumantes continua simplesmente porque não consegue parar; cerca de 70% deles querem parar.

Os mestres ensinam que a nicotina cria uma densidade na superfície do cérebro que bloqueia a entrada do fluxo da divina inteligência em nosso ser. Portanto, trata-se de um obstáculo para nosso desenvolvimento espiritual.

O MAU USO DO SOM E DO RITMO

Os sacerdotes e as sacerdotisas que guardavam a chama da Mãe nos altares da Lemúria conheciam a sagrada ciência do som e do ritmo. Mas os corromperam durante a era de sua rebelião. Essa perversão do som e do ritmo também entrou em voga nos últimos dias de Atlântida e foi um dos fatores que contribuíram para o cataclismo que causou o afundamento do continente.

O ritmo da Mãe é o tempo 4/4, correspondente ao chacra base, que tem quatro "pétalas". Esse ritmo que ouvimos em marchas é uma energia disciplinada que faz o chacra girar gentilmente e a luz da Mãe ascender suavemente pela coluna, passando pelos demais chacras.

O rock, por outro lado, tem uma batida 4/4 sincopada, que é uma perversão do ritmo da Mãe, levando, portanto, as energias pelos chacras, mas fazendo-os girar no sentido anti-horário. Como resultado dessa perversão, a força vital desce, em vez de subir, pela coluna.

Quando uma pessoa ouve rock e entra nessa batida, a luz dos chacras desce violentamente. Como a descida não é delicada, ela acaba rompendo as finas membranas dos corpos internos — os corpos astral, mental e etérico. Esses rompimentos ocorrem nos pontos onde os chacras se juntam ao sistema nervoso central. Como resultado, a luz é liberada, dando uma sensação que costuma ser chamada de "barato". Além disso, essa batida também se opõe à batida do coração.

Esta forma de ataque à juventude foi reintroduzida por meio do rock durante a década de 1960. Sem saber, por ignorância, muitas pessoas no planeta passaram a gostar desse tipo de música e desenvolveram o hábito de ouvi-la, até virar um vício.

Os anjos caídos procuram a bem-aventurança que resulta da reunião da luz da Mãe com a luz do Pai, mas eles não podem tê-la sem a submissão ao Cristo vivo. Então, eles invertem a batida, e essa vibração da energia que desce se torna a experiência sintética, ou experiência invertida, da ascensão do fogo da *kundalini*. A ascensão desse fogo sagrado no altar espinhal é uma das grandes experiências da alma em sua reunião com Deus — quando essa experiência ocorre de forma correta, quando a pessoa é forte na sua capacidade de conter a luz de Deus.

À medida que a *kundalini* ascende, o movimento ascendente da luz através dos chacras resulta na totalidade da luz do Pai e da Mãe. A descida da *kundalini*, que ocorre com a batida sincopada, é também um movimento, uma vibração, uma sensação de luz, mas no sentido errado. Se a pessoa jamais provou do puro néctar de Deus, como pode saber que o néctar sintético é inferior? Assim, a batida do rock causa a descida da *kundalini* e, com ela, se dá a bem-aventurança pervertida. Essa é a experiência substituta da reunião com Deus. É por essa razão que as pessoas se viciam em rock. Porque ele, de fato, cria um movimento de energia.

A luz do fogo sagrado é muito poderosa, e, quando ela é liberada, causa uma "onda". Os indivíduos que se acostumam a essa onda querem escutar mais rock para sentir a mesma experiência outra vez. Quando não estão ouvindo o estilo, sentem-se desconfortáveis. Eles ficam temporariamente melhores quando essa energia é liberada ao ouvir o rock de novo. E, assim, isso se torna um hábito do qual não conseguem se livrar com facilidade.

Quando essa energia é liberada, ela se perde; não fica retida. Assim, o que se dá é um lento sangramento da força vital, o que causa envelhecimento precoce, degeneração mental precoce, caos nos chacras e perda de concentração. A incapacidade de se concentrar se dá em função da perda de energia nos chacras do terceiro olho e no da coroa. O que também ocorre é que a energia que desce aos chacras inferiores não retorna de volta, e acaba pondo todo o peso da força vital nesses chacras. Essa energia precisa fluir para algum lugar. Portanto, com o advento do rock nos anos 1960, o resultado lógico foi uma revolução sexual: sexo livre e mais promiscuidade.

O ABORTO DO PLANO DIVINO DAS ALMAS

A revolução sexual da geração do amor livre nos anos 1960 levou ao abandono de muitos conceitos tradicionais de casamento e de família. Morar junto virou moda. O sexo antes do casamento e na adolescência tornou-se uma prática comum. O controle da natalidade se tornou necessário. E, uma vez estabelecida a nova moralidade, foi com certa rapidez que se passou de controle de natalidade para controle populacional e a aceitação social do aborto.

Consequentemente, muitas almas que deviam ser parte da Era de Aquário — almas de luz preparadas para assumir seu lugar e ajudar a efetivar a Nova Era — não estão encarnadas. A passagem pelos portais do nascimento lhes foi negada porque um ou ambos os pais consideraram a gravidez "fora de hora". O aborto se tornou uma forma de controle de natalidade.

Muitas pessoas hoje em dia têm uma percepção interior do que vem a ser o carma. Além do carma, existe o darma — o destino ígneo da alma, o desejo de realizar a missão de sua própria existência. Todas as almas que estão prontas para renascer ganham a sensação de completar um serviço não terminado. A alma quer dar ao mundo algo de si. Pode ser um dom criativo ou de amor, doçura ou gentileza. Pode ser um pequeno gesto de caridade ou uma conquista grandiosa. O dom que cada um de nós tem para ser compartilhado varia de acordo com nosso plano divino.

Encontramos confirmação de algumas dessas verdades espirituais no fascinante trabalho da Dra. Helen Wambach, uma psicóloga clínica e terapeuta de regressão que se especializou em pesquisas de vidas passadas e pré-natais a partir de meados da década de 1960. Seus estudos oferecem percepções sobre a vida espiritual do feto e a continuidade da alma. Certa vez, ela disse em relação ao próprio trabalho: "Noventa por cento das pessoas que me procuram têm recordações de vidas passadas."[13]

Em certo estudo, Wambach perguntou a 750 pessoas hipnotizadas sobre suas vidas antes do nascimento. Ela analisou as respostas em seu livro *Life before Life*.[14] Ainda que em certas circunstâncias a hipnose seja uma coisa perigosa, e não recomendada aos que estão na senda espiritual,[15] as descobertas da psicóloga são dignas de estudo. Elas revelam que a alma conhece o cronograma de sua missão.

Muitos dos voluntários da Dra. Wambach sabiam que haviam nascido no século XX por uma razão específica, e a maioria deles disse que escolheu esse período "graças a seu grande potencial de crescimento espiritual". Trinta por cento deles estavam cientes de que tinham de viver nesse período para que pudessem estar com certas pessoas. Alguns disseram que seu propósito na vida "era estar com uma ou várias pessoas conhecidas de vidas passadas para resolver seus relacionamentos". Outros disseram que vieram completar determinada missão.

A Dra. Wambach observou que "o grupo mais numeroso dentre os voluntários disse que o propósito dessa encarnação era crescer espiritualmente e ensinar aos outros". Um dos voluntários disse: "Antes de meu nascimento houve uma conferência, e tive uma sensação de profundo amor vindo de um de meus orientadores. Ele falou sobre meu desejo de alcançar o meu plano de vida. Quando você me perguntou sobre propósito, eu tive uma forte sensação de um plano."

A solução para o dilema cármico do aborto não é ameaçar nem matar quem os pratica, nem ameaçar as clínicas especializadas. A solução é oferecer, com compaixão, abrigo para os pais e seus filhos.

Individualmente e em comunidade, podemos apoiar mães solteiras e mulheres grávidas. E também podemos rezar para que as mães levem sua gravidez a termo e, se não quiserem criar os bebês, que os doem para adoção. Há milhares de casais que aguardam ansiosos pela oportunidade de adotar uma criança.

Uma das conclusões mais interessantes da pesquisa da Dra. Wambach é que alguns voluntários que eram adotados disseram, sob hipnose, já saber antes do nascimento que seu destino era ter pais adotivos. Fazia parte de seu plano de vida.

"Antes mesmo de nascer, alguns deles já sabiam do relacionamento que viriam a ter com os pais adotivos", disse a Dra. Wambach, "e sentiam que só conseguiriam chegar a eles através da adoção, e não como filhos genéticos." Sua pesquisa levou-a a concluir que aparentemente o acaso ou acidente não fazem parte do processo de adoção.[16] Isso traz uma nova luz à postura tão comum hoje em dia: a de que uma mulher que tenha uma gravidez indesejada deve mesmo abortar. Na verdade, talvez o carma e o destino da pessoa seja mesmo ter aquela criança e colocá-la para adoção, para que a criança possa, assim, encontrar os seus pais de direito, que não podiam ter filhos.

Aqueles que já apoiaram o aborto e querem transmutar o seu carma devem se dar conta de que Deus é misericordioso e nos oferece várias maneiras de nos tornarmos patrocinadores da vida. Podemos resgatar o nosso carma não apenas através de preces, mas também dando à luz crianças, adotando ou as sustentando. Podemos participar de programas comunitários, ser mentores ou apoiar organizações que cuidam de crianças desprivilegiadas, órfãs ou carentes, por exemplo.

A BATALHA VITORIOSA

O entrelaçamento do carma dos portadores de luz com o dos anjos caídos ocorre ainda hoje, em âmbito mundial. Para que possamos entender nosso carma pessoal, precisamos contextualizá-lo no carma mundial (o carma combinado dos anjos caídos e de toda a humanidade). É essencial que tenhamos a perspectiva de nossos emaranhamentos com os Nephilim e os Vigilantes, e a compreensão de que perdemos terreno nesta vida e nas vidas passadas, seja quando cedemos ou nos aliamos a eles.

Este capítulo ressalta algumas das formas pelas quais os filhos da luz foram aprisionados pelas artimanhas dos seres caídos. Ao longo dos milênios, muita gente foi escravizada pelo estilo de vida promovido por esses seres rebeldes. Através do entorpecimento de nossas mentes, cérebros e sensibilidades, os seres caídos conseguiram nos impedir de alcançar o nosso pleno poder divino e de reconhecer o nosso destino espiritual.

Nesta era, nós temos a oportunidade de usar a Ciência da Palavra Falada para efetivamente lidar com as energias dos anjos caídos, bem como com nosso próprio carma. Foi Saint Germain o primeiro a introduzir a ciência dos decretos no século XX. Esse método de oração se tornou amplamente usado por quem deseja desfazer os erros do passado.

Acima de tudo, todos que combatem os Golias dos anjos caídos devem se lembrar de que Deus é a única realidade, a única vida e o único poder no universo. Deus e o homem são tão inseparáveis quanto o Ser Divino. Tudo o que se determinou a manifestar a imperfeição colocou-se fora dessa união, bem longe da graça salvadora de Deus — até que escolha retornar ao estado de união divina.

Esses modelos imperfeitos de criação, que estabeleceram uma existência à parte de Deus, devem algum dia abdicar das energias que piratearam da Divindade, pois a sua existência fora de Deus é um mito. Aqueles que mantêm a consciência do Deus interior como sendo algo real, que sempre souberam que nada tem de fato o poder de se opor à vontade divina, saem vitoriosos da batalha.

As terríveis profecias que enfrentamos hoje são um reflexo do carma que foi criado pelos Nephilim, pelos Vigilantes e pelas interações da humanidade ao longo das eras.

Um com Deus é maioria. Com esse conhecimento em mãos, podemos, com a graça de Deus, fazer a nossa parte para reverter a maré de trevas que está sobre nós, sobre as nações e sobre o planeta, e reduzir a escrita na parede das profecias que prevalecem.

PARTE III

PROFECIA: UMA PREVISÃO DO RETORNO DO CARMA

Deus jamais desejou destruição, nem fome, nem morte; a profecia se refere ao retorno do carma da própria humanidade, e especificamente do retorno do carma dos portadores de luz e dos anjos caídos...

Procurai primeiro viver, suportar e sobreviver à era. E sabei que é possível sobreviver à pior das profecias.

Posso dizê-la, mas a profecia não vem de mim! Todas as almas vivas no planeta Terra, anjos caídos e ímpios — todos são arautos daquilo que deve descer. Pois a lei do carma é inexorável, irrevogável, menos onde a chama violeta, o fogo sagrado, consome o carma da humanidade.

— Saint Germain

INTRODUÇÃO

RELEMBRANDO A PROFECIA DE ENOQUE

O fim da Era de Peixes é o fim da oportunidade dos anjos caídos de continuar sua obra do mal. Ou eles se alinham a Deus ou enfrentam as consequências do juízo profetizado no Livro de Enoque e no Capítulo 20 do Apocalipse.

Essas são profecias importantes de nosso tempo, pois se aplicam aos anjos caídos que ocupam cargos de poder e influência nos governos, nos estabelecimentos militares, nos bancos e nas instituições financeiras das nações. Muitos desses seres caídos juraram inimizade a Deus e a seu povo, e não têm intenção nenhuma de se retratar nem de arrefecer.

Como vocês hão de se lembrar, a Epístola de Judas fala do destino dos anjos caídos, citando Enoque diretamente:

> Concernente a estes [os Vigilantes] profetizou Enoque, o sétimo depois de Adão: Vede, o Senhor vem com milhares de seus santos,
>
> Para fazer juízo contra todos, e para fazer convictos todos os ímpios, acerca de todas as obras ímpias que impiamente praticaram, e de todas as duras palavras que ímpios pecadores contra ele proferiram.[1]

O Livro de Enoque deixa claro que o julgamento dos Vigilantes é a chave para a libertação das almas de luz e que ele é necessário para que o planeta seja purificado antes da vinda do reino do Senhor. A premissa de Enoque é que o julgamento vai ocorrer "em uma geração que sucederá em um tempo distante, *por causa dos eleitos*". (Enoque 1:2; ênfase da autora.)

Nós definimos os eleitos como sendo aqueles que escolheram ser os instrumentos da vontade de Deus, tendo recebido o chamado de Deus para conter a luz do Ser Eleito. Enoque 1:2 indica também que o julgamento será uma consequência direta e inevitável da vinda do Ser Eleito, do Verbo encarnado, e de seus escolhidos neste e nos próximos séculos. Isso significa que o julgamento profetizado por Enoque virá através da luz do Cristo acesa nos corações dos seus, dos portadores de luz.

Eu os convido a considerar se estão sendo chamados hoje para conter essa luz — a luz que irá finalmente julgar os anjos caídos e anular as profecias de retorno do carma como recompensa pelas obras tanto dos anjos caídos quanto dos homens no fim da Era de Peixes.

Vejamos agora o papel da profecia em nos ajudar a equilibrar tanto o carma pessoal quanto o planetário e assim frustrar os objetivos dos anjos caídos entre nós.

CAPÍTULO 9

ENTENDENDO A PROFECIA

À medida que entramos na Era de Aquário e chega a hora de ajustarmos o carma em nível planetário e individual, a escrita na parede vai ficando mais clara para todos verem. O caos e a reviravolta que vemos ao nosso redor e nos noticiários são os sinais dos tempos que Jesus previu há mais de 2 mil anos:

> Ouvireis de guerras e rumores de guerras, mas cuidado para não vos alarmardes. Tais coisas devem acontecer, mas ainda não é o fim.
>
> Levantar-se-á nação contra nação, reino contra reino, e haverá fome, pestes e terremotos em vários lugares.
>
> Todas estas coisas, porém, são o princípio das dores.[1]

O princípio das dores é o começo do retorno do carma mundial. Ele está sobre nós. Mal podemos compreender a cada dia e a cada ano a aceleração cada vez maior das trevas através das guerras, de novas doenças, de genocídio e de todo tipo de problema no planeta. As pessoas parecem que estão ficando mais perturbadas, e não existe mais o senso geral de inocência e pureza que havia antes da década de 1960.

CICLOS DE RETORNO DO CARMA

Os mestres ascensos me revelaram que o carma acumulado criado por todos os que viveram no planeta durante as últimas 12 eras astrológicas (um ciclo de 25.800 anos) na realidade deveria ter sido pago na aurora da Era de Peixes. Aquele carma teria retornado todo no princípio daquela era se Jesus não tivesse vindo para mitigá-lo, assim como outros avatares antes dele também carregaram o carma da humanidade. Porque Jesus escolheu encarnar e cumprir sua missão ao assumir aquele papel, esse carma pode descer gradualmente, numa série de ciclos que durariam por toda a era pisciana.

Assim acabei entendendo o sentido pleno de Jesus "carregar os pecados do mundo": Jesus percebeu os apuros em que se encontrava o povo da Terra e aceitou encarnar naquele momento crucial da história para suavizar o impacto do carma programado para descer.

Antes da vinda de Jesus Cristo, ficou evidente a todas as hostes do céu que o fracasso de tantos filhos e filhas de Deus em lidar com o seu carma e com o carma dos retardatários e dos anjos caídos se deu, em grande parte, por terem sido privados, pelas forças das trevas, das verdades dos ensinamentos de Cristo. Jesus transmitiu essas verdades ao seu círculo interno de discípulos, e Deus hoje as transmitiu a nós por meio dos mestres ascensos. Essa doutrina divina não está reservada a nenhuma religião ou tradição em particular — ela pertence a todos.

O fato de Jesus ter tomado para si todo o peso daquele carma não significa que nós, que o causamos (tanto as almas de luz quanto as comprometidas com as trevas), não sejamos responsáveis por ele. Não significa, como pensam alguns cristãos, que Jesus "limpou" os nossos pecados ou que ele vai "salvar" as nossas almas sem que precisemos levantar um dedo sequer. Isso só significa que Jesus nos fez ganhar tempo. Ele suportou o carma do mundo por algum tempo para nos dar a oportunidade de adquirir mestria para que pudéssemos lidar melhor com esse carma quando ele chegasse a nós.

O propósito da vinda de Jesus foi demonstrar a senda da cristicidade pessoal para que os filhos da luz pudessem seguir os seus passos ao longo da Era de Peixes e além. No entanto, aqueles que se infiltraram na Igreja e no estado ocultaram o conhecimento dessa senda a eles.

Os anjos caídos encarnados que usurparam posições de poder e de autoridade na Igreja e no estado — esses lobos em pele de cordeiro — ocultaram os verdadeiros ensinamentos de Cristo. Pois eles sabiam que os portadores de luz iriam exercer o poder, a sabedoria e o amor de Cristo para vencê-los dentro da lei e expulsá-los dos templos de Deus e do homem — e temiam que isso acontecesse.

Assim, sem professores para lhes ensinar os sagrados mistérios que Jesus compartilhou com seus discípulos, muitas almas de luz deixaram de perceber que Deus as convoca para seguir a estrada ensinada por Jesus. E, portanto, não estão preparadas a contento para sua missão nesta nova era, pois elas não têm o pleno conhecimento do Cristo interno ao entrarmos no período de 2 mil anos da Era de Aquário.

Hoje, enquanto colhemos o carma pessoal e mundial de muitos ciclos astrológicos, o acúmulo do que plantamos volta a se abater sobre as nações e sobre cada um de nós.

O carma nunca é uma punição, muito embora quem o recebe talvez ache que sim. Ele é o efeito de qualquer pensamento, emoção, palavra ou ação que a pessoa colocou em movimento através do livre-arbítrio qualificando a energia de Deus.

A maioria de nós colocou em movimento boas causas que produziram colheitas de bons efeitos. Mas também emanamos vibrações negativas e depois as reciclamos quando elas completam o seu ciclo de retorno. E há tempos fazemos isso. Por desconhecer a lei espiritual, frequentemente estamos semeando erros involuntários; mas a maioria de nós admite que já praticamos deliberadamente o mal. A Grande Lei exige que paguemos o preço por esses erros. Temos de quitar nossos débitos cármicos.

O PAPEL DOS PROFETAS

A intervenção divina sempre foi a solução de Deus para a falta de resolução humana. Sobram exemplos no Antigo Testamento de profetas avisando as pessoas das consequências que aguardam aqueles que não mudarem seu mau comportamento. O termo *profeta* indica, literalmente, "aquele que foi chamado" ou "aquele que fala por outro".

Profecia é advertência — Deus nos aconselhando por meio de seus mensageiros a agir corretamente. A profecia é transmitida a eles pelos mestres ascensos e por seres celestiais mais elevados que guiam a Terra e sua evolução. Esses seres leem o nosso carma coletivo na escrita dos céus e nos dizem, através de seus profetas, o que acontecerá a nós e à nossa geração se não obedecermos às leis de Deus.

Deus sempre deu às pessoas uma oportunidade de impedir a concretização de profecias, apesar de a chance poucas vezes ter sido aproveitada. O livro do profeta Jonas ilustra que Deus até pode interceder a favor daqueles cujas ações demonstraram grande maldade caso eles aceitem o aviso dos profetas e se arrependam.

Quando Jonas profetizou ao povo de Nínive que Deus iria destruir sua cidade dentro de 40 dias por causa de seu estilo de vida perverso, eles acreditaram em Deus, abriram mão de seu mau comportamento e rezaram para que fossem poupados. Deram início a um jejum e passaram a trajar roupas grosseiras. O rei de Nínive então se levantou de seu trono, cobriu-se com roupas grosseiras e se sentou sobre cinzas. Ele proclamou:

> Não provem coisa alguma: nem homens, nem animais, nem bois, nem ovelhas; não comam nem bebam água.. Mas os homens e animais estarão cobertos de pano de saco, e clamarão fortemente a Deus, e se converterão cada um do seu mau caminho, e da violência que há nas suas mãos. Quem sabe se se voltará Deus, e se arrependerá, e se apartará do furor da sua ira, de sorte que não pereçamos?

O Livro de Jonas registra que "Deus viu as obras deles, e como se converteram do seu mau caminho".[2] Deus se arrependeu e não provocou a catástrofe que ameaçou. A partir desse exemplo fica claro que Deus está sempre tentando nos dar oportunidades.

Em 1981, em Medjugorje, Iugoslávia (atual Bósnia e Herzegovina), a Virgem Maria começou a aparecer para seis adolescentes, avisando de futuras calamidades. Ela disse que algumas delas poderiam ser amenizadas através de prece e jejum. Ela também disse que, devido à resposta às suas mensagens, uma das calamidades havia sido evitada. Isso é uma confirmação do que os mestres vinham nos ensinando há mais de cinquenta anos. Saber que podemos mitigar o retorno do carma nos traz grande esperança, e ao mesmo tempo incita nossas almas a orar com mais cuidado.

Nenhum de nós sabe o que vai encarar no dia seguinte, na semana que vem ou no próximo ano. O futuro é incerto, mas não totalmente. Quando paramos para pensar, a súbita destruição que se abate sobre um povo costuma ser previsível. Se tivessem estudado os tempos, as tendências e sua própria história e as leis da Mãe Natureza, poderiam ter previsto o seu futuro provável. As suposições e certezas estavam lá. Por isso escutamos com frequência a expressão "Eu devia saber que isso iria acontecer". E as pessoas sabem mesmo.

As almas dos indivíduos já sabem de antemão o que irá acontecer se elas (ou um número suficiente dentre elas) não mudarem o rumo. Porém, a mente racional, trancada em seu labirinto lógico, não consegue enxergar a linha reta dos relacionamentos causais que levam mais e mais a uma inevitável conclusão previsível.

Saint Germain leu a escrita na parede em 27 de novembro de 1986, quando avisou que uma crise econômica estava a caminho. Vários meses depois, em 19 de outubro de 1987, hoje conhecido como Segunda-feira Negra, as Bolsas quebraram no mundo inteiro. Nos Estados Unidos, o índice Dow Jones caiu em 508 pontos, ou seja, uma queda de 22,6 %. Esse continua sendo o maior percentual de queda em um só dia na história dos mercados. À luz dos atuais eventos mundiais, o aviso de Saint Germain merece mais atenção do que nunca:

> O colapso econômico já é previsto. Preparai-vos. Os reveses serão repentinos. Não vos deixeis enganar pelo apogeu. Muitos curativos de emergência na economia, no sistema monetário, nos bancos. Nada disso impedirá o colapso das nações e bancos construídos sobre as areias da cobiça humana, da ambição e da manipulação do sangue vital do povo de Deus.[3]

Hoje em dia há indícios funestos no que se refere ao curso dos eventos humanos. E ainda assim, enquanto aprendemos com os eventos de Nínive, podemos decidir a qualquer momento mudar os eventos e o plano de vida.

O FATOR LIVRE-ARBÍTRIO

Um dos grandes brados de guerra de Saint Germain diz que "A profecia nunca é imutável". Ele diz que, se respondermos aos avisos dos profetas e aplicarmos as soluções espirituais que eles nos oferecem, podemos evitar a calamidade.

Quando Jonas foi a Nínive para avisar ao povo que haveria calamidade caso não mudassem, para sua grande decepção eles se arrependeram. Eles prestaram atenção à voz de Deus que se manifestava através dele e sua cidade foi poupada. Preocupado com a possibilidade de o povo considerá-lo um falso profeta, Jonas reclamou com Deus.

O que apreendemos dessa história é que a profecia não é imutável e que o carma pode ser transmutado, o que, em essência, significa que ele pode ser transformado de um estado de negatividade, ou de uma condição de mau uso da energia de Deus, para um estado ou forma mais elevados. Em questão de profecia, a imprevisibilidade da vontade humana (que pode, naturalmente, mudar a qualquer momento) deve ser levada em consideração. Se a concretização da previsão divina fosse inevitável, o livre-arbítrio humano seria restrito.

Ao contrário, a ciência da profecia sempre considera as constantes oportunidades que o ser humano tem de mudar. Se as pessoas mudam, as profecias também podem mudar. Como o traçado das tendências no gráfico da consciência humana é feito em níveis divinos, os mestres podem predizer, e de fato antecipam, com grande precisão o resultado do retorno de nosso carma pessoal e mundial. E como a colheita dos atuais eventos se encontra tão entrelaçada delicadamente com o que foi plantado por massas e indivíduos, esse último costuma determinar o primeiro. Os eventos atuais podem, portanto, ser previstos com vasto nível de certeza pelos mestres, que têm acesso aos registros cármicos da Terra e de suas evoluções.

A PROFECIA DA SÉTIMA RAÇA-RAIZ

Durante as primeiras três eras douradas e nos primeiros dias de Lemúria e Atlântida os mestres ascensos e os anjos andavam e falavam com aqueles cuja consciência jamais se desligou da fonte do bem. Sob a tutela dos mestres, essas civilizações alcançaram níveis estupendos de desenvolvimento científico e cultural.

Como observado antes, as primeiras três raças-raízes viveram em harmonia umas com as outras e com as leis do universo. Elas expressaram o mais alto potencial de suas almas, cumpriram a razão de seu ser e se uniram novamente a Deus.

Ao serem desvirtuadas de seu caminho espiritual, as almas da quarta raça-raiz perderam a visão de sua busca pela integridade divina e criaram o carma. Algumas dessas almas continuam reencarnando no planeta até hoje. Assim, as almas da quinta e da sexta raças-raízes encarnaram em um mundo imperfeito e também foram desvirtuadas, geraram carma, esqueceram-se de suas origens divinas e perderam de vista seu propósito de vida. Muitos membros da quinta e da sexta raças-raízes continuam encarnados.

Como resultado das imprevisíveis condições da Terra hoje, as almas da próxima raça-raiz, a sétima, ainda não tiveram permissão para encarnar, pois isso comprometeria seu desenvolvimento espiritual. A sétima raça-raiz está sendo retida porque os Senhores do Carma determinaram que não irão mandar outra raça-raiz de almas puras para a Terra e correr o risco de elas serem influenciadas pelos anjos caídos e se impressionarem com as imperfeições do planeta. Desta forma, sua encarnação foi cancelada até segunda ordem, por assim dizer, para dar aos portadores de luz tempo de invocar a luz, limpar a poluição deste mundo em todos os níveis e torná-lo uma habitação adequada para essas novas almas.

Saint Germain falou sobre essa preocupação e a compartilha com outros membros da Grande Fraternidade Branca:

> O planeta inteiro deve ter a oportunidade de produzir uma era dourada de Aquário, mas Deus escolheu a América do Sul como o local a ser preparado para a encarnação desses santos inocentes...
>
> Contudo, como já foi dito por mim e por outros mestres ascensos, este é um tempo em que temos de nos refrear mesmo se avançarmos, pois não podemos sugerir [...] que as almas da sétima raça-raiz nascerão de mães e pais neste continente [América do Sul] até que as lideranças das nações, com o apoio de seus eleitores, corrijam os erros da sociedade.[4]

PREPARAÇÃO PARA A SÉTIMA RAÇA-RAIZ

Saint Germain explicou como podemos nos preparar para as preciosas almas da sétima raça-raiz, que tanto podem fazer para nos ajudar a reintroduzir a cultura da era de ouro:

A defesa da criança é prioridade total em nosso programa. Precisamos garantir que as crianças de rua sejam protegidas por lei e que aqueles que as perseguem e matam na calada da noite sejam presos, julgados e encarcerados. Crianças não podem ser presas fáceis para bandidos que agem de madrugada!...[5]

Que o povo da América do Sul se levante em massa e apele para o Senhor Jesus Cristo e suas hostes [...] para que sejam atadas as forças do crime organizado, do tráfico de drogas, da corrupção policial, da pornografia infantil, do abuso de crianças [...] e da profanação e degradação das mulheres. Que ele invoque o juízo de todos aqueles que exibem abertamente o corpo feminino em cartazes e lojas, anunciando todo tipo de produto, de carros a cigarros, degradando a imagem da mulher e corrompendo as crianças.

Que o povo da América do Sul exija o julgamento de políticos e executivos desonestos por manipularem a economia e os recursos daquela terra, que pertence, por direito, ao povo. Que eles invoquem o julgamento da perversidade espiritual nas altas esferas e o julgamento para os chefes de Estado e seus gabinetes que vivem engordando suas carteiras à custa do povo.

Que eles invoquem o julgamento daqueles que se apropriaram de fundos que deveriam ser usados para oferecer comida, roupas, cuidados médicos e moradia — moradia para os pobres que moram em barracos de papelão que desabam sempre que chove.

Esse continente precisa ser libertado dos corruptos que corrompem as almas e os corpos das pessoas! Novamente eu digo: apelem ao Senhor Jesus Cristo e aos... arcanjos para purgar a terra daqueles que não trazem no coração defender os interesses do povo, que lhes drenam o sangue da vida e o usam para ganhar poder sobre as nações.[6]

CAPÍTULO 10

O PAPEL DA NATUREZA NA PROFECIA

Nas eras passadas, quando a discórdia e a negatividade da humanidade atingiram proporções maiores do que os espíritos da natureza conseguiam suportar, a própria natureza desencadeou catástrofes, como as da Lemúria e da Atlântida.

Lucrar à custa do meio ambiente, dedicar tratamento insensível a todo tipo de vida, pensamentos, emoções, palavras e atos discordantes, tudo isso cria um acúmulo de energia carregada de negatividade, e ela se transforma em peso no corpo da terra, nos oceanos e no próprio ar que respiramos. Nós podemos ver os efeitos em todas as formas de transtorno dos elementos, como, por exemplo, tempestades, inundações, secas, incêndios fora de controle, terremotos, tornados e furacões.

Os mestres avisaram que, se a civilização seguir o rumo atual, ela acabará literalmente se despedaçando, e a natureza vai se preparar para começar um novo ciclo. Tal ocorrência, dizem, abalará todos aqueles que a testemunharem. Não obstante, isso não precisa ocorrer. Se os homens e as mulheres começarem a dar ao poder da luz a mesma atenção e devoção que dedicaram às trevas, talvez sejam poupados de tal destino.

O que o mundo precisa é de uma onda de luz para contrabalançar a possível chegada das trevas e da destruição. A aplicação diligente da chama violeta pode evitar o cataclismo. Essa luz espiritual de alta frequência é capaz de literalmente transformar a vibração eletrônica da matéria. Com a chama violeta, a energia negativa pode se transformar em positiva por meio de sua ação de transmutação e seus atributos de misericórdia, justiça e liberdade. (Este assunto será abordado na Parte 5.)

Se a humanidade soubesse que tem a habilidade de transmutar as causas cármicas do cataclismo que está se formando logo abaixo da superfície da vida cotidiana, invocaria a chama violeta antes de esse carma irromper com violência no plano físico. É claro que qualquer invocação à chama violeta deve andar de mãos dadas com um cuidado criterioso com o ecossistema e um profundo respeito e reverência pelas leis que governam os ciclos de autorrenovação da natureza.

Quando deixou de haver respeito pela vida e por Deus, uma ausência de justiça divina — irmão contra irmão, nação contra nação —, a profanação das mulheres e das crianças na sociedade, grandes cataclismos no planeta foram desencadeados no fim de ciclos cósmicos. E serão desencadeados de novo, a não ser que as pessoas abandonem sua violação egoísta e míope dos recursos de nosso planeta. Pois, enquanto não forem transmutadas essas transgressões contra a vida e a natureza, a lei do carma decreta que deve ser iniciada a forma de transmutação da natureza.

A ECOLOGIA E A AMEAÇA DE CATACLISMO

Após a Queda do homem, quando a humanidade e os anjos caídos começaram a criar carma negativo entre si, as forças da natureza se tornaram instrumentos do julgamento cármico. Fome e peste, secas e inundações chegaram para todos no planeta como resultado da rebelião coletiva contra as leis da natureza, seu desperdício extravagante dos recursos naturais e desafio à unidade da vida.

Assim a humanidade foi acossada por problemas ecológicos, que são problemas cármicos. Esse é o preço que a humanidade tem de pagar por não viver em harmonia com Deus e a natureza.

Em gerações recentes, os cidadãos de todas as nações têm unido forças para encontrar soluções para os problemas ecológicos. Apesar de suas intenções serem muitas vezes louváveis, eles frequentemente não têm conhecimento de todos os fatos. Quando os indivíduos não têm a consciência de que o Espírito é o grande coordenador do fluxo cósmico na natureza, eles acabam se equivocando e focalizam seus esforços em metas sem perspicácia ou se deixando desencaminhar por indivíduos de motivações escusas. Portanto, aqueles que promovem uma ecologia baseada em falsidades devem ser cautelosamente analisados antes que suas premissas e conclusões sejam adotadas mundialmente.

Se por um lado cresce a preocupação com a ecologia, por outro as pessoas muitas vezes se esquecem da relação de causa e efeito entre a alma e seu ambiente. Na verdade, tudo que o homem vê ao seu redor é o efeito de causas que ele já colocou em movimento dentro de sua própria consciência. Elas são tão somente reflexos de suas energias mal qualificadas nos planos mental e emocional.

Quem não está ciente do intercâmbio de energias entre o Espírito e a Matéria não entende a relação entre a poluição dos elementos e o carma pessoal e planetário. Os mesmos indivíduos também teriam dificuldade em compreender que a destruição de Maldek, a submersão dos continentes de Lemúria e Atlântida e as demais civilizações antigas que se perderam foram penalidades cármicas impostas por Deus por meio da natureza. Essas pessoas acham que os cataclismos são resultado de uma interação de forças da natureza.

Quando os sentidos espirituais das pessoas se encontram adormecidos, elas não reconhecem a presença de Deus na natureza. Chegamos então ao entendimento de que existe uma evidente lei espiritual. Ela é temperada por um Deus que se reserva a autoridade de conter ou enviar o ímpeto do carma da humanidade, às vezes tendo a piedade de conter o carma por séculos a fio, ao mesmo tempo que concede à humanidade oportunidades de pagar as suas dívidas para com a vida.

CURANDO NOSSA ECOLOGIA INTERNA, CURANDO A TERRA

O homem não está à mercê de uma força esmagadora fora de si mesmo. Se a humanidade conseguir reconhecer que as guerras, ódios, o oportunismo econômico e todo tipo de tratamento desumano a todas as formas de vida afetam diretamente o equilíbrio do meio ambiente, estará dando o primeiro passo para resolver os problemas da ecologia. O segundo (e não menos importante) passo é mobilizar seus recursos e conhecimentos em uma ação coletiva no sentido de eliminar as violações da lei natural. Essas ações representariam um bom avanço rumo à desejada reconciliação entre as forças da natureza: ser uno com a vida.

Mas, em vez disso, a humanidade tratou de construir cercas ao redor de tudo aquilo que passou a considerar seu pedacinho de terra. Enquanto as pessoas conseguem proteger suas famílias da poluição das massas, elas se dão por satisfeitas; mas as placas de "Não ultrapasse" não podem afastar as nuvens acumuladas de carma pessoal ou planetário. E quem deixa de observar em escala mundial a antiga máxima "Sou responsável por meu irmão" também deixa de entender que o único que pode evitar o cataclismo total na ordem natural é o próprio homem.

A não ser que as pessoas se harmonizem com as leis de Deus e com sua criação, e parem de ignorar e abusar descaradamente dessas leis, estarão ativando o único método que resta para que a natureza possa conter tais abusos. A lei natural responderá por meio de desastre, com a terra se sacudindo para se livrar das criações pervertidas dos homens para que possa trazer novamente uma imagem mais nobre. Contudo, a natureza sempre prefere a forma mais gentil.

O CAMINHO DA MISERICÓRDIA

Profecias e previsões de desastres naturais nos vêm, portanto, como um gesto de misericórdia para que as pessoas tomem rumo na vida antes que seja tarde demais, para que saibam que seu destino está pendente nos corredores da justiça cósmica e que o resultado dependerá totalmente de sua atitude e de suas ações.

O caminho da misericórdia ainda está aberto. Os homens *podem* se aproximar do altar de Deus em busca de perdão. Eles *podem* evitar calamidades se agirem corretamente e invocarem a luz do Espírito para que ela desça aos planos da Matéria. Ao dar meia-volta, o homem *pode* abandonar uma existência autocentrada e glorificar a Deus na humanidade e em todas as suas obras.

PARTE IV

A SENDA DA LUZ

INTRODUÇÃO

NUM PISCAR DE OLHOS

As revelações de Enoque e dos mestres sobre a conspiração dos anjos caídos contra a verdade dentro da Igreja e do estado não devem ser motivo de desespero. Se criarmos coragem e destruirmos as raízes desses demônios e sua doutrina equivocada para assim dar lugar à alta árvore da Verdade, que chama atenção por seus bons frutos,[1] haverá esperança.

Há muito que aprender sobre nós mesmos a partir dessa exposição sobre a semente do maligno — nossa fé está no homem ou em Deus? Teremos nós transformado em deuses os santos do oriente e do ocidente, acreditando que eles são incapazes de erros humanos ao longo da vida? Será que nós defendemos a verdade ou ainda nos submetemos à idolatria dos humanos e dos anjos caídos encarnados? E, mais importante ainda, o que faremos a partir de agora, que temos esse conhecimento?

Neste momento, o propósito da intercessão dos mestres ascensos é reconectar o homem com a sua memória divina e com o padrão de sua alma. Eles vieram para fazer com que vocês retornem ao seu Eu Verdadeiro, e não para tentar lhes puxar para outra organização, outro líder espiritual, outro indivíduo no tempo e no espaço, que, por estar nessa situação, é sujeito a erro.

Devido ao desenvolvimento excessivo dos sentidos físicos, da mente carnal e do intelecto, as almas da humanidade por mais de dezenas de milhares de anos se perderam da sua identidade interna e da comunhão com a vida e a natureza. Para muitos, os sentidos da alma se enfraqueceram, ficaram atrofiados. Mesmo assim, aos primeiros sinais da luz de Aquário, sentimos um crescimento da consciência da alma.

Como explicado no Capítulo 9, nos últimos 2 mil anos de encarnações neste planeta tivemos a oportunidade de seguir os passos de Jesus o Cristo e de tornarmos real em nós a consciência do Cristo. Mas, por falta do ensinamento e de um instrutor, e por falta da preservação fiel de suas palavras e suas obras, muitos deixaram de entender o que significa se tornar Cristo.

As pessoas acreditaram na mentira de que o cargo do Cristo pertence a um só Filho de Deus e que, portanto, elas não poderiam se tornar Cristos.

Essa mentira é uma zombaria do amor do Criador por sua criação. É uma mentira que vem sendo pregada a todos os cristãos, quando aprendem que são salvos simplesmente por confessar a sua fé em que Jesus é o único Filho de Deus e que a morte na cruz representou um pagamento completo pelos pecados cometidos pela humanidade como resultado da Queda do homem.

Se a crucificação de Jesus tivesse mesmo salvado todo mundo para sempre, a partir de seu último suspiro na cruz, o pecado de Adão e Eva (conhecido como pecado original) teria sido eliminado e os homens poderiam ganhar para sempre o dom da vida eterna do qual desfrutavam no Paraíso antes da Queda do homem.

A verdade é que, através da mestria demonstrada pelo professor, os discípulos podem aprender a partir de seu exemplo e alcançar a sua própria mestria. A mestria do instrutor jamais poderá substituir a responsabilidade do indivíduo de alcançar a sua própria mestria. Portanto, aqueles que acreditaram na mentira dos anjos caídos convenceram a si mesmos que são pecadores incorrigíveis e sem responsabilidade direta pela própria salvação. Essa mentira então condenou as pessoas a uma consciência limitada, uma expressão limitada de seu próprio ser. E assim descobrimos que nossa civilização e a consciência dos filhos da luz não evoluíram de acordo com o programado.

Chegamos então ao umbral da era de Aquário e não temos os instrumentos em nossas mãos, a aceleração da consciência necessária, para conduzir a tocha da nova dispensação. E assim os mestres, vendo os apuros da humanidade, vieram nos ensinar. Podemos usar os seus ensinamentos agora mesmo, começando neste exato momento; e pouco a pouco poderemos ver que, "em um piscar de olhos",[2] como profetizado por Paulo, a transformação que foi abandonada por 2 mil anos acontecerá.

CAPÍTULO II

ACEITE SUA IDENTIDADE DIVINA

A verdadeira herança dos filhos de Deus é o Filho de Deus que trazem dentro de si. Mas os Vigilantes, bem como os Nephilim, que foram expulsos do céu pelo Arcanjo Miguel, negaram o Deus vivo e o Cristo vivo em cada filho de Deus no planeta. Essa negação do potencial de expressar a luz do Cristo universal dentro de nós é o problema crucial do cristianismo — e não se trata de um ensinamento de Jesus.

Como já mencionado, a palavra *Cristo* vem do grego *Christos*, que significa "ungido". Jesus era chamado de "Cristo" por ser totalmente ungido pela luz do Deus Todo-Poderoso. Vocês também podem receber essa unção, dependendo da vida que levam e das escolhas que fazem. Pois, como registrado em Atos 10:34: "Deus não faz acepção de pessoas."

Por desconhecimento dos verdadeiros ensinamentos de Jesus, acabamos muitas vezes caindo em armadilhas e acreditando em falsos pastores que nos disseram: "Você não tem chance. Apenas o Filho de Deus tem chance. E você nunca será um Filho de Deus, um ser crístico, porque Filho de Deus só há um!"

Jamais foram ditas palavras mais falsas do que essas. Deus disse que nos criou a partir de sua própria imagem,[1] e não há maior imagem do que a de Deus. A imagem de Deus é Cristo, o Filho, a emanação de luz do Logos, o Verbo. Apesar de essa emanação de luz ser chamada de diferentes nomes pelas diversas tradições espirituais do mundo, ainda assim se trata da mesma luz.

Eu revelei a natureza daqueles que são capazes de nos escravizar à cultura da morte. Mas qual é a natureza desses que ainda têm o Espírito de Deus? Quando pudermos responder essa pergunta e entender melhor a nossa identidade em Deus, teremos então a confiança e o senso de nosso valor — e, acima de tudo, o senso do poder de Deus — para prosseguir e enfrentar os desafios que nos atingem em todas as nações.

"APARTAI-VOS E SAÍ DO MEIO DELES"

Moisés libertou os filhos de Israel do cativeiro no Egito para levá-los para um lugar onde pudessem cumprir seu destino divino. Mas eles se esqueceram de seu propósito ao longo da jornada; esqueceram-se de quem eram. Em vez de viver obedecendo aos mandamentos de Deus, eles moldaram suas vidas de acordo com o culto idólatra dos anjos caídos e de seu homem mecânico. Eles desejavam ardentemente a sociedade dos Nephilim e dos Vigilantes. E por isso precisaram ser lembrados novamente de sua condição de deuses — deuses no sentido da centelha de vida que havia dentro deles, e que a expressão de seu potencial máximo os uniria ao próprio Deus.

E assim o salmista, que tinha conhecimento dos anjos caídos, os relembrou de sua origem e destino celestiais. Com o ímpeto do Espírito Santo, ele repreendeu severamente os filhos de Israel: "Eu disse: Vós sois deuses; vós sois todos filhos do Altíssimo. Todavia, morrereis como homens; caireis como qualquer um dos príncipes."[2] Ele estava dizendo: "Caso vos comporteis como anjos caídos, vós morrereis como eles; vós caireis como os príncipes dos Nephilim ."

Nosso destino como portadores de luz é sermos seres crísticos, Filhos de Deus — aqueles nos quais reside o Espírito do Deus vivo. Todos os avatares e seres crísticos do oriente e do ocidente vieram nos lembrar disso. Eles vieram expor os anjos caídos, século após século. Eles repreenderam o Mentiroso e o pai das mentiras, o assassino original.

Mas os filhos da luz abandonaram os seres crísticos na hora de sua perseguição e crucificação; eles se bandearam para o lado popular, o lado dos anjos caídos com o seu culto ao materialismo e à morte espiritual. E assim, logo na geração seguinte à crucificação de Jesus, o apóstolo Paulo novamente teve de lembrar às crianças de Deus sua origem divina: "Não sabeis vós que sois santuário de Deus, e que o Espírito de Deus habita em vós?"

Esse encantamento pelo culto ao materialismo, a decadência espiritual e a morte da alma são as doenças que assolam as nações de hoje. Aqueles que vieram ajudar a nos libertarmos, os mestres ascensos, nos dizem que se formos falar com Deus em sua montanha sagrada, devemos apartar-nos e sair do meio deles.[3] Eles insistem para que nos separemos da falsa hierarquia com seus falsos deuses, idólatras e homens mecânicos; da falsa civilização, do estilo de vida mecânico e materialista. Essas condições prevaleciam nos tempos antigos e ainda prevalecem hoje, e assim os mestres voltaram para nos lembrar de quem somos.

SEU POTENCIAL DE SER FILHO DE DEUS

Quando eu era criança, ensinaram-me que Jesus era o único Filho de Deus gerado pelo Pai. Costumava me perguntar como seria possível Deus ter criado apenas Jesus, sendo eu feita à Sua imagem e semelhança. Rezei para que Jesus me explicasse esse mistério, e ele revelou a verdade de que cada alma vinda de Deus tem a presença de Cristo no coração.

O papel desse Cristo interno, ou Eu Superior, é se comunicar com o Pai, o EU SOU O QUE EU SOU, e servir como mediador para que a alma em evolução no mundo material possa aprender a corrigir suas faltas humanas. Jesus explicou que o nosso Cristo Pessoal é o nosso Professor, que nos inspira através da inteligência da mente de Deus e nos mostra como a nossa alma aqui embaixo pode ascender de volta à nossa Origem Divina, assim como ele fez.

Quando Deus revelou que o seu nome era EU SOU O QUE EU SOU para Moisés, no Monte Sinai, ele mandou Moisés dizer às tribos de Israel: "Este é o meu nome eternamente, e este é o meu memorial de geração a geração."[4]

Os mestres se referem ao EU SOU O QUE EU SOU como a Presença do EU SOU, e nos dizem que esse Espírito do Deus vivo é individualizado para cada alma. É a realidade divina de cada um. O Cristo que é individualizado em cada um de nós é o Filho de Deus que veio nos mostrar o caminho de volta ao coração do Deus Pai, a Presença do EU SOU. Jesus foi um exemplo da lei, não uma exceção a ela.

A diabólica mentira dos seres caídos, segundo a qual Jesus era o único Filho de Deus, levou as pessoas a acreditar que são incapazes de alcançar a condição de alguém como Cristo. Mas foi o próprio Jesus quem ensinou que, "Aquele que crê em mim, também fará as obras que eu faço. E as fará maiores do que estas, porque eu vou para o Pai". Ele estava nos dizendo que a consciência crística está dentro de todos e que nós todos temos potencial para sermos Filhos de Deus. Sejamos nós cristãos, muçulmanos, hindus, judeus ou sigamos qualquer outro caminho espiritual, não interessa. O caminho universal da consciência mais elevada, ou da cristicidade pessoal, está aberto a todos. O cristianismo, da maneira como evoluiu desde a vinda de Jesus, se tornou uma vacina contra a coisa real.

Se não aceitarmos o chamado para nos tornarmos Filhos de Deus, a missão de Jesus terá sido em vão, e nós talvez percamos a capacidade de realizar a nossa missão. A chave do autoconhecimento que nos foi tomado reside no mistério do Cristo individualizado que está no interior de todos os filhos de Deus como semente de potencialidade. Ela é a pedra que os criadores de sistemas ortodoxos rejeitaram. Os ortodoxos se perderam ao alegar que Jesus era o único divino, o único Filho de Deus.

A Igreja negligenciou, compreendeu mal ou deturpou a mensagem clara na Primeira Epístola de João, que fala de nossa destinada igualdade ao Cristo: "Vede quão grande amor nos concedeu o Pai, que fôssemos chamados filhos de Deus [...] Agora somos filhos de Deus, e ainda não se manifestou o que havemos de ser. Mas sabemos que, quando ele se manifestar, seremos semelhantes a ele, porque assim como é, o veremos."[5]

O teólogo e místico cristão do século XIV, Meister Eckhart, ensinou que o nascimento do Filho de Deus no interior do indivíduo é ainda mais importante do que a encarnação do Jesus histórico: "Vale mais para Deus que Ele nasça espiritualmente [...] em cada boa alma do que Ele ter nascido fisicamente de Maria."[6]

Atingir a cristicidade é a meta da vida e a nossa única razão de estarmos no planeta atualmente. Cada uma de nossas sucessivas encarnações teve o propósito de aumentar a luz do Cristo em nosso templo do corpo.

Esta senda de cristicidade pessoal não começou com a vinda de Jesus Cristo. Ao longo de éons ela tem sido a senda da evolução das almas deste planeta, deste sistema solar, da galáxia e de universos sem-fim. Desde que existe um universo material e almas que descem na forma, o objetivo tem sido a internalização daquela luz do Cristo.

OS VERDADEIROS ENSINAMENTOS DE JESUS

Apesar de ser possível encontrar algumas chaves que restaram sobre a nossa divindade interna espalhadas pela Bíblia e em outras escrituras das religiões do mundo, esses ensinamentos ou foram deliberadamente malinterpretados ou não propriamente entendidos por muitos instrutores religiosos, deixando a maior parte da humanidade no escuro quanto à sua verdadeira natureza.

Em 1977, uma coleção de manuscritos antigos publicados em inglês deu início a uma série de controvérsias entre os eruditos e sacerdotes. Os textos, descobertos em 1945 em Nag Hammadi, no Egito, afirmam preservar os ensinamentos secretos de Jesus. Os textos datam do século II, ou de antes ainda, e corroboram totalmente o que os mestres ascensos vêm ensinando desde 1958: que o Cristo interior, o Deus interior e o reino (a consciência) de Deus estão dentro de você.

Jesus revelou o grande ensinamento do Cristo universal durante o seu ministério na Palestina, mas poucos séculos após sua crucificação os conselhos da igreja (que não tinham nem o Espírito nem o fervor de sua revelação) codificaram sob a forma de doutrina e de dogma certas coisas que Jesus jamais ensinou.

O CONSELHO DE NICEIA

O Concilio de Niceia, convocado pelo imperador Constantino em 325 d.C., foi um divisor de águas na teologia cristã. Apenas 300 dentre 1.800 bispos compareceram, entre eles apenas seis do lado ocidental latino, e os trabalhos foram mediados pelo próprio Constantino. O conselho produziu uma confissão de fé chamada Credo Niceno, segundo a qual os humanos foram separados de Deus por um vasto abismo.

Em Niceia se estabeleceu um importante precedente. Pela primeira vez um regente secular estava em posição de influenciar a doutrina cristã. E os bispos presentes tinham boas razões para querer agradar o seu patrono imperial — alguns ainda traziam marcas de tortura das perseguições realizadas pelo imperador Diocleciano.[7]

As decisões e doutrinas do Concílio de Niceia e de outros concílios posteriores da Igreja alteraram a mensagem essencial de Jesus, deixando uma lacuna. Portanto, ainda temos que realizar o nosso potencial crístico, o que se faz urgente se quisermos enfrentar o que vemos hoje. E só poderemos enfrentar esses obstáculos através do nosso Cristo interior.

GNÓSTICOS: GUARDIÃES DOS ENSINAMENTOS DE MISTÉRIO

Os textos de Nag Hammadi ensinam que Jesus não queria ser visto como um ser único, e sim como um exemplo do que podemos nos tornar.

A palavra *gnosticismo* deriva do termo grego *gnosis*, que significa "conhecimento" ou "entendimento". Para os gnósticos, o autoconhecimento era a chave da salvação, sendo a ignorância nossa maior inimiga. A gnose significa o conhecimento do eu em relação ao pano de fundo da compreensão de Deus, do universo, do bem e do mal.

O gnosticismo foi um movimento dentro do cristianismo inicial, que floresceu durante o século II, numa época em que as doutrinas e a estrutura organizacional da Igreja como a conhecemos hoje ainda não estavam solidificadas. Os escritos gnósticos trouxeram uma nova visão, portanto, de certas controvérsias que existiam nos anos de formação do cristianismo — controvérsias que giravam em torno de questões cruciais sobre o que Jesus havia ou não ensinado de fato, e o que ele havia proposto ou não.

O movimento gnóstico era composto de diversos grupos de seitas com variadas crenças e estilos de vida, passando do mais estrito ascetismo a uma visão libertina de vida. Como observou o proeminente estudioso dos gnósticos, Hans Jonas, "o movimento em si transcende limites de etnia e denominações".[8]

O que eles tinham em comum em maior ou menor grau era o fato de não aceitarem os recém-criados credos, doutrinas e estrutura hierárquica da Igreja. Os gnósticos não concordavam com os primeiros Patriarcas da Igreja e eclesiásticos que atribuíram aos sacerdotes autoridade exclusiva para ensinar e pregar. E também não aceitavam os critérios rígidos da Igreja para decidir o que era ou deixava de ser escritura sagrada.

Os próprios gnósticos se diziam guardiães do ensinamento misterioso que fora passado apenas a determinados discípulos de Jesus. Esses ensinamentos, de acordo com eles, foram dados por Jesus a um círculo interno de iniciados em seu ministério, durante o período entre a sua ressurreição e ascensão, ou após a sua ascensão como nova revelação.

Os gnósticos não acreditavam que a porta de acesso para a Palavra do Senhor tivesse se fechado para sempre com a ascensão de Jesus nem que a escritura estivesse finalizada por ocasião de sua ascensão. Acreditavam que podiam tentar por si mesmos uma comunhão íntima com Jesus, e que Ele podia lhes transmitir novas percepções e ensinamentos de modo bastante pessoal, falando no fundo do coração através da mesmíssima Presença Crística que ele era.

Os escritos dos gnósticos que trazem essas revelações não estão entre as escrituras aceitas pelo cristianismo que chegou a nós hoje em dia. A maioria de suas obras não sobreviveu, pois os primeiros Patriarcas da Igreja, ameaçados pela popularidade de um ensinamento que desafiava a posição ortodoxa, condenaram os gnósticos e baniram suas obras.

A hierarquia da Igreja negou a liberdade da alma de ter um relacionamento íntimo, pessoal e individual com Jesus Cristo, com os anjos e os santos no céu. Assim, a ortodoxia se tornou a negação da liberdade espiritual individual tanto nos primeiros séculos depois de Jesus quanto nos dias de hoje.

PÁGINAS DA BIBLIOTECA DE NAG HAMMADI

Como resultado dessa proibição das obras gnósticas, quase todos os seus escritos foram destruídos. Até o século passado, tudo que realmente se sabia sobre os gnósticos vinha de seus maiores inimigos, os Patriarcas da Igreja, que escreveram denúncias cruéis e extensas contra seus oponentes ideológicos.

Foi por ocasião da tradução de dois documentos gnósticos originais no fim do século XIX — Codex Askewianus (Pistis Sofia) e Codex Brucianus — e mais tarde, com a impressionante descoberta dos 52 textos gnósticos em Nag Hammadi, que alguns de seus ensinamentos vieram à tona. Só então puderam falar por si mesmos.

A SENDA DA CRISTICIDADE PESSOAL

O objetivo dos gnósticos era alcançar a cristicidade pessoal, a realização interna de tudo que estava em Cristo Jesus. Como observado no começo deste capítulo e em outras partes do livro, o termo Cristo significa "ser ungido". Os gnósticos procuraram a mesma unção que foi recebida por Jesus, o Filho do homem — a unção da luz do Filho de Deus.

Apesar de os grupos gnósticos cristãos se diferenciarem em muitos sentidos, todos acreditavam que a origem de nossa alma era divina e que seu objetivo é retornar a Deus. Eles acreditavam que Deus lhes dera uma semente de luz, uma centelha divina, que representava seu potencial divino.

Eles viam Jesus como seu Redentor — mas um tipo de redentor bem diferente daquele redentor que os cristãos ortodoxos diziam conhecer. Para os gnósticos, Jesus veio dar o sopro de vida à essa centelha e despertá-los para sua própria condição divina. Para eles, Jesus era um guia que alcançou a gnose, viveu a união com o Pai e então veio mostrar a eles como fazer o mesmo.

O Evangelho Gnóstico de Felipe, que ganhou esse nome em homenagem ao apóstolo e provavelmente foi escrito na segunda metade do século III na Síria, diz que aquele que alcançou a gnose "não é mais um cristão, mas um Cristo" — um ser ungido com a luz da Presença do EU SOU. "Você viu o Espírito, você se tornou o espírito. Você viu o Cristo, você se tornou o Cristo... O que você vê é aquilo em que pode se tornar."[9]

Quando entendemos o mistério do ensinamento no Antigo Testamento, segundo o qual nenhum homem pode ver Deus e continuar vivo,[10] vemos que esse ensinamento de Felipe diz o mesmo. O verdadeiro sentido dessa declaração é que nenhum homem pode ver Deus e seguir vivendo como homem; ele deve viver daí em diante como Deus. Portanto, "ver" é o tomar para si a vida eterna.

A IMAGEM DO SEU EU DIVINO

Os mestres nos deram uma ferramenta para entender a nossa natureza divina. A Imagem do Seu Eu Divino ilustra o que Jesus ensinou, e os apóstolos sabiam — a relação única do filho do homem com Deus por meio do Cristo, o Grande Mediador. A Imagem mostra o relacionamento da Personalidade do Deus Pai, individualizado em sua poderosa Presença do EU SOU (a figura no alto); e Deus Filho, individualizado no seu Santo Cristo Pessoal (a figura do meio); com a consciência de sua alma em evolução — o filho do homem (a figura abaixo). Em outras palavras, ela ilustra a sua anatomia espiritual — a sua natureza divina e a sua relação direta com Deus.

Essa Imagem retrata três níveis distintos de consciência:

> A SUA PRESENÇA DE DEUS PERSONALIZADA — A PRESENÇA DO EU SOU

O nível mais elevado de consciência está representado pela figura superior — a Presença de Deus em você, o Deus Pai e Mãe —, o Deus todo-amoroso, onisciente, todo-puro, todo-poderoso.

Para cada alma que Deus envia do centro de seu Ser, ele cria um fragmento individualizado de si mesmo chamado a Presença do EU SOU. Tra-

A IMAGEM DO SEU EU DIVINO

ta-se do Deus Único, apesar de ser individualizado. É separado de Deus, mas nunca é separado Dele. A sua Presença do EU SOU individualizada é Deus. É o EU SOU O QUE EU SOU que apareceu a Moisés como a chama que ardia na sarça mas que não a consumia.[11]

Essa Presença é a nossa origem, nosso Ser verdadeiro, através do qual também podemos alcançar o que é chamado de consciência cósmica. A energia da nossa Origem Divina não é remota. Está sempre presente dentro e acima de nós, pairando como uma nuvem infinita de energia espiritual.

Sete esferas concêntricas de energia espiritual circundam a Presença do EU SOU. Essas esferas de energia pulsante, chamadas de corpo causal, contêm o registro de todas as boas obras que já fizemos, que ficam arquivadas como os seus tesouros no céu, a sua conta bancária cósmica.

Cada esfera do corpo causal tem uma cor diferente, denotando um dos sete raios. Os raios são frequências de luz, e cada raio é associado a diferentes atributos, ou aspectos, da consciência de Deus. A cor e os atributos principais de cada um dos sete raios são os seguintes: (1) azul — proteção e perfeição, (2) amarelo — sabedoria, (3) rosa — amor, (4) branco — pureza, (5) verde — cura e verdade, (6) púrpura e dourado — ministério e serviço e (7) violeta — liberdade, misericórdia, perdão e transmutação.

Os dons, graças e princípios de autoconsciência específicos inerentes a cada raio podem ser desenvolvidos por um discípulo por meio de seu chamado de vida. Portanto, não há dois corpos causais exatamente iguais, pois suas esferas cintilantes refletem exclusivamente a mestria espiritual da alma individual. Isso explica o significado interno do versículo "Uma estrela difere em glória de outra estrela".[12]

> SEU EU SUPERIOR — O SANTO CRISTO PESSOAL

A figura do meio na Imagem representa o Santo Cristo Pessoal, também chamado de Eu Superior. Assim como a Presença do EU SOU é a Presença de Deus que foi individualiza para cada um de nós, o Santo Cristo Pessoal é a Presença do Cristo universal que foi individualiza para cada um de nós.

A figura do meio representa o nosso instrutor interno, a voz da consciência e o amigo mais querido. Jesus descobriu que o Eu Superior é "o Cristo" e Gautama descobriu que ele é "o Buda". Assim, o Eu Superior é, às vezes, chamado de Cristo Interior ou Buda Interior. Os místicos cristãos, às vezes, se referem a ele como o homem no interior do coração, ou a Luz Interior. E os Upanishads o descrevem de modo misterioso, dizendo que ele é um ser "do tamanho de um polegar" que "mora bem no fundo do coração". Seja qual for o nome que as tradições espirituais do mundo usam para se referir ao Eu Superior, cada um de nós está destinado a se unir com a nossa identidade divina. Esse Eu Superior lhe dará a direção correta se você se sintonizar com a sua voz calma e sutil que fala dentro de si.

O Santo Cristo Pessoal corresponde à Segunda Pessoa da Trindade — o Filho do Deus Pai e Mãe. A Bíblia se refere a Jesus Cristo como o Filho de

Deus, pois Jesus de fato se tornou um com o seu Santo Cristo Pessoal. Na verdade, tanto o Pai (a Presença do EU SOU) quanto o Filho (o Santo Cristo Pessoal) estavam plenos em Jesus, como Paulo testemunhou ao declarar: "Pois nele (Jesus) habita corporalmente toda a plenitude da divindade."[13]

A maioria de nós não pode dizer ainda que somos o Filho (ou a Filha) de Deus, com F maiúsculo. Mas podemos dizer que somos filhos e filhas de Deus, com f minúsculo, no processo de desenvolvimento pleno de nosso potencial divino.[14]

Na Imagem do Seu Eu Divino, a pomba do Espírito Santo é retratada descendo logo acima da figura do meio. Quando um filho do homem alcança a consciência crística, como Jesus alcançou, ele se une com o Santo Cristo Pessoal. Quando Jesus foi batizado por João Batista, o Espírito Santo desceu como uma pomba sobre ele e as palavras do Pai, a amada Presença do EU SOU, soaram como uma voz dos céus: "Este é o meu Filho amado, em quem EU SOU me comprazo."[15]

> SUA CENTELHA DIVINA — A CHAMA TRINA

O cordão de luz branca que desce da Presença do EU SOU através do Santo Cristo Pessoal até a figura inferior na Imagem é o cordão de cristal. É o "cordão umbilical", a corda da vida que nos une à Presença do EU SOU. Em Eclesiastes o chamam de a cadeia de prata.[16] Através desse cordão a luz a vida e a consciência de Deus fluem perpetuamente para nós.

O cordão de cristal alimenta a chama trina na câmara secreta do seu coração. A chama trina é a centelha divina que emana da Presença do EU SOU — trata-se, literalmente, de uma centelha de fogo sagrado do coração do próprio Deus acesa dentro de nós. Através do amor, da sabedoria e do poder da divindade ancorado dentro dela a alma pode realizar a sua razão de ser no plano físico. Porque a chama trina é a ligação ao coração da Presença do EU SOU, ela é fundamental para o nosso progresso espiritual.

Os místicos das religiões do mundo fizeram contato com a centelha divina, descrevendo-a como a semente da divindade interior. Os budistas, por exemplo, falam do "germe da budicidade"[17] que existe em cada ser vivo. Na tradição hindu, o Katha Upanishad fala da "luz do espírito" que se esconde no "elevado lugar secreto do coração" de todos os seres. Ele descreve o Espírito como "menor do que o menor dos átomos, maior do que os vastos espaços".[18]

O Katha Upanishad também nos diz que esse Espírito eterno e imutável, essa pura luz imortal, é uma "pequena chama no coração".[19] O livro ensina que só alcança a paz eterna aquele que vê revelado esse Espírito que reside dentro de seu coração.

Da mesma forma, o Meister Eckhart ensina sobre a centelha divina ao dizer "a semente de Deus está dentro de nós".[20] Há uma parte nossa, diz Eckhart, "intocada pelo tempo ou pela mortalidade: ela emana do Espírito e permanece eternamente no Espírito, e é divina [...] Aqui, em toda a Sua abundância, doçura e arrebatamento, Deus brilha e arde sem cessar".[21]

Jesus se referia à câmara secreta do coração quando falou de entrar no armário para rezar. A mística Teresa d'Ávila chamou esse armário de seu "castelo interior". Realmente, entrar nesse armário é o mesmo que entrar em outra dimensão de consciência.

> SUA ALMA — O POTENCIAL VIVO DE DEUS

A figura inferior da Imagem do Seu Eu Divino representa você na senda espiritual, cercado pela chama violeta e pela luz branca protetora de Deus. A alma é o potencial vivo de Deus — a parte de si que é mortal mas que pode se tornar imortal.

O propósito da evolução de sua alma no planeta é crescer em mestria pessoal, equilibrar o seu carma e realizar a sua missão no planeta para que você possa retornar às dimensões espirituais, que são o seu verdadeiro lar. Quando a sua alma finalmente levantar voo e ascender de volta para Deus e o mundo celestial, você se tornará um mestre ascenso, livre dos ciclos de renascimento.

> ASCENSÃO — O OBJETIVO DA VIDA

O Cristo de Jesus estava completamente unido a ele quando ainda estava encarnado, e quando a sua vida chegou ao fim, ele ascendeu para o plano do EU SOU O QUE EU SOU e se tornou o mestre ascenso Jesus Cristo. Ele alcançou a integração dos três níveis de consciência mostrados na Imagem do Seu Eu Divino.

Todos os filhos e filhas de Deus têm uma centelha divina, que é o nosso potencial de realizar, ou de se tornar um com o Eu Superior. Esse conceito existe no cerne das principais religiões do mundo.

A culminação da senda da cristicidade pessoal é a ascensão, uma aceleração espiritual da consciência que ocorre na conclusão natural da nossa última vida no planeta. Por meio da ascensão, a alma se une com o Cristo Pessoal e retorna a Deus Pai e Mãe, a Presença do EU SOU.

Um mestre ascenso é alguém que usou o seu livre-arbítrio para se tornar um com Deus e demonstrar a mestria divina no tempo e no espaço. Por meio do domínio do fluxo de energia em seu próprio ser, bem como em seu ambiente, ele alcança certo nível de mestria, unindo a sua alma com a sua percepção divina. Essa mestria o impulsiona a se reunir a Deus na ascensão na luz, o ritual de retorno que foi demonstrado por Jesus.

Nós ascendemos aos poucos, à medida que passamos nos nossos testes e alcançamos as nossas vitórias individuais. Os nossos pensamentos, sentimentos e atos diários são pesados na balança. Todos os registros de todas as nossas vidas passadas e *momentuns* bons e maus devem ser contados; então, quando tivermos equilibrado pelo menos 51% de toda a energia que já nos foi designada com a pureza e a harmonia do Grande Eu Divino, talvez nos seja oferecida a dádiva da ascensão, que realmente ocorre pela graça de Deus. O carma restante (49% ou menos) deve ser transmutado ou purificado pela alma ascensa através de serviço em prol da Terra e de suas evoluções no mundo divino.

Os mestres vêm nos iniciar nos antigos mistérios de Cristo e de Buda e nos ensinamentos para a nova era de Aquário. Eles vêm nos incentivar e nos ajudar a nos elevarmos ao grande potencial divino que temos dentro de nós e, assim, anularmos os *momentuns* de retorno do carma. Eles nos apresentam uma senda e um ensinamento através do qual todos os filhos da luz no planeta podem encontrar o seu caminho de volta para Deus.

CAPÍTULO 12

DOMINE O INIMIGO INTERNO

Os sábios do oriente e do ocidente concluíram que a ignorância não é uma bênção, mas é a raiz de todos os obstáculos para o progresso espiritual. Ela não é apenas ignorar os preceitos da Lei e a voz interior de Deus, a consciência. Essas condições são sintomas de um mal ainda maior. É, antes de qualquer coisa, a cegueira para a verdadeira natureza do Eu Verdadeiro, e do falso eu.

Em termos espirituais, os ignorantes são aqueles que negam o princípio singular percebido pelos místicos de todas as eras e crenças — de que nós somos um com Deus aqui e agora. A ignorância de nossa verdadeira natureza leva ao sofrimento, e é por isso que seguimos reencarnando.

Para nos firmarmos no conhecimento de nosso Eu Verdadeiro, é fundamental conhecer o nosso eu irreal. Quando conhecemos a ambos, podemos nos equilibrar entre os dois, afirmar diariamente nossa Realidade e assim dissolver os vestígios do eu irreal. Esta é a chave da sabedoria.

A máxima "Conhecei vosso inimigo" se aplica tanto ao inimigo dentro de nós quanto ao inimigo externo. Pois ambos são contra o nosso Eu Verdadeiro e querem roubar de nós a grande verdade de nossa divindade. Esse conhecimento é o poder de Deus dentro de nós que os seres caídos negam, mas que é a garantia de nossa libertação.

O FALSO EU

Quando estudamos os escritos dos gnósticos, descobrimos que a ênfase na gnose era uma faca de dois gumes: segundo o que eles acreditavam, a gnose não era apenas o conhecimento do Eu Verdadeiro — o Cristo Pessoal que estamos em processo de nos tornarmos — mas também o conhecimento do eu inferior, do eu cármico, que inclui o falso eu.

O Evangelho de Tomás é explícito nesse ponto: "Se você trouxer para fora o que há dentro de si, estará externando aquilo que há de lhe salvar." Ele está se referindo à grande luz do Cristo. "Se você não trouxer para fora o que está dentro de si, o que ficar dentro de si causará sua destruição."[1]

Aqui ele está se referindo ao falso eu, a energia acumulada de todas as motivações e ações impuras desta vida e de vidas passadas que continuam não transmutadas.

No Evangelho de Tomás, Jesus teria dito a Salomé:

> "Eu sou Aquele que existe a partir do Indiviso. Foram-me concedidas algumas das coisas de meu pai."
>
> Salomé disse: "Sou sua discípula."
>
> Jesus disse a ela: "Portanto, eu digo, se ele é indiviso, ele se encherá de luz, mas se ele é dividido, há de se encher de trevas."[2]

O mesmo ensinamento nos é dado na Bíblia — de que não podemos servir ao mesmo tempo a Deus e às riquezas. A casa dividida contra si mesma não subsistirá.[3]

O Evangelho de Felipe explica que para seguirmos em nossa senda rumo à união é preciso arrancar pela raiz os elementos destrutivos dentro de nós que, se pudessem, continuariam incógnitos e intocados. Enquanto a raiz do falso eu seguir escondida, ela continuará firme. Mas quando ela é exposta e reconhecida, se dissolve e morre. Pois só poderá ser removida se a reconhecermos,[4] precisamos vê-la pelo que é para que perca seu poder.

O ESPÍRITO FALSO

Outros textos gnósticos examinam em grandes detalhes essa "raiz do mal", sua origem e sua destruição. Eles falam de uma "falsificação", ou de um "espírito impostor" (também traduzido como "antagonista" ou "espírito desprezível") que busca desencaminhar a humanidade "para que ela não saiba de sua perfeição".[5] O ensinamento mais complexo sobre esse assunto aparece no texto gnóstico do século III chamado Pistis Sofia. Esse texto inclui uma série de diálogos atribuídos a Jesus e seus discípulos, nos quais o Mestre lhes revela grandes mistérios.

Em uma parte, Jesus explica que existem dois elementos que são dados à alma que está prestes a reencarnar: o poder e o espírito impostor. O espírito impostor é criado pelos "soberanos do grande Destino".

Podemos ver esses soberanos como os anjos caídos que mobilizam homens e nações pelo seu carma — *carma* sendo o equivalente à palavra *destino*. Nosso destino é nosso carma e nosso carma é nosso destino. E, portanto, vimos que as falsas hierarquias do Anticristo procuram nos enredar em nossos carmas pessoais. Em Pistis Sofia há o registro do seguinte ensinamento:

> Os soberanos do grande Destino [...] dão à velha alma uma taça de esquecimento vinda da semente do mal, repleta de todos os desejos diferentes e todo o esquecimento. E imediatamente, quando a alma bebe da taça, ela se esquece de todas as regiões em que esteve, e de todos os castigos severos por que passou. E essa taça de água de esquecimento se torna um corpo externo à alma, e parece com a alma em tudo e a ela se faz assemelhar, e o resultado é chamado de espírito impostor.[6]

Esse esquecimento nos vem assim que encarnamos. Logo antes de assumirmos nosso novo corpo recém-formado, a alma se lembra totalmente do mundo celestial, de nossos guias espirituais, dos mestres e de outros seres de luz. E por um curto período de tempo após nossa alma entrar no corpo ainda nos lembramos. Mas, por qualquer razão, muito rapidamente cai sobre nós o véu do esquecimento.

Em nosso estado desperto, não nos lembramos mais de nossas experiências internas nas oitavas espirituais de Luz. Nós nos esquecemos de que temos uma Presença do EU SOU e um Santo Cristo Pessoal. E então, por termos nos esquecido de nossa realidade divina, quando vemos a escuridão do mundo, choramos de medo e desespero. Se nos lembrássemos realmente de quem somos, estaríamos na plena glória da consciência crística e da Presença do EU SOU o tempo todo. Até "despertarmos" por completo (como Gautama, Jesus e outros mestres vivos são despertos), o esquecimento é parte necessária de se estar em uma forma física.

O MORADOR DO UMBRAL

Na senda para a mestria pessoal, precisamos de coragem para explorar o quanto de nossa identidade está sendo investido em nossa verdadeira natureza divina e na natureza inferior, no falso eu. Os cabalistas chamam esse lado sombrio de impulso maligno. Já São Paulo usava o termo mente carnal. Na tradição esotérica, chama-se o *morador do umbral.* Ele é o que os primeiros cristãos gnósticos chamavam de espírito impostor.

Todo mundo tem um morador do umbral. Ele é a antítese do Eu Verdadeiro, o amontoado criado pelo mau uso do livre-arbítrio, consistindo na mente carnal e de uma grande quantidade de energias mal qualificadas das quais não temos consciência.

Esse termo foi adotado pela Fraternidade por transmitir a ideia de que o morador se encontra no umbral da consciência de si mesmo, onde os elementos do subconsciente ou do inconsciente cruzam o limiar do mundo consciente do indivíduo. Quando o indivíduo se conscientiza de algum aspecto do falso eu, o morador terá entrado no domínio da vontade consciente. Lá, por meio das faculdades de tomada de decisão da mente e do coração, o indivíduo pode escolher entre dar alma (dar energia) a essa antítese do Eu Verdadeiro, ou destruir seus componentes.

O famoso livro *O estranho caso do Dr. Jekyll e do Sr. Hyde*, de Robert Louis Stevenson, escrita em 1886, oferece um retrato instrutivo do morador do umbral em seu pior aspecto. Vocês devem se lembrar de que o Dr. Jekyll era um cidadão respeitável que levava uma vida dupla, escondendo das pessoas o seu lado sórdido, dado a determinados prazeres. Escutamos esse tipo de coisa o tempo inteiro. Todos nós já ouvimos falar de cidadãos respeitáveis, gente da alta classe, indivíduos de destaque em nossas cidades cujas vidas secretas acabaram vindo à tona.

Na história, o Dr. Jekyll consegue fazer uma poção que o transforma no Sr. Hyde, uma personalidade à parte através da qual ele extravasa impulsos malignos. É claro que ele criou essa poção porque desejava viver parte do tempo expressando seu lado mau. Ele tem esse desejo enquanto consegue manter seu lado mau sob controle.

Isso acontece com todos nós, em vários níveis. Sabemos que temos um mau hábito, mas achamos que está sob controle. "Tomar café não é de fato um hábito para mim"; "Não sou viciado de verdade em açúcar"; "Posso largar a maconha na hora que quiser" e por aí vai. Então ficamos fazendo esse joguinho de equilíbrio. Mas ele é uma faca de dois gumes.

Primeiro o Dr. Jekyll consegue voltar ao normal tranquilamente após se transformar no Sr. Hyde. Mas ao aumentar cada vez mais o espaço que dá ao Sr. Hyde, o Dr. Jekyll acaba perdendo o controle. Da mesma forma, quando cedemos aos desejos do morador do umbral, concedemos a ele mais poder, e mais um pouco, e mais ainda depois. Mesmo assim, tal poder segue incógnito. Nós jamais sabemos ao certo o alcance do poder desse morador, portanto, nos permitimos acreditar que estamos sempre no controle.

Quando o Dr. Jekyll finalmente comete um assassinato, acaba reconhecendo que sua criação havia subjugado os seus instintos de uma vez por todas. O poder de sua alma foi reduzido porque ele transferiu esse poder à imagem impostora.

ARMAGEDOM INTERNO

Desde tempos imemoriais o homem tem feito previsões do fim do mundo e de uma grande batalha chamada Armagedom. O termo hebraico "Har-Magedon" significa "colina de Megido". A fortaleza de Megido dos cananeus guardava a passagem para o Vale de Jezreel, por onde passava a maior rota comercial do Egito para a Mesopotâmia. Quem controlava a passagem controlava a economia de Israel. E assim a fortaleza foi palco de muitas batalhas, antigas e modernas. Desde então, o termo *Armagedom*, tanto como nome e como lugar, veio simbolizar a batalha final das forças da luz e das trevas.

Nos últimos 2 mil anos, essa batalha tem sido associada a certos conceitos escatológicos — a segunda vinda de Cristo, a ressurreição dos mortos, o Juízo Final, o arrebatamento dos santos, a punição dos pecadores e a vinda da Nova Jerusalém.

Muitos cristãos que se encontram perturbados pela situação atual esperam que a profecia do ressurgimento de Cristo se cumpra a qualquer momento. Alguns acham que os sinais dos tempos são prenúncios da batalha do Armagedom. Outros acreditaram em algum momento que nós estávamos lutando em uma guerra que terminaria com todas as guerras. Esses encontram esperança na doutrina do "final dos tempos", quando surgiria uma nova era onde acabariam as injustiças da antiga e se estabeleceria uma nova era de ouro de paz e harmonia em todos os países do mundo.

Se por um lado as profecias das escrituras levaram muita gente no mundo todo a acreditar que Megido, na terra de Israel, seria o local bíblico e profético dos últimos dias do homem nesta Terra, o Armagedom também significa o campo de batalha pessoal de cada indivíduo no sentido espiritual; referindo-se à batalha entre o bem e o mal no mundo interno de todos nós. O Armagedom, na verdade, é uma batalha entre a luz do Eu Verdadeiro e as trevas do eu sintético. É uma guerra espiritual travada para que o mundo possa se curar das ilusões e se preparar para a chegada da vitória radiante do Cristo manifesto em todos os corações.

Todos aqueles que pisam a senda da ascensão se tornam alvo de oposição por parte de forças internas e externas, pessoais e impessoais. As forças internas consistem dos *momentuns* negativos acumulados de vidas passadas, bem como da presente. As forças externas assomam da consciência de massa, projetando energias de ódio, malícia, ciúme e assim por diante, atraindo para vibrações inferiores as consciências de indivíduos suscetíveis.

Seja qual for a forma, ou a origem, nenhuma dessas forças tem algum poder, presença ou permanência — pois só existe uma Realidade, que é Deus. O homem deriva a sua vida da Realidade, de Deus. Todavia, enquanto o homem coloca a sua atenção sobre condições imperfeitas (irrealidade), ele está dando livremente as energias de Deus para aquilo que é irreal e, portanto, prolonga a aparência ilusória dessas condições.

A mensagem do Armagedom contém padrões arquetípicos que ocorrerão na vida da alma que se torna um santo, que se torna um mestre ascenso. Todos que já ascenderam passaram por um Armagedom no sentido pessoal e microcósmico. Para o iniciado, o caminho é de superação.

Sendo a Divina Presença no homem a realidade mais elevada da Terra, essa batalha é, na verdade, mais fundamental para o indivíduo do que para o mundo. A forma como lidamos com nosso Armagedom pessoal determinará o resultado do Armagedom que vemos acontecer fora de nós.

Portanto, existe uma ação do Armagedom que ocorre simultaneamente no mundo dos discípulos avançados e no mundo de forma geral. Esse é um exemplo da lei de correspondência entre o macrocosmo e o microcosmo. Isso não significa que tenhamos de viver na expectativa da concretização de um Armagedom ao nosso redor (apesar de todos os indícios apontarem para o fato). Nos dias seguintes à ascensão de Jesus, os primeiros cristãos esperavam o Segundo Advento de Cristo e a destruição do poder mundial. Eles não se deram conta de que isso estava acontecendo nos corações daquelas almas que haviam chegado a esse ponto na senda da iniciação.

A ENCRUZILHADA NO CAMINHO

Em *A guerra dos filhos da luz contra os filhos das trevas*, que vem a ser um dos Manuscritos do Mar Morto, o Arcanjo Miguel é chamado de Príncipe da Luz, através de quem Deus promete "mandar ajuda perpétua para os filhos da luz". O Arcanjo Miguel falou da divisão do caminho que ocorre quando as forças da luz encontram as forças das trevas:

> Devemos lutar essa guerra de Armagedom. E ela será lutada na psique do indivíduo. No coração do indivíduo. No morador do umbral. É lá que o Armagedom acontecerá, e será multiplicado por todos os indivíduos no planeta.
>
> E alguns estarão do lado das forças da luz e de nossas legiões, e seguirão o Senhor Cristo quando ele vier. E outros seguirão os seres caídos. Haverá a divisão do caminho, mas isso talvez não aconteça do jeito que os cristãos interpretam.
>
> O Armagedom é o lugar onde vós decidis entre serdes um ser livre em Deus ou se ireis seguir o caminho dos seres caídos....
>
> O Armagedom está acontecendo dentro de vós neste exato momento. A maioria das pessoas tem uma divisão dentro de si, mas o morador do umbral consegue encobri-la. De modo que essa guerra nunca é travada e vencida pela alma, mas o conflito é deixado de lado. E essa guerra e a divisão interna são focos de apodrecimento dentro do corpo físico. Muitos dos vossos problemas nos corpos físico, emocional ou mesmo mental derivam da vossa indecisão quanto às forças da Luz e das Trevas.
>
> [...] Por não lidardes de uma vez por todas com as questões do inconsciente, permaneceis vulneráveis. Não tendes a convicção da vossa integridade e, portanto, aquela convicção da vossa vitória e da vossa ascensão.

> [...] Aquela integridade é o vosso objetivo. Então sereis invencíveis. Então não haverá em vós alguma parte que seja uma porta aberta para os fardos de doença, trevas, luto, desejos súbitos de ir aqui e ali por não poderdes encontrar paz. E se não podeis encontrá-la, esta é uma doença séria na vossa psicologia.
>
> A paz precisa estar convosco [...] A paz que excede todo o entendimento[7] — quando tiverdes o vosso cálice cheio dela, reduzireis a vossa infelicidade e os níveis subconscientes de infelicidade. Então vos dareis conta de que Deus está onde vós estais. Não precisareis ir aqui e ali, pois o reino de Deus estará plenamente abrigado dentro de vós, e nenhum diabo, grande ou pequeno, poderá, de forma alguma, interferir no estado de vossa mente, no vosso projeto, no vosso objetivo.[8]

Precisamos lutar a batalha de Armagedom e vencê-la enquanto ainda estamos no planeta Terra. É aqui, na arena da vida e da consciência, que devemos vencer as hordas do mal e derrubar todas as opressões que criamos contra qualquer parte da vida até que sejamos receptáculos para as energias puras de Deus. Estamos vivendo em uma época em que as pessoas estão tomando decisões definitivas. Como é o homem, e tão somente ele, que cedendo à insistência dos anjos caídos dá origem à imperfeição por meio da ambição e do orgulho intelectual, é tão somente o homem quem precisa desfazer essa falsa criação, retirando as energias de Deus que ele direcionou de modo insensato.

Quem opta por esse caminho recebe uma grande recompensa. Aqueles cujo Armagedom culmina em união mística com o Eu Superior se tornam integrados com a divindade e experimentam de uma vez por todas a manifestação épica da paz — o verdadeiro Om, o verdadeiro Shalom. É pelo portal da consciência superior que cada um chega ao autoconhecimento — ao seu Eu Verdadeiro — e, ao se conhecer de verdade, conhece a Deus.

O PODER DA AUTOPERCEPÇÃO

A autopercepção é essencial para quem quer reconhecer e vencer o morador do umbral e a manipulação dos anjos caídos. A autopercepção é a nossa única defesa verdadeira, enquanto que a ignorância nos deixa vulneráveis às armadilhas dos seres caídos.

Nenhum de nós pode negar ter sido, em algum momento de nossas vidas, vitimado por alguma situação ou comprometimento alheio ao nosso Eu Verdadeiro, a nossa verdadeira identidade. E ainda assim, como nossos poderes intuitivos não foram estimulados, a alma não estava protegida na hora e nós ignoramos, ou deixamos de perceber, nosso comprometimento. Todos nós já passamos por momentos em que nos perguntamos "Por que fui me meter de novo nesta situação? Eu já devia ter aprendido". Quando somos pegos de surpresa e caímos na armadilha, nossa alma deve voltar a aprender a lição que já havia aprendido, mas da qual acabou se esquecendo.

A identificação com o eu irreal nos torna presas fáceis, de modo que fica fácil entender por que os anjos caídos vivem fazendo de tudo para que nós nos identifiquemos com nosso falso eu. Pois quando fazemos isso, podemos ser controlados. Não há forma de se controlar uma pessoa que se identifica com seu Eu Superior, com sua consciência divina. Quando despertarmos para isso e dermos uma boa olhada em nosso mundo, começaremos a entender que os anjos caídos encarnados, os traidores dos povos de todas as nações, abrangem uma elite poderosa — e eles roubariam a nossa luz, se nós o permitirmos.

Os seres caídos só conseguem viver à custa de nossa luz se nós a dermos a eles. O que eles mais temem é que o povo de Deus pare o fornecimento de luz a eles ao perceber que não estão honrando a palavra dada, que não estão protegendo esta Terra abençoada para uma senda de paz e liberdade, mas estão usando nossa luz em proveito próprio.

Quando uma quantidade suficiente de nós pararmos de dar a nossa luz aos anjos caídos e ao eu irreal, ao morador do umbral, então nós, como um corpo unido de portadores de luz, reivindicaremos a Terra como uma plataforma para a evolução de nossas almas.

CAPÍTULO 13

RECRIE A SI MESMO

Apenas a própria pessoa pode se recriar de acordo com a vontade original de seu Eu Verdadeiro. O verdadeiro alquimista é o místico que se interioriza, que descobre quem "EU SOU" e entende que a Presença do EU SOU e o Santo Cristo Pessoal são o seu Eu Verdadeiro. Ele também entende que existe um falso eu. O falso eu é uma criação errada da mente que não está unida à mente do Cristo e perdeu o caminho da gnose, do autoconhecimento. Essa alma, portanto, não criou em consonância com as leis de Deus, e por isso criou carma.

Vocês criaram exatamente o que são hoje. Podem olhar no espelho do eu e, se não gostarem do que veem, podem se recriar. Têm a possibilidade de avaliar suas vidas, de ver o que criaram, o que realizaram ou não. Podem ver o bem que fizeram e quais foram os resultados de seus esforços.

E se tiverem pouco a mostrar como resultado de suas vidas ou de seus esforços, podem se determinar a fazer tudo que for possível, a partir de agora, para que suas futuras criações levem à ressurreição e à vida de sua alma. A razão pela qual vocês podem se engajar no imenso trabalho de construir o reino de Deus internamente é que ele já está lá dentro. Você não pode criar nada que seja permanente a não ser que já exista na mente de Deus. E se algo existe na mente de Deus, a pessoa tem o direito de trazer ao plano manifesto.

E assim nós entendemos que é preciso sintonia com a mente de Deus para formular um plano objetivo que dará conta de criar algo de permanente valor. Isso é o máximo do planejamento estratégico. Só há um lugar onde um filho de Deus pode aprender esse tipo de estratégia, ou seja, dentro da chama trina em seu coração, a Divina Presença dentro de si. E assim se fecha o ciclo da necessidade que temos da consciência crística. Não podemos formular uma estratégia bem-sucedida para a luz sem a consciência crística.

Os anjos caídos, que são anticristos, pervertem a consciência crística em sua estratégia, que parte do inverso, ou do contrário, da lógica da mente crística. Basta estudar os escritos e as táticas da elite do poder ao longo das eras para entender o que estou dizendo. As estratégias das trevas, que causaram a derrocada das eras de ouro da Lemúria e da Atlântida continuaram a funcionar muito bem para as hordas das trevas, tanto que nem foi preciso desenvolver novas estratégias.

Portanto, para que a luz ganhe o dia e derrote as trevas, precisamos não só entender as táticas dos anjos caídos (discutidas nas Partes I e II deste livro), mas também precisamos ter um plano estratégico pronto para contra-atacá-los e derrotá-los. Vamos exemplificar algumas das estratégias vitoriosas da luz.

PERMITA QUE DEUS HAJA ATRAVÉS DE VOCÊ

O antigo sábio chinês Lao-Tsé ensinou: "Aja sem fazer. Trabalhe sem esforço." Para a mente ocidental, isto soa como um *koan* zen. Como a pessoa pode agir sem *fazer* ou trabalhar sem se *esforçar*? O que Lao-Tsé estava fazendo era revelar o segredo que todos os adeptos espirituais descobriram. Ele estava falando que quando nosso eu inferior (nosso ego) sai do caminho, então nosso Eu Superior pode agir em nós sem maiores esforços.

Jesus nos ensinou essa verdade ao dizer: "Eu não posso nada de mim mesmo... Antes, é o Pai que está em mim quem faz as obras."[1] Jesus, "que, sendo em forma de Deus, não teve por usurpação ser igual a Deus".[2] Assim como Jesus reconheceu ser filho de Deus e que Deus era a fonte de sua autoridade, da mesma forma precisamos entender que não é o indivíduo que faz, e sim Deus no indivíduo. Nós não estamos querendo dizer que o lado humano externo, o eu limitado, seja divino. O que estamos dizendo é que a nossa divindade está na nossa Presença do EU SOU e na centelha divina em nossos corações, e reconhecemos que Deus nos fez para sermos seus instrumentos.

Nossa intenção é sermos os receptáculos de Deus, sempre com humildade, sempre cientes de nossas imperfeições, mas cientes também da Presença de Deus em nós. Nossa Presença Divina é o poder supremo que pode resolver os problemas do mundo de hoje, entre eles o terrorismo global, o potencial de guerra e de praga e outras condições que desafiam soluções humanas. Essas são condições gigantescas, a não ser que tenhamos um Deus gigantesco, o Todo-Poderoso conosco, para nos ajudar a resolvê-las. Como portadores de luz, trazemos Deus conosco.

Não precisamos ficar com medo. Precisamos apenas ter em mente o que Deus prometeu a Moisés: "Tua paz durará como os teus dias."[3] Em outras palavras, seja qual for seu chamado, seja qual for a necessidade do momento, vocês terão força para vencer se tiverem feito uma aliança com

Deus. Se permitirem que Deus e seus emissários operem através de vocês, eles lhes darão toda força de que precisam. Basta pedir ajuda a Deus e ver o que acontece.

Pode ser glorioso sentir nosso desamparo, nossa total falta de força, ou a fraqueza de nossas mentes em termos de ideias, pensamentos ou compreensão para realizar algo. Isso porque quando nos lançamos na rocha de Cristo, permitindo que a matriz humana seja rompida, nos vemos inundados por poder criativo suficiente para atender a todas as nossas necessidades. Esse é um momento glorioso no qual nos regozijamos na glória de Deus.

Assim, a primeira estratégia da luz é o filho de Deus se comprometer em permitir que Deus aja através dele. Esse compromisso requer a expansão da chama trina do coração, pois nela se concentra a consciência crística. É pelo fogo do amor, da sabedoria e do poder (os atributos da chama trina) que somos capazes de nos mover, de pensar, de agir e de superar os registros e *momentuns* subconscientes de nosso ego individual e também do planeta para que possamos encontrar e vencer o inimigo em qualquer um que ataque a nossa cristicidade.

Qualquer interação com os Nephilim, os Vigilantes ou as evoluções dos retardatários deve ser através do Cristo Pessoal, o mediador de cada um de nós. Essa luz crística forma então uma esfera de luz ao nosso redor que evita de forma eficaz que o fluxo impuro das trevas desses indivíduos adentre nossos seres.

Aqueles que permanecerem no nível do eu exterior, sem invocar o Cristo Pessoal para agir como mediador e intérprete de seus relacionamentos, acabam caindo inevitavelmente em uma troca de energia de *momentuns* aleatórios de bem e mal relativos. Até que nos tenhamos purificado por inteiro, essa troca prossegue. Sendo assim, para que se faça a melhor interação com outras almas de luz, nós podemos convidar o Cristo Pessoal para agir como mediador em todos os nossos relacionamentos. Jesus Cristo nos prometeu: "Pois onde estiverem dois ou três reunidos em meu nome, ali estou eu no meio deles."[4]

VENÇA O MORADOR DO UMBRAL

O romance *Frankenstein*, escrito em 1817 por Mary Shelley, oferece outro exemplo do encontro monumental com um morador do umbral. Nesse caso, o louco Dr. Frankenstein cria um ser que lembra o Golem do folclore judeu. O Golem era um servo robótico feito de barro que ganhava vida ao ter o nome sagrado de Deus pronunciado sobre sua forma.

O morador do umbral é como o monstro de Frankenstein e também como a criação robótica dos anjos caídos e dos retardatários. Depois que o monstro-morador ganha vida e é alimentado, ele começa a ficar mais poderoso do que o seu criador e no fim se volta contra ele. O morador do umbral tem raiva por não ser criação de Deus e, portanto, por não ter alma, apesar de conter em si um pouco do poder divino por ter sido criado pela energia de Deus, ainda que mal aplicada.

Para vencer o morador do umbral ao qual demos vida, recorremos ao Arcanjo Miguel, o grande defensor do povo de Deus. Precisamos de sua ajuda para dominar o morador do umbral individual e planetário (a energia combinada de todo carma negativo não resgatado, ou energias mal qualificadas, do povo que vive no planeta Terra).

O morador do umbral planetário também se manifesta por meio da falsa hierarquia dos anjos caídos. Em vez de correr o risco de serem derrotados pelo Arcanjo Miguel e pelos exércitos do Senhor, eles juraram primeiro destruir a criação de Deus, de um jeito ou de outro. E para isso eles são capazes de criar uma guerra nuclear, de destruir a economia, de arruinar o meio ambiente, de envenenar a comida e a água e de espalhar vírus criados em laboratório para criar epidemias e pandemias em nossas comunidades. Eles são capazes de fazer qualquer coisa para evitar que os filhos de Deus retomem o controle da Terra.

E assim os portadores de luz precisam criar estratégias e derrotá-los por meio do poder de Deus e com a intercessão dos exércitos do Senhor. Se ficarmos sentados sem fazer nada, corremos o risco de permitir que o morador do umbral pessoal e planetário derrote as almas dos portadores de luz antes que eles possam ser resgatados, antes que possam manifestar a luz da consciência crística.

Depende de nós decidir se, pelo poder do Filho de Deus em nós, vamos vencer o morador do umbral pessoal em prol de todos os portadores de luz. Podemos fazer isso pedindo diariamente ao Arcanjo Miguel que ate esse nosso morador interno. (Este assunto será abordado na Parte V.)

Enquanto houver carma no indivíduo, um vestígio da consciência do morador do umbral ainda permanece. Por essa razão é sábio invocar a ajuda do Arcanjo Miguel diariamente para manter o morador atado. Depois de fazermos isto, poderemos acompanhar o Arcanjo Miguel e as suas legiões para enfrentar o adversário de nossas nações e de nossa liberdade.

NÃO SE PREOCUPE

Mark Prophet costumava nos aconselhar a não levarmos o nosso eu humano tão a sério, nem mesmo quando temos de encarar os sérios desafios dos seres caídos. De acordo com os ensinamentos de Mark:

As pessoas jamais se esquecem dos erros que vocês cometeram no passado ou no presente. Não se preocupem com isso. Alegrem-se, pois Deus os esquece. Isso é que conta. E *vocês* também se esqueçam deles, para não ficarem obcecados!

Não fiquem obcecados com ideias sobre si mesmos — de como são pequenos, como carecem de praticidade ou como outros têm mais talento do que você. O maior problema que as pessoas criam é o problema de criar preocupações.

Parem com essa bobagem humana de se preocupar com o que vai acontecer — preocupações com a família, preocupações com seu futuro econômico, preocupações com os problemas de seu país. Fiquem tranquilos, pois vocês *são* capazes de resolver tudo.

"Portanto, não andeis ansiosos pelo dia de amanhã; pois o amanhã se preocupará consigo mesmo", são as palavras do grande mestre, que disse então: 'Basta a cada dia seu próprio mal.'"[5] O que isto quer dizer é que o mal, sendo o véu, ou rede, de energia dos seres caídos, está lhe preparando armadilhas. Mas ele já está lá, então não se preocupem. É melhor se concentrar em manter laços fortes com a Presença do EU SOU, que lhes guardará das ameaças do Maligno.[6]

O mal é também o seu próprio véu de energia, o casulo de ilusão no qual vocês se fecharam: é o seu carma. E ele também já está lá, e vem diariamente para sua transmutação pelo fogo sagrado do Espírito Santo, a chama violeta. Também não se preocupem com isso, porque estará lá, tão certo quanto o amanhecer, até que vocês o transmutem completamente. Em vez de ficarem se preocupando, concentrem-se em manter a mente e o coração firmemente voltados para Deus.

Então a mensagem é esta: não se preocupem. Se vocês estiverem com Deus, estarão com tudo. Com Deus vocês podem vencer qualquer coisa que tente lhes afastar dele, principalmente seu próprio carma e sua vulnerabilidade às armadilhas das forças negativas.

Não transformem em uma coisa crônica o hábito de se preocupar que o carma passado acabe desabando sobre vocês como uma torre de cartas, pois vocês podem fazer algo para impedir que isso aconteça, e podem começar agora.[7]

PERDOE A SI MESMO

Todos nós erramos. Mas não importa os erros que cometemos, estávamos fazendo o melhor que podíamos naquele momento. Agora é hora de nos perdoarmos, seguir em frente com a vida e manter nossos olhos concentrados no vasto potencial espiritual que há dentro de nós. Todos nós temos esse potencial, mas nem sempre aceitamos isso.

Uma das razões pelas quais perdoar e aceitar a si mesmo pode ser tão difícil é o fato de muitos de nós termos sido depreciados e ridicularizados quando estávamos crescendo. Diante disso, acabamos cometendo o erro de crer que simplesmente não somos merecedores de amor. Quando essas farpas de críticas voam, o que nem sempre nos damos conta é que, para se sentirem bem, os acusadores precisam criticar, censurar e nos colocar para baixo.

A única maneira de ficar em paz é aceitando o que somos hoje. Podemos trabalhar no que é possível mudar e aceitar tranquilamente o fato de que vai levar tempo para desatar os nós do carma e alcançar a plenitude do Cristo, a plenitude do Buda que desejamos ser.

Fiquem em paz. A paz é a aceitação do que é, e o total empenho de buscar o que é usando todas as leis e instrumentos espirituais.

RECEBA A MÃE DIVINA

Os falsos profetas e falsos instrutores que surgem são instrumentos dos seres caídos. Eles disseminaram em todas as religiões uma falsa ideia do Pai e da Mãe ao nos chamar de pecadores, de inúteis, dizendo que somos culpados e que não somos capazes de realizar as grandes obras prometidas por Jesus.

A energia Mãe de Deus fica trancada na Matéria, no chacra da base, como a força serpentina da *kundalini* até ser despertada. Uma vez despertada, ela flui como uma fonte de luz, subindo pela coluna, alimentando os chacras, acelerando os aspectos adormecidos da cristicidade interna. Portanto, é a luz Mãe que liberta o potencial divino, o princípio do Pai, dentro de homens e mulheres, para realização da consciência búdica no chacra da coroa.

Como observado no Capítulo 8, os filhos e as filhas de Deus foram privados do contato direto com a cultura da Mãe Divina desde a queda da antiga Terra Mãe da Lemúria, causada pela profanação do raio feminino. E foi assim que, ao longo de milhares de anos, os avatares foram homens, encarnando principalmente o princípio do Pai, estabelecendo e demonstrando a disciplina da lei cósmica.

Ainda assim, muitos desses avatares, inclusive Gautama Buda e Jesus Cristo, encarnaram também o Feminino Divino, ensinando a senda da consideração compassiva por toda a vida. É assim que a Mãe gostaria que nos relacionássemos uns com os outros — como Deus, como Cristo, como Buda.

Há um Deus, um Cristo, um Buda, mas ainda assim aquela chama única arde no altar do coração dentro de cada um de nós. Como pode ser? Simplesmente porque aqui, neste mundo transitório, existe a aparência da separação, a aparência da solidão. Nós acreditamos que existe separação entre nós e portanto sofremos pela nossa separação da chama do outro e da chama de Deus.

A Era de Aquário traz a oportunidade de integração do Pai e da Mãe. Ela traz a oportunidade de desenvolvermos a autopercepção divina na Mãe e como a Mãe. Até que possamos ser a Mãe, a chama da Mãe estará ausente do nosso governo, da nossa economia e do nosso sistema de ensino. Sem a chama da Mãe como o centro de todas as áreas da vida, a vida desmorona, a vida decai, pois carece do poder coesivo da chama da Mãe para se manter.

Encontram-se representantes da Mãe Divina em muitas tradições e crenças, mas essas representantes não pertencem exclusivamente a essas tradições e crenças. Duas dessas representantes são a *bodhisattva* Kuan Yin e a Abençoada Virgem Maria.

Faz muito tempo que Maria, por exemplo, tem sido associada exclusivamente ao catolicismo, presa à doutrina e ao dogma de uma religião que é limitada a tão somente uma parte da vasta população mundial. Na verdade, ela é um arquétipo do Feminino Divino, ou princípio da Mãe. A Mãe cuida de cada um e de todos nós, e nos conduz ao Pai, ao Masculino Divino, a despeito do nome que usemos para definir esse princípio masculino.

Em uma manhã de outono de 1972, a Mãe Maria apareceu para mim e me disse:

> Eu quero lhe dar um ritual do rosário [...] Ele deve ser usado como forma de adoração universal da chama da Mãe por gente de todas as crenças. Pois, veja, a saudação "Ave Maria" significa tão somente "Ave, raio da Mãe", e é uma afirmação de louvor à chama da Mãe em todas as partes da vida. Toda vez que é dita, ela evoca a ação da luz da Mãe nos corações de toda a humanidade.[8]

Ao recitar esse rosário, podemos entrar em contato com a Mãe Divina e elevarmos essa luz da Mãe dentro de nós. E ao elevarmos a luz da Mãe em nós, estaremos, automaticamente, influenciando positivamente o planeta como um todo.[9] (Há uma explicação do rosário na Parte V.)

ENTRE EM CONTATO COM O FOGO INTERIOR

Uma forma pela qual os anjos caídos nos impedem de manifestar nossa divindade interior é nos mantendo distraídos e respondendo a estímulos externos. Isso se dá especialmente na sociedade ocidental, onde somos naturalmente mais extrovertidos e condicionados desde o nascimento a reagir a estímulos externos. Assim, somos programados para correr de lá para cá e reagir a isso e àquilo. E quando acaba o dia estamos exaustos e não fizemos contato nem uma vez com a chama interior. Em vez disso, ficamos distraídos por todos os aspectos da ambição mundana (e até da ambição espiritual), fazendo dinheiro, procurando prazer e com um constante bombardeio de ruído que destrói o delicado equilíbrio do fluxo de luz nos chacras.

Os seres caídos sabem que quanto mais filhos de Deus fizerem contato com o fogo do Eu Verdadeiro, mais chances terão os portadores de luz em conjunto de mudar todo o curso da civilização. O contato permanente com o Eu Verdadeiro alcançado por Jesus, o Cristo, por Gautama, o Buda, são provas do impacto que seres que realizaram o seu potencial interior podem ter no mundo.

Toda vez que um Filho de Deus entra em contato com esse fogo e se torna um com seu Eu Divino, o impacto sobre esse sistema solar e esse cosmos é maior do que a divisão de um átomo. Tal é o potencial de poder da libertação do fogo espiritual dentro de vocês.

Portanto, nos convém, como portadores de luz, aceitar esse fogo sagrado como nossa realidade divina e nos tornarmos um com ele novamente. Essa é a era pela qual temos esperado há milhares de encarnações. O ponto de mudança de ciclos, esse momento da vinda da liberdade na Era de Aquário, é o nosso momento. Nosso tempo chegou, e estamos no lugar certo: estamos no ponto de contato com nossa divindade interna.

Saint Germain nos ensina a colocarmos a nossa atenção no chacra do coração como forma de fortalecer o nosso contato com o fogo interior:

> O vosso coração é de fato um dos mais preciosos dons de Deus. Dentro dele existe uma câmara central cercada por tanta luz e proteção como aquilo a que chamamos de um intervalo cósmico. É uma câmara separada da Matéria, e nenhuma sondagem poderá jamais descobri-la. Ela ocupa simultaneamente não apenas a terceira e a quarta dimensões, mas também outras dimensões, que a humanidade desconhece. Trata-se, portanto, do ponto de conexão do poderoso cordão de luz prateada que desce da vossa divina Presença de Deus para sustentar o batimento cardíaco de vosso coração físico, dando-vos a vida, o propósito e a integração cósmica.
>
> Recomendo com veemência à humanidade que considere precioso esse ponto de contato que têm com a vida ao reconhecê-lo de modo consciente. O como e o porquê dessa atividade não precisam ser conhecidos por vós por meio de linguagem sofisticada ou postulados científicos.
>
> Contentai-vos em saber que Deus está dentro de vós e que existe dentro de vós um ponto de contato com o Divino, uma centelha de fogo do coração do próprio Criador, chamada de chama trina da vida. Lá ela arde como a essência trina e una do amor, da sabedoria e do poder.
>
> Prestar reconhecimento diário a essa chama dentro do vosso coração fará ampliar o poder e a iluminação do amor no vosso ser. Cada atenção dada a essa chama interna produzirá em vós um novo sentido de dimensão, se não externamente aparente, pelo menos manifesta subconscientemente dentro das dobras de vossos pensamentos internos.

> Não negligencieis, pois, o vosso coração como o altar de Deus. Não o negligencieis como o sol do vosso ser manifestado. Atraí de Deus o poder do amor e ampliai-o dentro do vosso coração. Então, enviai-o para o mundo inteiro, como o bastião daquilo que derrotará as trevas deste planeta.[10]

Através do calor inflamado da prece e da meditação, nós também podemos libertar a luz aprisionada em nosso coração. Nossas meditações na câmara secreta são experiências muito reservadas. Elas começam removendo a nossa atenção do que está acontecendo ao nosso redor e direcionando-a internamente — "todos os portões fechados, a mente confinada no coração",[11] como diz o Bhagavad Gita. A tradição cristã chama a isso de recordação, o tirar a mente dos assuntos externos e focalizar a nossa atenção na Presença de Deus em nosso interior.

Quando colocamos a nossa atenção dentro de nós com devoção e amor, entramos em contato com a chama interior e comungamos com a energia que é Deus. "A pequena centelha espiritual da nossa identidade é a chave que nos conecta ao Universo", Mark Prophet disse certa vez. "O Espírito de Deus é a trama do nosso mundo. Sua energia e seu padrão são a única graça salvadora. Nós mesmos precisamos nos reidentificar, nos reintegrar, nos repolarizar com essa luz — e isso é algo que deve ser feito conscientemente."

Por meio da prece e da meditação, nós direcionamos a nossa atenção de volta à Luz Interior, que é a verdadeira origem do nosso ser. Nós ficamos encharcados de luz — renovados, refrescados e recarregados —, de modo que podemos transmitir mais luz a quem precisa. Nós construímos o nosso reservatório de amor. Ao comungarmos com o nosso Eu Superior, que fica no trono de nosso coração, podemos também acessar a sabedoria do coração para solucionar problemas complicados.

Os místicos nos aconselham a combinar nossas meditações com preces faladas que vêm de um coração inflamado de amor. Por exemplo, o Zohar instrui: "O que quer que pense um homem, qualquer que seja seu objeto de meditação em seu coração, nada pode ser concretizado de fato sem que ele o diga com seus lábios."[12] A palavra falada ativa o fruto de nossa meditação sobre o Divino e o coalesce no plano físico.

Toda tradição espiritual tem seus próprios e belos métodos de entrar no coração por meio da oração e da meditação — desde a recitação silenciosa de palavras sagradas à dinâmica repetição dos mantras ao canto inspirado de canções devocionais, como os *bhajans*.

Na Parte V apresentamos várias orações e decretos que podem ser usados para expandir a luz do coração e entrar em contato com o fogo interior.

SAIA DA DUALIDADE

Mark Prophet ensinou a sair do mundo da dualidade:

> Estamos vivendo em um mundo dual. Temos de reconhecer que vivemos no céu e no Hades ao mesmo tempo [...]
>
> Quando a pessoa finalmente alcança a união com Deus, não se encontra nem no céu nem no Hades. Ela está fora de tudo isso. Em outras palavras, ela sai do universo da dualidade e entra no universo da Unidade.
>
> Mas enquanto estivermos funcionando no nível do ego, teremos problemas a resolver, pois o ego é erroneamente orientado.
>
> Então, reconheçam que o Céu e o Hades estão em vocês ... e que eles são duais porque lidam com a mesma equação que o fruto da árvore do conhecimento do bem e do mal.
>
> A Árvore da Vida (a Presença do EU SOU) é diferente e separada de tudo isso, e é suprema. Para usar as folhas da Árvore da Vida para a cura das nações, vocês precisam aprender a lançar fora a consciência dual do bem e do mal, como na história de Adão e Eva no Jardim do Éden. Isso significa que vocês precisam ser capazes de apreender diretamente o Pai e a Sua unidade da expressão. Portanto, entendemos melhor a natureza da Divindade quando nos damos conta de que ela reside na pureza da perfeição e que a dualidade só é criada de acordo com um homem...
>
> Portanto, se vemos a nossa vida como algo ruim, ela se tornará algo ruim. Se vemos a vida como algo bom, ela será boa. O que achamos em nosso coração, assim somos. Então vamos reconhecer isso e não ser mais vítima de nosso estado mental. Quando um estado mental surge, devemos reconhecer que o tentador usa muitas formas. Não estamos preocupados com o tentador; estamos preocupados com Deus e a libertação divina.[13]

DESTRUA A APARÊNCIA DO MAL

Quando enfrentamos as difíceis realidades, possibilidades e profecias de nossa época, sempre ajuda ter em mente duas coisas: primeiro, um com Deus é maioria; segundo, com Deus tudo é possível.

Se nos reportarmos à história de Sodoma e Gomorra, podemos aprender muitas lições. Sodoma era uma cidade tomada por atividades carnais e seus habitantes tentaram seduzir até dois anjos que foram enviados para avisar a Lot para que escapasse da iminente destruição da cidade.

Quando Abraão ficou sabendo que Deus pretendia destruir a cidade corrupta, ele barganhou com Deus para que poupasse Sodoma e seus habitantes. Deus aceitou salvar a cidade se Abraão encontrasse cinquenta homens justos entre a população. Ele continuou negociando com Deus até finalmente chegarem ao acordo de a cidade ser poupada caso Abraão encontrasse apenas dez justos.[14]

Esse antigo relato nos mostra a misericórdia, o amor e a bondade de Deus. Não é do agrado de Deus permitir que o carma nos retorne com força total. Mas como Ele entende que estamos pondo em risco nossas almas e Ele respeita nosso livre-arbítrio, é possível que, em circunstâncias extraordinárias, Deus faça isso para que possamos aprender rapidamente nossas lições e progredir espiritualmente.

Infelizmente, apesar de Abraão ter se saído bem na negociação com Deus, ele não conseguiu encontrar dez homens virtuosos. Consequentemente, as cidades de Sodoma e Gomorra foram destruídas, quando Deus fez chover "enxofre e fogo" do céu.[15]

O que aprendemos dessa história é que cada um de nós, bem como Abraão, pode fazer uma grande diferença quando se trata de salvar nosso mundo. Se Deus estava pronto para salvar a pervertida cidade de Sodoma caso lhe fossem apresentados dez homens justos quando Abraão lhe pediu, pensem no que podemos fazer por meio de nossas boas obras e orações quando pedimos a Deus para operar milagres com a chama violeta e outros decretos. (Esses decretos estarão presentes na Parte V.)

Quando oramos e fazemos decretos dinâmicos, nos tornamos mediadores entre a humanidade e o carma em via de retornar. Ao rogarmos frequentemente a Deus e invocar sua intercessão, podemos formar um corpo de luz que se manifesta como a total e absoluta chama de Deus que transmuta o carma.

Saint Germain nos garantiu que o poder de Deus é suficiente para vencer o mal que vemos surgir no mundo:

> O poder de Deus em vós é maior do que todas as coisas que vedes aparecer em grande escala. Elas *parecem* cercar a terra e ganharem espaço, peso e poder. É a *aparência* que deve ser abatida pela espada, que é a Palavra sagrada do alquimista. Pois é a *aparência* do mal que domina a mente do que contempla. E quando o que contempla é o alquimista potencial, ele dota o que é irreal com o poder da permanência — e assim acontece.
>
> Quem ousará desafiar os destruidores da terra? — sabendo que eles são tão somente espectros na noite e não têm poder, a não ser aquele que os ungidos e o povo lhe deram por meio da atenção, do seu medo, da sua adulação e de suas blasfêmias. Seja qual for a atenção dedicada a eles, ela confere, sim, poder aos destruidores da humanidade.
>
> Retirai a vossa atenção deles e vereis como os seus mecanismos desmoronarão e como a nova era e a era de ouro surgirão dentro de vós à medida que o homem de ouro do coração atravessa o véu em vós![16]

Tudo que os seres caídos realizaram foi *maya*, ou ilusão, pois eles não têm acesso à Palavra viva. Portanto, não precisamos temer nem tremer diante dos seres caídos. Podemos colocar a nossa fé na Palavra viva e confiar na promessa das escrituras: "Filhinhos, vós sois de Deus, e já os vencestes, porque maior é o que está em vós do que o que está no mundo [a consciência mundana]."[17] Pela graça de Deus, podemos derrotar o inimigo da nossa cristicidade.

CAPÍTULO 14

O JULGAMENTO DE DEUS SOBRE HOMENS E ANJOS

Em cada era testemunhamos a chegada do Ser Enviado, do avatar, ou Ser Crístico, que procura nos separar de nossas concepções equivocadas e ensinar os cegos a ver. Esse Homem-Deus também prega à semente do maligno, dando-lhe a oportunidade de enxergar os erros em sua consciência e optar por abandonar o seu estado caído, voltando a abraçar o Deus vivo. Esse avatar é o grande separador que vem nos mostrar a diferença entre a Realidade e a irrealidade.

Jesus desafiou os cambistas no templo, aqueles que procuravam lucrar por serem cheios de ganância e desejos — sinal da sua falta de integridade. Então os avatares sempre vieram para nos desafiar e nos restaurar a integridade. Às vezes, é necessária uma forte repreensão do Cristo encarnado para nos separar de nossa ilusão.

O desafio de Jesus aos anjos caídos, bem como aos filhos da luz, jamais se deu por condenação humana ou hipocrisia humana, mas sempre pelo fogo sagrado da Palavra do SENHOR, que em todas as eras transmite o mandato: "Escolhei hoje a quem sirvais."[1]

Vida após vida, a alma ganha oportunidade renovada de servir à luz. Entretanto, chega um momento em que a chance acaba e a alma é pesada na balança. Não nos cabe saber os tempos ou as épocas; esses apenas o Pai conhece.[2] Mas sabemos, pelo Apocalipse, que quando as ofensas de um indivíduo contra a vida são tantas que não resta mais nenhuma luz (o que implica não restar mais chance de redenção), a Grande Lei põe fim às oportunidades.

> Então vi um grande trono branco, e o que estava assentado sobre ele. Da presença dele fugiram a terra e o céu, e não se achou lugar para eles.
>
> E vi os mortos, grandes e pequenos, que estavam diante do trono, e abriram-se livros. Abriu-se outro livro, que é o da vida. Os mortos foram julgados pelas coisas que estavam escritas nos livros, segundo as suas obras."[3]

Era frequente Jesus ensinar por meio de parábolas. Na do proprietário que plantou uma vinha, Jesus falou sobre os modos perversos dos Vigilantes e dos Nephilim, e fez menção às consequências de seu compromisso com o mal. Ele dirige esse ensinamento aos principais sacerdotes e aos anciãos do povo no templo no Domingo de Ramos:

> Havia um proprietário que plantou uma vinha. Circundou-a com um muro, construiu nela um lagar, edificou uma torre, arrendou-a a uns lavradores e ausentou-se do país.
>
> Chegado o tempo dos frutos, enviou os seus servos aos lavradores, para receber os seus frutos. Os lavradores, agarrando os servos, feriram um, mataram a outro e apedrejaram a outro.
>
> Então enviou outros servos, em maior número do que os primeiros, e eles fizeram o mesmo. Por último enviou-lhes seu filho, dizendo: Respeitarão meu filho.
>
> Mas os lavradores, vendo o filho, disseram entre si: Este é o herdeiro. Vinde, matemo-lo, e apoderemo-nos da sua herança. Assim, agarraram-no, arrastaram-no para fora da vinha e o mataram.
>
> Portanto, quando vier o dono da vinha, que fará àqueles lavradores?
>
> Responderam-lhe: Destruirá de maneira horrível a esses infames, e arrendará a vinha a outros lavradores, que no devido tempo lhe enviem os frutos.[4]

Jesus aqui se refere àqueles que mataram o Cristo (o Filho do homem) nos profetas, nos avatares, nos santos do oriente e do ocidente por dezenas de milhares de anos. Esses anjos caídos encarnados seriam capazes de matar o Cristo no coração de todos os filhos de Deus e em todas as almas onde houvesse o potencial de se tornar no Cristo.

Por meio dessa parábola entendemos que quando há o assassinato da vida que é Deus, quando existe o ódio contra a luz do Cristo e quando Cristo é assassinado pelos deserdados e cassados, então, cedo ou tarde, de acordo com o cronograma de Deus, os culpados desses crimes contra Deus e contra a humanidade receberão o julgamento final que está escrito no Livro de Enoque.

Pois os pecados dos Vigilantes foram tamanhos que o SENHOR lhes disse: "Portanto, jamais haverão de ter paz."[5] De acordo com o texto do Livro de Enoque, o julgamento do SENHOR contra os Vigilantes prevalecia então, e segue até hoje. O autor do livro escreve sobre a instrução dos arcanjos a ele a respeito do impressionante julgamento dos seres caídos diante do trono de Deus. Ele transmite três parábolas (ou similitudes) celestiais, descrevendo as glórias do reino e o inefável Ancião de Dias e o Filho do homem que, dizem, trará o julgamento final sobre "o maligno" da Terra".[6]

O SIGNIFICADO DO JULGAMENTO

Quem quer que sejam os perpetradores do mal (e nós não precisamos saber), quando chegar a hora de seu julgamento, as hostes do SENHOR vão atar e desativar o âmago do mal absoluto dentro deles, bem como tudo o que com esse mal estiver alinhado. Este é o verdadeiro e justo julgamento que separa o Real do irreal, abrindo assim a porta da salvação para milhões de povos oprimidos no mundo inteiro e poupando o mundo da vingança final dos falsos deuses: holocausto planetário.

Deus concedeu a seus filhos e filhas o domínio sobre a Terra. Portanto, cabe a nós combater o mal quando o encontramos. Quem cala consente. Quando seguimos em silêncio no que diz respeito à situação do mundo, na prática estamos concordando. Mas quando, na condição de filhos e filhas de Deus, enfrentamos tais condições com o fogo do Cristo em nossos corações, invocando aquele julgamento pela autoridade de Jesus Cristo, que é uno com o nosso Santo Cristo Pessoal, o SENHOR enviará as hostes angélicas para realizar o trabalho do julgamento. Será a retidão do coração que vai salvar o mundo, e não o farisaísmo.

Jesus nos deu um decreto dinâmico para ser usado para o chamado do julgamento dos anjos caídos que juraram inimizade contra os filhos de Deus: "O Chamado do Juízo: 'Não Passarão!'." Ele é a nossa investidura de poder para enfrentar o mal. O apóstolo Paulo mencionou essa investidura de poder ao falar aos cristãos em Coríntios: "Não sabeis vós que havemos de julgar os anjos [caídos]?"[7]

Jesus se referiu a isso há 2 mil anos, quando disse a Pedro: "Eu te darei as chaves do reino dos céus; tudo o que ligares na terra, será ligado nos céus, e tudo o que desligares na terra, será desligado nos céus."[8] Hoje, por meio da Ciência da Palavra Falada e do Chamado do Juízo, Jesus nos concedeu essas chaves para atar os anjos caídos.

Ter Jesus como nosso mediador e advogado nos garante que todas as vezes que fizermos este chamado em seu nome — em nome do seu Cristo e do nosso Cristo — a prece será pesada em seu coração, alinhada com a vontade do Pai e respondida de acordo. Pois Jesus prometeu: "Em verdade, em verdade, vos digo que tudo o que pedirdes a meu Pai, em meu nome, ele vos dará. [...] Pedi, e recebereis, para que a vossa alegria seja completa."[9]

Acreditando que Deus é o Juiz acima de todos, podemos fazer nossa parte e atuar incansavelmente contra aqueles que buscam realizar suas obras nefastas — as forças entrincheiradas do Anticristo dentro de indivíduos, organizações, bancos, indústrias, governos etc. Podemos usar o Chamado do Juízo para perseguir tudo que no planeta for contra o Buda, contra o Cristo, contra as criancinhas, contra a Grande Fraternidade Branca e contra a verdade. Podemos usar esse chamado para atacar toda a oposição à absoluta liberdade divina de toda alma viva de trilhar a senda da liberdade.

JULGAMENTO COMO OPORTUNIDADE

Creio que existem certos anjos caídos que ainda podem apelar por misericórdia, se ajoelhar e se curvar diante da luz do Cristo. A realização do juízo final é bastante complexa, especialmente considerando-se que houve uma mistura nas evoluções da terra entre a semente da luz e a semente das trevas.

Oramos fervorosamente para que aqueles cujas obras ímpias são julgadas pelo nosso chamado, mesmo aqueles que são aliados às práticas obscuras, possam ser libertados das fortes ilusões do morador do umbral, deem meia-volta e passem a servir ao Deus vivo. Quando fazemos o Chamado do Juízo, somos defensores da alma e do direito do indivíduo de se libertar das estratégias sinistras da mente carnal e dos anjos caídos — de se libertar para manifestar o Eu Verdadeiro.

Esse chamado é a *espada* de Jesus, que os filhos e as filhas de Deus invocam por meio da *Palavra* sagrada. Em resposta ao nosso chamado, Jesus e os anjos vão salvar as almas de luz que caíram no culto do sucesso, do status, do hedonismo e do materialismo excessivo. Com todo o amor de nossos corações, podemos rezar sem cessar por aqueles que não conseguem ver que estão escravizados por sua própria indulgência no não eu. Podemos nos comprometer a ajudar a aumentar a consciência crística na Terra.

JULGAMENTO COMO AMOR

Aqueles que estão dispostos a enfrentar o mal absoluto com a autoridade e o poder do Cristo podem se tornar parte da vanguarda dos portadores de luz que usam os decretos dinâmicos e o poder da Palavra falada para invocar o julgamento dos anjos caídos. Quando fazemos a nossa parte fazendo os chamados e submetendo o resultado e o prazo de realização à vontade de Deus, podemos ter certeza de que Ele irá responder à nossa prece da melhor maneira possível.

É triste, mas tenho visto que quando alguns indivíduos se tornam cientes do mal, ficam amargos e gravitam em direção à extrema direita ou à extrema esquerda na política e na religião. Os que são fanáticos e extremistas não têm o equilíbrio da chama do coração. Em vez de reconhecer que existem forças do mal que agem por meio dos indivíduos, eles personificam o mal e cometem o equívoco de acreditar que devem destruir a pessoa física. Todos nós conhecemos os resultados de tamanho radicalismo em atos de terrível destruição — a perpetuação de guerras, assassinatos e terrorismo.

A propensão da natureza humana é se indignar e reagir com raiva, em ódio e criação de ódio, ou se vingar dos opressores. Isso acontece com frequência em guerras e revoluções nas quais os filhos da luz, manipulados pelos seres caídos, se voltam contra os seus, acreditando serem eles os inimigos. Cabeças rolaram de ambos os lados nos campos de batalha da vida. Filhos da luz, lado a lado com as criações mecânicas, lutaram pelas causas dos anjos caídos após sofrerem uma lavagem cerebral que os levou a passar para o lado do mal absoluto, acreditando estar defendendo o bem absoluto.

O poder do povo não é conquistado por meio de mais revoluções do tipo que já presenciamos no planeta, mas sim através da iluminação que vem da Presença Divina interior. Dentro do coração de fogo em nosso peito se encontra o poder de derrubar tiranos, de desalojá-los por meio da consciência crística. A não ser que dirijamos essa luz para enfrentar a consciência por trás do mal, o véu de energia permanecerá, mesmo que os corpos dos malfeitores sejam destruídos. Portanto, a forma legítima de lidar com os seres caídos é usar a Ciência da Palavra Falada, que enfrenta as forças por trás dos malignos pelo poder da transmutação. Assim podemos ter certeza de quem é o inimigo.

Quando se faz o Chamado do Juízo, ou o chamado para o atar do habitante do umbral, quando se invoca a chama violeta ou qualquer decreto ou oração, é essencial fazê-lo sem qualquer intenção de vingança nem de pagar as forças do mal na mesma moeda, pois uma atitude mental ou emocional vingativa só vai prender a pessoa aos anjos caídos. Portanto, é preciso um coração purificado. E se em qualquer lugar ou momento vocês se sentirem tentados a reagir de modo humano contra as forças do mal, procurem se lembrar de que esse é o estado de consciência mais perigoso que podem cultivar, pois ficarão instantaneamente presos àqueles contra quem dirigem a vingança.

Ao invocar o SENHOR com perfeito amor (sem raiva, animosidade, vingança ou qualquer vibração inferior do que a verdade do Cristo), veremos a justiça de Deus, não a nossa justiça, prevalecer assim na Terra como no céu.

Ao longo dos últimos 2 mil anos, os grandes avatares nos deixaram um legado que devemos encarnar em nosso confronto com o mal. É a mestria da chama da paz como ela se manifestou no coração de Jesus Cristo e de Gautama Buda. Portanto, o único estado mental aceitável é o estado de desapego, de ausência de desejo, de amor absoluto e de consciência absoluta de que o próprio Deus, enquanto luz universal, a seu tempo e lugar, virá separar o joio do trigo e, então, queimar o joio e levar o trigo para seu celeiro.

Assim sendo, quando invocamos o julgamento dos seres caídos, não estamos de forma alguma exigindo sua morte ou enviando a eles qualquer tipo de ódio. Estamos invocando os anjos para que intercedam, para que exponham a verdade ao povo. Quando o povo tem conhecimento da verdade, ele não vai mais dar dinheiro e votos aos seres caídos. Não vão mais dar suas vidas em apoio às guerras e causas deles.

Sem o apoio do povo, a elite do poder vai ter de se aguentar sozinha, e vai deixar de ser a força dominante no planeta. Em vez disso, os filhos e as filhas de Deus e os seres crísiticos serão os bons pastores, os professores, os salvadores, os curadores e assim por diante.

JULGAMENTO COMO BÊNÇÃO

O Apocalipse revela uma senda de iniciação que toda alma, na sua hora certa, deve percorrer se desejar ascender a Deus. Essa senda é um estudo da psicologia da alma e das provas que ela precisa passar em sua senda de reunião com o Deus Pai e Mãe.

A qualquer momento de qualquer lugar e em qualquer século, a alma no caminho de volta ao lar pode passar em sequência, uma após outra, pelas iniciações descritas nos 22 capítulos do Apocalipse. Os portadores de luz do mundo, de acordo com o seu padrão de alma, de evolução e de mestria, estão passando por todas as experiências do Apocalipse, e cada uma delas vem ao tempo e espaço, apesar de não estarem necessariamente na mesma dimensão, pois somos seres multidimensionais.

O Apocalipse coloca lado a lado a alma e a evolução planetária coletiva com as forças da luz e das trevas engajadas no Armagedom. O resultado dessa guerra do Espírito será, das duas, uma: a ressurreição da alma para a vida eterna ou o seu julgamento final. Através do livre-arbítrio, a alma faz escolhas que a levam ou ao caminho de volta ao lar em Deus ou ao caminho de Lúcifer e dos anjos caídos em rebelião contra o SENHOR Deus e seu Cristo.

No Apocalipse encontramos um esboço dessas duas sendas e uma profecia do resultado das escolhas feitas pelo livre-arbítrio — ser ou não ser — a cada passo do caminho.

Dessa forma, o julgamento é um evento contínuo e pessoal em nossas vidas. Se vocês optarem por fazer chamados para o julgamento, devem estar preparados para que qualquer coisa que enviarem venha também ativar a luz (para expor as trevas) em nosso próprio mundo. O julgamento do Filho de Deus é a maior bênção que qualquer um que ame o SENHOR poderá receber. É como se fosse um pré-teste, ou uma prova ministrada na metade do ano letivo, antes da prova final, que nos mostra onde estamos em relação às leis de Deus. Quando soubermos onde estamos, o que sabemos e o que não sabemos, o que é agradável e o que não é agradável a Deus, podemos então estudar, corrigir e aperfeiçoar nosso entendimento e nossas ações para que passemos na prova final quando ela chegar.

Peço a Deus para que julgue minha alma diariamente, e para que seus anjos repreendam meus erros, para que me ensinem e me mostrem como fazer melhor. Eu imploro ao Espírito Santo que analise todas as críticas construtivas vindas tanto de amigos quanto de inimigos, e que me mostre a vontade de Deus para que sejam feitas as mudanças necessárias e assim minha alma progrida.

Quando invocamos o julgamento dos anjos caídos em todas as nações da Terra, é importante entender que a resposta de Deus a nossos chamados pode se precipitar no plano físico a qualquer momento e da maneira que Ele escolher. Precisamos estar preparados. Portanto, se não quisermos sofrer quando o carma descer, é sinal de sabedoria não estar ligado aos seres caídos.

A lição que precisamos levar conosco é que, quando estamos fortificados e não dependemos que as forças do mundo nos levem adiante, não estamos vulneráveis às maquinações dos seres caídos. Assim, quanto mais nos desligamos e nos separamos das instituições internacionais, monopólios e corporações multinacionais, mais seguros nos encontraremos e menos afetados seremos quando o julgamento descer sobre as sementes do mal. Esse julgamento foi profetizado. E os mestres nos dizem que ele precisa descer antes que a era de ouro possa vir.

PARTE V

A CHAVE ALQUÍMICA PARA A TRANSFORMAÇÃO DO MUNDO

Quem está encarnado tem que se responsabilizar pelo planeta Terra como seu experimento alquímico...

Seu pensamento, veja bem, se imprime em cada grão de areia...

A Terra está sobrecarregada. Um uso inconsciente da alquimia desalinhou o planeta... em relação ao projeto cósmico...

Se pensais que algum ponto do planeta deixará de responder ao vosso chamado, ou que não sois responsáveis por ajudar a aliviar as trevas ali, então não entendestes que a Terra inteira é responsabilidade de todos os portadores de luz.

— Saint Germain

INTRODUÇÃO

O INGREDIENTE-CHAVE DE TODA ALQUIMIA

Um dos maiores presentes que Saint Germain nos deixou foi seu ensinamento da Ciência da Palavra Falada, a ciência de invocar a luz de Deus para produzir mudanças construtivas em nós mesmos e no mundo.

A esperança do céu é que os portadores de luz usem a Ciência da Palavra Falada, especialmente sua invocação da chama violeta, que será a chave para trazer as eternas eras de ouro que Deus guardou em seu coração como plano divino para a Terra e suas evoluções. Pois a chama violeta, quando invocada por pessoas de qualquer crença, transmuta o carma pessoal e do planeta, criado tanto pelos portadores de luz quanto pelos anjos caídos.

Quanto mais rapidamente e completamente esse carma for equilibrado, mais provável será que consigamos evitar um período de intenso sofrimento e revolta no planeta e possamos viver uma transição mais suave para uma nova era de liberdade.

A Palavra falada é a Palavra do SENHOR Deus que foi pronunciada no decreto original da criação. Assim, a Ciência da Palavra Falada é o elemento-chave de toda alquimia. Sem a Palavra falada, não há alquimia, ou criação, nem mudança em nenhuma parte da vida.

Está escrito no Evangelho de Mateus: "Pois pelas tuas palavras serás justificado e pelas tuas palavras serás condenado."[1] Quando os filhos e as filhas de Deus concentram as poderosas energias inerentes ao chacra da garganta para afirmar a Palavra de Deus, eles se tornam agentes de Deus, instrumentos de seus mandamentos. Agindo assim, eles se recriam de acordo com a imagem do Filho de Deus.

Usando o poder da Palavra falada em decretos dinâmicos, afirmações, orações e mantras, os portadores de luz acessam a energia divina e dirigem a essência do fogo sagrado da Presença do EU SOU, do Cristo Pessoal e dos seres celestiais para condições espirituais, mentais e físicas. Os mestres nos deram os instrumentos para realizar essa grandiosa tarefa das eras; só precisamos usá-los.

Vale a pena repetir aqui que a única forma legítima de vencer os anjos caídos e seus projetos é pela transmutação. E transmutação (transformar as energias negativas que agem por trás desses indivíduos) se dá pelo entoar da Palavra sagrada.

Começando com a Palavra, com o Aum[2] sagrado, podemos atrair a luz e acelerar a nossa vibração até que nossos corpos, átomos, células e moléculas comecem a conter cada vez mais a luz da Palavra criativa. Assim, ficaremos mais leves e poderemos começar a viver em planos mais elevados de consciência, mesmo enquanto ainda estivermos em nossos corpos físicos.

Esse processo autotranscendente através do poder libertador da Palavra tem sido ensinado por gurus do Oriente e do Ocidente. E é essencial para a nossa prática espiritual caso queiramos mesmo vencer os anjos caídos. A prática regular da Ciência da Palavra Falada é a forma pela qual nós, na condição de evolução dos portadores de luz, podemos nos acelerar para sairmos da dimensão dos seres caídos, que são os mortos-vivos e as criações mecânicas.

Os capítulos seguintes apresentarão esse método científico e altamente eficiente de fazer orações, afirmações e decretos. Também estão incluídas visualizações e pequenas meditações. Esse material é apresentado para lhes oferecer ferramentas espirituais práticas para que possam equilibrar seu carma pessoal, acelerar a sua senda rumo à reunião com Deus e implementar as soluções espirituais necessárias para os profetizados desafios de nosso tempo.

CAPÍTULO 15

O PODER CRIATIVO DO SOM

Progressos e estudos científicos indicaram o que aqueles que curam e os sábios já sabiam há milhares de anos, ou seja, o som é a chave para a vitalidade física, emocional e espiritual. Hoje em dia, as ondas sonoras agudíssimas da tecnologia de ultrassom estão sendo usadas para tudo, da limpeza de ferimentos à diagnose de tumores, passando pela pulverização de pedras nos rins. Um dia o som será usado até para injetar remédios no corpo, tornando obsoletas as seringas.

Praticantes de medicina alternativa têm feito experimentos com o uso de tons específicos para curar os órgãos. Foi comprovado que certos tipos de música clássica, como as de Bach, Mozart e Beethoven, aceleram o aprendizado, aumentam temporariamente o QI e expandem a memória.

O poder criativo do som também é o coração das tradições espirituais do mundo, seja o Shema e Amidah judeu, a prece cristã do Pai-Nosso, o Shahadah muçulmano, o Gayatri hindu ou o mantra budista Om Mani Padme Hum.

Textos hindus contêm relatos poderosos de iogues que usaram mantras de proteção e sabedoria para aumentar sua concentração e meditação, e para ajudá-los a alcançar a iluminação e união com Deus. Na tradição mística judaica, os cabalistas ensinam que, ao meditar e invocar os nomes de Deus, somos capazes de chegar à infinita fonte de poder para restaurar a paz e a harmonia neste mundo.

O Zohar, texto básico do misticismo judaico, enfatiza que a prece não tem eficácia a não ser que seja dita em voz alta. O rabino cabalista Aryeh Kaplan observa que, "nas escolas cabalistas posteriores, tudo indica que os versos bíblicos ou seleções do Talmude ou Zohar eram usados como mantras". Por exemplo, na famosa comunidade palestina de Safed, os cabalistas repetiam um verso da Bíblia como se fosse um mantra. Kaplan disse que, ao repetir as palavras dos livros sagrados como um mantra, os meditadores acabam recebendo *insights* profundos sobre o significado dessas obras.[1]

A tradição católica nos diz que Santa Clara de Assis salvou seu convento durante um ataque dos sarracenos ao expor a eucaristia e rezar em voz alta. Este e vários outros exemplos nos mostram que o som pode criar matéria e transformá-la. E, sendo assim, pode gerar mudanças espirituais e materiais em nossas vidas, inclusive a mitigação do cataclismo físico e dos intentos malignos dos anjos caídos.

Nós sabemos que o som pode ser uma força dramaticamente destrutiva: uma nota agudíssima pode estilhaçar um cristal, um estrondo pode rachar o reboco, um tiro pode dar início a uma avalanche. Místicos hindus e budistas acreditam que os mantras[2] podem desencadear forças capazes de construir ou destruir. Os iogues usaram mantras associados a visualizações para acender fogueiras, materializar objetos físicos (como comida), fazer chover e até mesmo influenciar o resultado de batalhas.

Algumas das melhores lições sobre o efeito transformador do som e do uso científico da Palavra falada vem da própria Bíblia. No caso de Jericó, quando os israelitas "gritaram" em conjunto, o muro da cidade desabou.

Deus dissera a Josué que fizesse os israelitas circundarem a cidade de Jericó uma vez por dia, durante seis dias. No sétimo dia eles a deveriam circundar sete vezes. Josué disse ao povo: "Não gritareis, nem fareis ouvir a vossa voz, nem sairá palavra alguma da vossa boca, até o dia em que eu vos diga: Gritai. Então gritareis."

No sétimo dia, na sétima volta ao redor da cidade, Josué deu a ordem: "Gritai; pois o SENHOR vos entregou a cidade." Os sacerdotes tocaram as trombetas e o povo deu um grande brado. O muro de Jericó caiu inteiro, e os israelitas tomaram a cidade.[3] Jericó era uma cidade de Nephilim, e os israelitas a conquistaram direcionando o poder de Deus por meio da Palavra falada.

Não é mais possível, nem eficiente, um combate corpo a corpo com os Nephilim, pois eles converteram nossos arados em tanques e nossas foices[4] em armamentos nucleares. Mas, como demonstrado por Josué em Jericó, o poder da Palavra é maior do que o mais poderoso exército.

A PALAVRA FALADA INTENSIFICA A ORAÇÃO

As orações e afirmações incluídas neste livro devem ser ditas em voz alta, como uma forma de oração dinâmica, chamada decreto. Os decretos, como outras orações, são súplicas faladas a Deus. Quando meditamos, entramos em comunhão com Deus. Quando rezamos, nos comunicamos com Ele e pedimos a Sua ajuda. E quando decretamos, estamos ordenando a luz de Deus para que entre em nosso mundo ou no mundo todo. A meditação, a oração e os decretos dinâmicos são todos vitais para uma prática espiritual equilibrada. Todavia, decretos ditos em voz alta têm um efeito de comando sobre o fluxo de energia do Espírito para a Matéria.

Por meio do profeta Isaías, Deus disse: "Pedi vós a mim coisas que dizem respeito a meus filhos, e no que diz respeito ao trabalho de minhas mãos, *a mim comandai-vos.*" E por meio de Jó ele disse: "Vós fareis vossa prece a ele [o Altíssimo] e ele haverá de vos ouvir [...] Vós haveis também de *decretar* uma coisa, e ela se estabelecerá sobre vós."[5] Quando você usar o poder criativo do som por meio de orações ou decretos falados, não estará apenas "pedindo" ajuda; estará entrando em uma parceria e em um relacionamento interativo com Deus.

Algumas pessoas questionam se seria mesmo necessário *pedir* ajuda a Deus. Se ele é onisciente, por que simplesmente não toma conta de nossos problemas e necessidades de forma automática?

A resposta para essa pergunta tem dois aspectos. Por Deus ter nos dado o livre-arbítrio, os seres celestiais só interferem em nossos assuntos quando os convidamos a entrar em nossas vidas. Existem muitas pessoas na Terra que estão sofrendo mas que não rezam, que talvez não saibam rezar. Para alguns, sua dor é tamanha que eles não conseguem articular seus sentimentos de frustração e raiva por tantas mágoas e decepções, mas no fundo de suas almas estão pedindo ajuda aos berros.

A promessa de Deus por meio de Isaías aborda esta situação: "Antes que clamem, responderei; estando eles ainda falando, os ouvirei."[6] Assim os anjos e os mestres escutam não apenas as preces que são formuladas com clareza, mas também as expressões não verbalizadas da alma, pois estas são também uma forma de oração.

Orações e decretos são formas diretas de contatar Deus para pedir que interceda em nossas vidas. Há momentos e lugares para praticar cada tipo de devoção. A forma de prece acelerada dos decretos combina oração, meditação, afirmação e visualização, que devotos de muitas tradições consideram de grande ajuda em suas práticas espirituais.

A Ciência da Palavra Falada restabelece para a humanidade nesta era a arte perdida de decretar que foi empregada por filhos e filhas de Deus nas antigas eras de ouro da história da Terra que precedem a queda da Atlântida e da Lemúria.

Antes do declínio da Lemúria, invocações oferecidas com o poder da Palavra falada eram dadas de acordo com a ciência do Logos. A deturpação dessa ciência por meio da prática de magia negra ocorreu mais tarde, nos últimos dias da Lemúria, e esse mau uso do poder de Deus contribuiu para a destruição daquele continente.

Hoje em dia, a prática correta da Ciência da Palavra Falada serve de meio para que os portadores de luz retornem à sua perfeição original (isto é, unidos a Deus) antes de sua expulsão do Paraíso, antes de terem absorvido a serpentina consciência da dualidade.

A grande libertação que vem quando se decreta permite que a humanidade tenha um poder extraordinário para ser usado em serviço da luz maior de Deus e para trazer Seu reino à Terra.

O PODER DA PALAVRA DE DEUS

O som que podemos usar para transformar nossos mundos espiritual e material não é um som qualquer. É a palavra de Deus. Nos antigos Vedas hindus lemos que "No começo era Brahman, com quem estava Vac, ou a Palavra, e a Palavra é Brahman". De modo similar, escreveu o apóstolo João que "No princípio era o Verbo, e o Verbo estava com Deus, e o Verbo era Deus". E o Gênesis nos diz que quando Deus *falou* as palavras "Haja luz", o processo de criação começou.[7]

O Arcanjo Gabriel explicou porque invocar a Palavra se prova uma ferramenta indispensável para que nos libertemos dos seres caídos:

> O motivo pelo qual a Palavra falada pelo Filho de Deus dentro de vós é combatida pelos anjos caídos de forma tão extrema e violenta é porque eles já sabem, desde o princípio de sua descida, que tudo o que eles criaram como perversão de Deus se manifestou por meio da perversão da Palavra do Filho.
>
> Eles sabem desde o princípio que quando os filhos de Deus, os Cristos de Deus, voltarem a caminhar sobre a Terra, sabendo quem "EU SOU" e quem EU SOU *O QUE EU SOU*, que eles entoariam a Palavra, que o fogo sagrado real e vivo sairia de suas bocas como se saídas da boca de Deus,[8] e que todas as coisas seriam restauradas à realidade cósmica por essa Palavra falada....
>
> Sim, os vossos decretos dinâmicos são a vibração do Ser Enviado [...] Essa vibração é a Palavra que neutraliza toda a programação e desprogramação dos seres caídos, todas as projeções negativas vindas de dentro e de fora, todas as correntes de manipulação e mecanização, seja qual for sua origem, conhecida ou desconhecida.[9]

JESUS ENSINOU A CIÊNCIA DA PALAVRA FALADA

O Livro dos Hebreus nos conta que Jesus sustentou "todas as coisas pela palavra de seu poder", ou, como coloca a Bíblia de Jerusalém, ele sustentou "o universo com o poder de sua palavra".[10]

Por exemplo, Jesus curou o homem que foi à piscina de Betesda em busca de cura ao proferir: "Levanta-te! Toma a tua esteira e anda!" Quando Jesus "repreendeu o vento" e disse ao mar "Cala-te, aquieta-te", o vento cessou "e houve grande bonança".[11] E quando levantou Lázaro dos mortos, Jesus "clamou em alta voz: 'Lázaro, vem para fora![12] Em todos estes casos, Jesus estava usando a Ciência da Palavra Falada.

Jesus nos ensinou a usar esse mesmo método de oração dinâmica ao nos dar o Pai-Nosso. Antes de nos dar essa oração, ele disse: "*Portanto, vós orareis assim.*"[13]

Essa prece é na verdade um decreto, uma série de sete comandos após a abordagem inicial ao Pai ("Pai Nosso que estais no Céu"):

(1) Santificado seja o teu nome!
(2) Venha o teu reino
(3) Seja feita a tua vontade, assim na terra como no céu!
(4) O pão nosso de cada dia nos dá hoje!
(5) Perdoa-nos as nossas dívidas, assim como nós perdoamos aos nossos devedores!
(6) Não nos deixes cair em tentação!
(7) Mas livra-nos do mal!

O que se aprende por meio da instrução de Jesus é que, na condição de filhos e filhas de Deus, não precisamos implorar ao Pai por nossas necessidades diárias. Só precisamos pedir — em forma de comando —, e ele nos dará sua luz, sua energia e sua consciência da forma que especificarmos.

FORTALECIMENTO ATRAVÉS DO NOME DE DEUS

Quando Deus revelou seu nome EU SOU O QUE EU SOU a Moisés, ele disse: "Este é o meu nome eternamente, e este é o meu memorial de geração em geração." A Bíblia de Jerusalém traduz essa passagem como: "Este é o meu nome para sempre; e esta será a minha lembrança de geração a geração." Isto nos diz que Deus está nos direcionando a usar seu nome para invocar sua intervenção. Portanto, em nossos decretos, usamos "EU SOU O QUE EU SOU" ou "EU SOU" para acessar o poder ilimitado de Deus.

EU SOU é mais do que um nome sagrado. É uma outorga de poder. É uma fórmula científica. Quando a pessoa recita o nome de Deus com fé e amor, Ele envia sua energia como uma estupenda cachoeira de luz para curar a mente, a alma e o coração.

O que significa EU SOU O QUE EU SOU? Para mim, significa tão somente, mas com profundidade, "embaixo como no Alto". Deus está afirmando: "Eu sou aqui embaixo, como EU SOU no alto." Quando a pessoa diz "EU SOU O QUE EU SOU", ela está na verdade afirmando que Deus está onde ela está. De fato, ela está dizendo: "Assim como Deus está no céu, Deus também está na Terra, dentro de mim. Onde estou, Deus está. Eu sou o que EU SOU."

Às vezes, dizemos a nós mesmos: "Onde está Deus? Por que Ele não está me ajudando? Está tudo dando errado na minha casa, no meu trabalho." Eu sugiro que você tente chamar Deus e, literalmente, ordene a Ele:

"Em nome do EU SOU O QUE EU SOU, entre em minha vida, ó Deus! Eu não posso fazer isto sem o Senhor! Envie os seus anjos para assumirem o controle desta situação agora mesmo!"

Ou então você pode dizer: "Em nome de Deus EU SOU O QUE EU SOU, em nome de Jesus Cristo e de Saint Germain, assumam o controle de ___________", e diga qual o problema específico que atormenta você ou algum ente querido.

Orações curtas e simples como esta trarão os anjos direto para seu lar. Não seja manso ao fazer esses chamados. Faça-os em tom de comando dinâmico. Quanto maior o fervor e a intensidade de seu coração, maior a resposta do céu.

Você também pode usar o nome de Deus EU SOU para criar afirmações curtas e poderosas. Elas são poderosas porque toda vez que você diz "Eu sou ________" está na verdade dizendo "Deus em mim é ________". E qualquer coisa que você afirme após as palavras "Eu sou" se tornará realidade em seu mundo, pois a luz de Deus que flui através de você obedecerá ao comando. Este é o sentido mais profundo daquilo a que chamam ligação entre o corpo e a mente. O estado do seu corpo é influenciado pelo que você pensa e diz. As suas palavras são uma profecia que se realiza.

Muitas pessoas perderam o respeito pela vida, a reverência pela energia de Deus que flui através delas a todo momento, pelo Deus que vive dentro delas. Isso se reflete no poder de Deus em você. Vocês tem uma sensação de reverência? Vocês dizem a si mesmos: "Aqui está a energia de Deus; o que farei com ela hoje? Será que eu vou usar a energia de Deus para reforçar o lado positivo da minha vida? Será que eu a usarei para afirmar algo belo, algo real, algo que faça diferença no meu progresso espiritual?"

Se vocês se pegam dizendo "Estou cansado" ou "Não sou bom o bastante", parem e tentem redirecionar o poder de Deus dentro de si afirmando "EU SOU pleno!" ou "EU SOU a vitória sobre este hábito!" ou "EU SOU a vitória sobre esses seres caídos!".

Jesus nos mostrou como utilizar o poder do nome de Deus quando ele fez enunciados como "EU SOU a ressurreição e a vida", "EU SOU a Luz do mundo", "Eu vim para que tenham vida, e a tenham em abundância" e "EU SOU o caminho, a verdade e a vida".[14]

Podem pegar qualquer uma dessas afirmações do EU SOU e torná-las suas, e podem criar as suas próprias. Muitos decretos usam as afirmações do EU SOU. Lembrem-se: toda vez que dizem "Eu sou ___________", estão afirmando "Deus em mim é ___________". E quando fazem um decreto, é Deus quem está dizendo o decreto através de vocês.

Ao fazerem as afirmações a seguir, sintam o poder de Deus dentro de vocês afirmando sua unidade com a Origem de toda vida, pois Deus pode trazer o que vocês precisam em termos materiais e espirituais.

AFIRMAÇÕES TRANFIGURADORAS

EU SOU O QUE EU SOU
EU SOU a Porta Aberta que nenhum homem pode fechar
EU SOU a Luz que ilumina todo homem que vem ao mundo
EU SOU o Caminho
EU SOU a Verdade
EU SOU a Vida
EU SOU a Ressurreição
EU SOU a Ascensão na Luz
EU SOU a satisfação de todas as minhas necessidades e carências
EU SOU a Abundância derramada sobre toda Vida
EU SOU a Visão e Audição perfeitas
EU SOU a manifesta Perfeição do ser
EU SOU a ilimitável luz de Deus manifestada por toda parte
EU SOU a Luz do Santo dos Santos
EU SOU um Filho de Deus
EU SOU a Luz na sagrada montanha de Deus

PORQUE REPETIMOS DECRETOS

Decretos, bem como preces e mantras, devem ser repetidos, do mesmo modo que os católicos repetem a Ave-Maria e os budistas repetem seu cânticos sagrados. As pessoas frequentemente se perguntam por que precisamos pedir algo a Deus mais de uma vez. Repetir uma prece ou um decreto não é só ficar repetindo um pedido sem parar. Trata-se de uma equação de energia. Cada vez que a pessoa repete o decreto, está criando um momentum. Cada vez mais luz espiritual é invocada para a situação, trazendo mais assistência.

Tanto místicos quanto cientistas já demonstraram os benefícios da prece repetida. Ao longo dos séculos, místicos da Igreja Ortodoxa Oriental relataram experiências místicas extraordinárias por meio de sua tradição de repetir a simples prece "Senhor Jesus Cristo, tem piedade de mim".

O Dr. Herbert Benson, presidente e fundador do Mind/Body Medical Institute, em Boston, descobriu que aqueles que repetiram mantras em sânscrito por pelo menos dez minutos diariamente passaram por mudanças fisiológicas — redução do batimento cardíaco, do nível de estresse e do metabolismo. Estudos subsequentes mostraram que a repetição de mantras pode beneficiar o sistema imunológico, aliviar a insônia, reduzir o número de visitas ao médico e até aumentar a autoestima. Quando Benson e seus colegas testaram outras preces, inclusive "Senhor Jesus, tem piedade de mim", descobriram que elas tinham o mesmo efeito positivo.[15] Em suma, preces repetitivas têm o poder de energizar.

As orações e decretos neste livro foram tiradas das palavras dos santos e mestres do oriente e do ocidente. Como esses seres iluminados haviam alcançado os mais altos níveis de comunhão íntima com Deus, suas palavras são como cordas que podemos usar para sustentar uma forte conexão espiritual. São fórmulas sagradas de liberação de poder de Deus.

OS MESTRES MULTIPLICAM O QUE DIZEMOS E FAZEMOS DE BOM

Quando usamos a Ciência da Palavra Falada, podemos pedir que nossos decretos dinâmicos sejam feitos "em nome de" qualquer um dos anjos, arcanjos e mestres ascensos. Dessa forma, nossos decretos são fortalecidos pela luz e mestria deles. Os nomes dos mestres e seres celestiais são chaves pelas quais podemos acessar a porção de seus seres que eles podem lícitamente nos oferecer. Quando dizemos um de seus nomes antes de um decreto, automaticamente acessamos essa parte da luz de Deus, de quem esse nome é um cálice.

A mestria de Saint Germain é vasta. Portanto, quando a pessoa faz um decreto "em nome de Saint Germain", instantaneamente seu chamado será fortalecido por uma porção do poder e luz que ele acumulou por milhares de anos.[16] O fogo do coração dele multiplica o poder do seu coração, e é como se Saint Germain e você fossem um. Na verdade, vocês são um.

Por isso, quando vocês confrontarem o adversário interno ou externo, podem ter certeza de que o estarão enfrentando com o poder de Saint Germain, que é equivalente ou maior do que o poder de qualquer anjo caído no momento de sua queda. Saint Germain é capaz de cumprir o decreto da Palavra por meio de vocês, mesmo que a luz que externalizam não seja suficiente para enfrentar o Anticristo.

O mesmo vale para Jesus. Quando você deseja do fundo do seu coração fazer algo de bom pela vida e invoca Jesus, ele vai somar o momentum e a Presença dele com o seu Cristo Pessoal e vai multiplicar as suas boas palavras e obras. Assim se cumpre a profecia de que realizaremos obras ainda maiores do que Jesus realizou há 2 mil anos.

Jesus tem se expandido desde sua ascensão, assim como todos os santos. Suas auras, sua magnitude, sua beleza e seu amor também aumentaram além de qualquer dimensão que possamos imaginar em nosso estado atual.

De modo que, quando fazemos chamados em seus nomes, temos sua luz nos dando suporte.

Assim, caminhamos pela Terra de mãos dadas com os imortais. Esse Ser universal, esse Cristo, é personificado para todos nós, e ainda assim segue como o Ser Único eterno — o seu Cristo, o meu Cristo, o Filho Unigênito de Deus.

Compreender isso é absolutamente fundamental caso desejemos solucionar os problemas desesperadores de nossa economia, da proliferação nuclear, da poluição de nosso meio ambiente e, caso tenhamos esperança, de nos libertarmos dos anjos caídos que nos enganaram no Jardim do Éden. Entretanto, eles não podem continuar nos enganando por mais muito tempo, pois nós sabemos quem somos. Nós sabemos que EU SOU O QUE EU SOU!

É por isso que usamos a Ciência da Palavra Falada. Nós nos demos conta de que a Presença do EU SOU, o Santo Cristo Pessoal e a chama trina em nossos corações, multiplicados pelo Cristo vivo em Jesus e em todos os santos do céu, podem agir através de nós e em nós.

A VISUALIZAÇÃO AUMENTA O PODER DOS DECRETOS

À medida que experimentam praticar os decretos e as visualizações dos capítulos seguintes, entendam que a visualização pode aumentar os benefícios de seus decretos. Isso ocorre porque, onde quer que vocês coloquem a sua atenção, é lá que estão "se ligando" e carregando de energia — é pelo fluxo da sua atenção que as energias da sua Presença viajam para realizar a Palavra falada.

A imagem que você mantém na sua mente é como um modelo, e a sua atenção é o magneto que atrai as energias criativas do Espírito para preencherem o modelo. "Nós somos o que pensamos", ensinou Gautama Buda, "e nos tornamos naquilo que imaginamos."[17]

Por isso, aquilo que pensamos enquanto rezamos ou decretamos fará enorme diferença na eficácia dessas orações e decretos. Quando estamos lidando com assuntos relacionados aos anjos caídos e às profecias em nosso trabalho espiritual, é essencial que mantenhamos o foco em um resultado positivo, visualizando o bem máximo que possamos imaginar. Pois aquilo em que nos concentramos juntos é aquilo que vamos criar.

Visualizem o resultado desejado como se ele já estivesse acontecendo no presente. Vejam-no como se ele estivesse acontecendo em uma tela de cinema na sua frente. Se não tiverem um objetivo específico em mente, então se concentrem nas palavras da oração e vejam a ação que elas descrevem se manifestando diante de vocês.

Os mestres nos ensinam a usar o poder espiritual de nossa visão quando invocamos a manifestação de alguma qualidade específica. Por exemplo, se está pedindo proteção, a pessoa pode se visualizar sendo cercada e protegida pelo poder do Arcanjo Miguel e de seus anjos.

Se o seu forte não for o lado artístico nem a capacidade de visualizar, você deve pedir ao seu Cristo Pessoal para que lhe ensine a construir padrões mentais de luz que serão um molde no qual você poderá encher com a energia de suas palavras. Por meio da repetição, você criará um magneto forte, uma forma pensamento carregada de intensa emoção que atrairá das oitavas superiores a energia de luz que lhe ajudará a manifestar a qualidade ou ação que deseja.

Muitos decretos são fáceis de memorizar pela repetição contínua. Depois de memoriza o decreto, você pode fechar os seus olhos ao repeti-lo, fortalecendo sua concentração na visualização.

Comece se concentrando na sua Presença do EU SOU, que pode ser visualizada como um sol ardente de luz no alto. Concentre-se na centelha divina em seu coração, imaginando-a como uma deslumbrante esfera de luz tão brilhante quanto o sol do meio-dia. Ao decretar, visualize milhares de raios de sol saindo de seu coração, curando e confortando todos os filhos de Deus no planeta Terra.

Para ajudar em suas visualizações, antes de começar a decretar, pergunte-se o que gostaria de realizar com seus decretos. Faça uma lista de seus objetivos espirituais e materiais, e atualize-a periodicamente. O decreto será infinitamente mais eficaz na concretização dos resultados desejados se você, enquanto decreta, firmar a atenção num objetivo específico em vez de deixar a mente vaguear, distraída, com os olhos vagando a esmo pelo recinto. Mas, se mesmo assim você acabar se distraindo, não se culpe. Pelo contrário, retorne gentilmente o foco de sua mente ao seu foco. Quanto mais praticar, mais facilidade terá de se concentrar.

DECRETAR COM DEVOÇÃO

Enquanto decretamos, devemos sempre nos concentrar firmemente na chama do coração, pois é nela que reside o seu foco individual do poder, da sabedoria e do amor de Deus. Concentração plena é uma qualidade do coração, unido à mente.

O decreto deve vir de um ponto de devoção. O intelecto, que já vem comandando o coração da maioria das pessoas há mais tempo do que deveria, deve ser reeducado para obedecer à ordem do coração e se submeter ao poder intuitivo do coração, que frequentemente reflete a voz interna do Cristo Pessoal. O fogo do seu coração e o seu amor são o que leva os anjos e mestres a responder aos seus chamados. O que dá forma a nossos desejos é o amor, e é ele que deve guiar as nossas visualizações. Portanto, quanto mais sinceros forem seus decretos, mais carregados de propósito espiritual eles serão.

Para aumentar a devoção ao decretar, talvez você queira olhar uma imagem de seu santo ou mestre ascenso favorito, ou um padrão simétrico natural ou criado pelo homem, que represente a perfeição de Deus (como uma estrela, galáxia, rosa ou forma geométrica), uma bela cena da natureza ou uma grande obra de arte.

QUANDO, ONDE E COMO DECRETAR

Um dos melhores momentos para se decretar é de manhã cedo, quando os anjos circundam o planeta, limpando a atmosfera e abençoando a vida. Vocês perceberão que, se decretarem logo ao acordar, o dia transcorrerá com mais fluência do que se deixarem para depois ou no fim do dia.

Quando me conecto com Deus logo ao acordar com uma prece sincera em meu altar, percebo que o dia se transforma. Tudo acontece mais tranquilamente. Não me atrapalho com distrações desnecessárias e emergências que me afastam de meus objetivos.

Os decretos podem ser feitos em qualquer lugar, até mesmo enquanto limpamos a casa, cuidamos de afazeres do dia a dia, damos uma caminhada, dirigimos o carro até o trabalho ou tomamos banho. Contudo, ajuda quando reservamos um tempo para decretar em nosso altar, sem sermos interrompidos.

O nosso altar é nosso cantinho especial, o lugar sagrado que nos ajuda a fazer a conexão com nosso coração. É o lugar aonde se vai quando se quer "alterar" — gerar mudança e transformação. Podemos criar nosso próprio altar, mesmo que seja em um canto do quarto ou da sala.

Podemos adornar esse altar com qualquer coisa que nos inspire e nos ajude a fazer a conexão com Deus e com o nosso Eu Superior. Podemos colocar nele velas, flores ou plantas. Podemos colocar imagens ou estátuas de santos ou mestres, bem como fotografias daqueles por quem costumamos rezar regularmente. Belos cristais e uma tigela de cristal ou uma taça podem servir de cálices para concentrar a luz de Deus em nossa casa. Acima do altar, ou sobre ele, podemos colocar uma Imagem do Seu Eu Divino para nos ajudar a sintonizar com a Presença de Deus dentro de nós.

É melhor decretar em voz alta. Mas se não pudermos, por talvez nos encontrarmos em um local público, por exemplo, podemos repetir os decretos em nossas mentes. Manter a espinha ereta e os pés firmes no chão cria um canal limpo para a luz fluir por nós livremente. Vocês também podem se sentar na postura de lótus, se quiserem. Respirem profunda e regularmente enquanto decretam, usando o poder da respiração de Deus para projetar Sua luz através dos chacras.

Quando estiverem prontos para decretar, primeiro façam uma prece nomeando para onde querem dirigir a luz que estão invocando. Sempre peçam para que seus desejos sejam ajustados pelo seu Eu Superior segundo o que for melhor para a sua alma e para as almas daqueles para quem vocês estão decretando — em outras palavras, sempre peçam que seja feita a vontade de Deus.

Então escolham um decreto. Digam as palavras com devoção e sentimento. Carreguem cada palavra com intenso amor por Deus, mantendo na mente a visualização escolhida. Comecem lentamente e em seu tom de voz normal.

Dizer o decreto lentamente permite que você alcance uma comunhão profunda e sincera com Deus. Ao repetir o decreto, você pode ir gradualmente acelerando a velocidade e elevando o tom da voz. Apesar de não ser essencial, a aceleração aumenta a capacidade de seus decretos de dissolver pensamentos ou energias negativas que se prenderam a você. Você só deve aumentar a velocidade de seus decretos caso sinta necessidade de fazê-lo; o decreto deve praticamente acelerar-se a si mesmo.

Decretos geralmente são ditos três vezes ou em múltiplos de três. Como já mencionei, repetir um decreto não é tão somente ficar repetindo um pedido sem parar. A repetição intensifica o poder do decreto à medida que você o qualifica mais e mais com a energia de Deus. Quando a pessoa está começando a decretar, deve tentar repetir o decreto três ou nove vezes e depois ir aumentando as repetições com o tempo.

Ao repetir um decreto, você sentirá que ele tem o seu ritmo natural. O ritmo é uma das coisas que dão poder ao decreto. Assim como o ritmo de um exército em marcha pode derrubar uma ponte, o ritmo dos decretos pode criar uma intensa força espiritual que rompe acúmulos de energia, hábitos e carma negativos. O ritmo também estabelece um padrão vibratório que envia por todo o planeta a luz que você invocou.

A ANATOMIA DE UM DECRETO

Você pode considerar que um decreto é uma carta a Deus. Ele é geralmente composto de três partes — o preâmbulo, o corpo e o fechamento.

1. *O preâmbulo.* O preâmbulo é como a saudação de uma carta. Nele, nós nos dirigimos aos mestres ascensos e hostes angélicas e lhes pedimos ajuda. Nós damos a eles autoridade para assumir o controle da situação de qualquer pessoa, lugar, problema ou circunstância.

O preâmbulo do decreto é um apelo que impele os mestres e as hostes angélicas a nos responder, contanto que o decreto seja feito com amor e o nosso pedido esteja dentro da vontade e da lei de Deus. Os mestres não podem se recusar a responder a esse chamado, da mesma forma que os bombeiros da sua cidade não podem se recusar a atender um pedido de ajuda.

Comandar as energias de Deus em um decreto é prerrogativa do nosso Eu Superior — a parte de nós que vem de Deus. O eu inferior, sendo imperfeito e incompleto, não tem essa autoridade.

Portanto, começamos nossos decretos dizendo: "Em nome da Presença de Deus, EU SOU em mim, e do meu Santo Cristo Pessoal [...]." Ao fazer isto estamos reconhecendo que somos agentes de Deus, seus instrumentos no planeta Terra, e que estamos pedindo apenas que se cumpra a vontade de Deus.

Os preâmbulos são opcionais. Às vezes, é preferível dizer apenas o corpo de um decreto. Esse é especialmente o caso em se tratando de mantras, afirmações e comandos, chamados fiats.

2. *O corpo.* O corpo de um decreto é uma declaração de seus desejos — coisas que a pessoa quer que aconteçam para si mesma, para os outros, para a nação ou para o planeta.

3. *O selo.* No selo, a pessoa sela seu decreto no coração de Deus para ficar à disposição Dele. A pessoa propôs; agora Deus vai dispor. A pessoa também aceita que Deus atenderá seus pedidos. Se a pessoa não aceitar conscientemente a resposta ao decreto, a luz de Deus que foi invocada permanecerá dentro do reino do Espírito em vez de se manifestar fisicamente.

O QUE ESPERAR DOS DECRETOS

Há muitos aspectos do ato de decretar dos quais precisamos ter mestria antes de sermos capazes de juntar todos os aspectos — usar a visualização, colocar sentimento nas palavras, prestar atenção ao que estamos fazendo e desenvolver o ritmo. Decretar é uma ciência[18], e requer prática e experimentação. Quando a pessoa começa a decretar, normalmente domina primeiro uma parte, depois outra, até que finalmente domina todos os aspectos do ato. É como aprender a andar de bicicleta. Quando a pessoa aprende, acaba sentindo os resultados.

Não se decepcionem se seus decretos não derem resultado imediato ou não se concretizem da maneira esperada. Quando usamos a Ciência da Palavra Falada, estamos decretando pela autoridade de Deus, e Deus vai responder da forma que for melhor para a nossa alma. O nosso Eu Superior pode estar tentando nos levar em outra direção, que no final trará um crescimento maior para a nossa alma.

Todos nós precisamos acreditar em algo, e podemos acreditar em Deus, nos mestres e nos anjos. Pois as pessoas podem falhar conosco, mas Deus e os seres do céu não falharão. Deus sempre cumpre as suas promessas para nós, mesmo que não vejamos imediatamente as respostas às nossas orações. Elas, com certeza, irão chegar.

Mesmo que só consigam decretar por alguns minutos ao dia, vai fazer diferença em sua perspectiva, em seu relacionamento com Deus e na salvação do planeta. Experimentem a Ciência da Palavra Falada — e vejam o que a luz pode fazer por vocês, e o que vocês podem fazer por nosso mundo tão necessitado!

CAPÍTULO 16

INVOCAR A PROTEÇÃO ESPIRITUAL

Qualquer que seja a prece ou a meditação que vocês usem, é bom começar pedindo proteção espiritual para si mesmos e para seus entes queridos. Quando rezamos por nós mesmos ou por alguém que esteja precisando, podemos maximizar nossas preces incluindo todos os que possam ter uma necessidade semelhante à nossa. Neste capítulo vocês vão conhecer algumas orações e decretos de proteção, inclusive dois pequenos decretos fáceis de memorizar: o "Tubo de Luz" (abaixo) e "Proteção em Viagem" (página 211).

PRIMEIRO PASSO: INVOCAR O SEU TUBO DE LUZ

Ao fazer a afirmação do "Tubo de Luz", um cilindro de luz branca descerá do plano do Espírito em resposta a seu chamado. Os santos e místicos das religiões do mundo já viram essa luz branca em suas meditações e orações. Para os israelitas, o tubo de luz era uma "coluna de nuvem" de dia e "uma coluna de fogo" à noite, enquanto viajavam pelo deserto.[1]

Há uma representação do tubo de luz na Imagem do Seu Eu Divino (página 153). Esse cilindro de energia tem cerca de três metros de diâmetro. Ele vem do EU SOU O QUE EU SOU acima de você e se estende por baixo dos seus pés.

A luz branca nos ajuda a manter o equilíbrio e a paz. Ela nos protege das intenções malignas dos anjos caídos e de energias negativas, tais como raiva, condenação, ódio, ciúme, venham elas desses indivíduos ou de outros. Quando estamos desprotegidos, ficamos espiritual, mental e fisicamente vulneráveis às energias agressivas e projeções de forças malignas invisíveis.

A luz branca também não permite que a pessoa se deixe levar pela consciência de massa. Se vocês se sentem exaustos após estarem no meio de muita gente em lugares públicos, pode ser que as suas reservas físicas e espirituais tenham, literalmente, se esgotado.

Muitas pessoas acham que ajuda fazer o decreto do "Tubo de Luz" antes de enfrentar a agitação do começo do dia. Durante o dia, quando a pessoa se sente sem energia, esgotada ou vulnerável, deve separar alguns minutos para repetir este decreto.

TUBO DE LUZ

Presença do EU SOU tão amada,
Sela-me no Tubo de Luz
Da chama dos Mestres Ascensos
Em nome de Deus agora invocada.
Que ele liberte o meu templo
De toda discórdia que me é enviada.

A Chama Violeta invoco agora
Para todo desejo consumir,
E arder pela Liberdade
Até no seu fogo me fundir.

ARCANJO MIGUEL, O MAIOR PROTETOR

O Arcanjo Miguel é, dentre os anjos, o maior e mais reverenciado nas escrituras e tradições judaicas, cristãs e islâmicas. No Antigo Testamento ele é o guardião de Israel. Ele apareceu a Josué quando este se preparava para liderar os israelitas na batalha de Jericó e se revelou como o "capitão dos exércitos do SENHOR".

Na tradição católica, ele é o patrono e o protetor da Igreja. O Arcanjo Miguel estava entre os três visitantes celestiais que revelaram à jovem camponesa Joana d'Arc a sua missão de libertar a França. Chamado de Mika'il na tradição muçulmana, ele é o anjo da natureza, que fornece ao homem comida e conhecimento.

O profeta Daniel falou sobre o papel do Arcanjo Miguel nesse final dos tempos do ciclo de 2 mil anos. Daniel escreve:

> Nesse tempo se levantará Miguel, o grande príncipe que protege os filhos do teu povo, e haverá um tempo de angústia, qual nunca houve, desde que houve nação até àquele tempo. Mas nesse tempo livrar-se-á teu povo, todo aquele que se achar escrito no livro.[2]

O que não faltam são sinais desse tempo de tribulação. Quem lê nas entrelinhas das notícias das nações pode perceber as claras evidências de que os anjos caídos estão entre nós, fazendo de tudo para criar caos em nossas vidas e em nosso mundo.

Nossa esperança de sermos libertados nos chega pelas mãos do Arcanjo Miguel. Para aumentar sua presença entre nós, fazemos chamados a ele em nome da nossa Presença do EU SOU e Cristo Pessoal.

O Arcanjo Miguel é o arcanjo do primeiro raio, e personifica as qualidades desse raio: fé, proteção, perfeição e a vontade de Deus. Ele tem incontáveis legiões de anjos a seu comando, cuja função é proteger os filhos de Deus de perigos físicos e espirituais.

Às vezes, as pessoas pensam que anjos específicos só podem fazer certas coisas. Mas os arcanjos e anjos são dotados de grande consciência cósmica. Apesar de terem suas especialidades, podem se expandir para além de uma área de influência. Então, mesmo que Miguel manifeste poder e proteção, ele também traz cura para nossos corpos e almas. A bem da verdade, ele era reverenciado nos primórdios da Igreja como o médico celestial.

Como um anjo da cura, ele nos liberta de forças internas e externas que intensificam as nossas doenças, nossos fardos e nosso carma. Ele nos ajuda a superar os processos de pensamento que concebem e ampliam a doença, a desintegração e a morte.

Portanto, a despeito do que a pessoa queira se libertar — se é que a pessoa quer mesmo ser libertada —, o que ela deve fazer é orar com fervor e diariamente ao Arcanjo Miguel, que ele ajudará. Quem quer parar de fumar, de beber e de comer demais, quem quer ajustar a vida para melhor servir a Deus, basta chamar o Arcanjo Miguel.

O Arcanjo Miguel em pessoa já salvou a minha vida uma dúzia de vezes, que eu tenha conhecimento, e deve ter salvado milhares de vezes sem eu saber. Tenho certeza de que o mesmo vale para os leitores.

LUTAR CONTRA OS ANJOS CAÍDOS NA TERRA

Há éons o Arcanjo Miguel está engajado na milenar guerra entre a luz e as trevas neste planeta. Quanto ao terrorismo e as guerras pelo globo, a única maneira que vejo de lidar com essas situações é invocar ao SENHOR e ao Arcanjo Miguel, o grande libertador de Moisés e Josué, e aquele que trava as batalhas em prol do SENHOR e de seus filhos. Sua intercessão é vital.

Os anjos caídos, determinados a destruir os filhos de Deus, enredaram muitos humanos em seus esquemas. Quando alguém comete um crime contra a vida, é porque a alma, em vez de ouvir a voz do Eu Superior, acabou ficando presa entre o eu irreal e a mente racional e foi convencida a fazer certos atos que não são da luz. Podemos contar com a ajuda do Arcanjo Miguel para acelerar a consciência daqueles que agiriam certo se fossem mais bem informados.

Outra razão importante para fazer decretos diários ao Arcanjo Miguel é porque ele pode nos ajudar a nos concentrarmos no nosso objetivo de nos reunirmos ao Cristo Pessoal e à Presença do EU SOU.

PRECE PELA NOSSA PROTEÇÃO NO ARMAGEDOM

Uma maneira de se invocar a intercessão do Arcanjo Miguel é por meio da prece que o papa Leão XIII dedicou a ele. Um dia, depois de terminar a missa, o papa parou no altar como se estivesse em transe. Depois explicou que ouviu Satanás falando com Jesus.

Em uma voz gutural e cheia de orgulho, Satanás se gabou de ser capaz de destruir a Igreja, mas precisava de 75 anos para realizar tal feito. O Senhor respondeu: "Você tem tempo, tem poder. Faça o que quiser." O papa entendeu que, por meio da prece, do sacrifício e da vida correta, podemos contrabalançar o poder do demônio e de seus agentes humanos. Ele reconheceu que o Arcanjo Miguel tinha um papel importante no resultado desse conflito.

Então o papa escreveu uma oração para invocar a intercessão do Arcanjo Miguel para vencer os artifícios de Satanás.[3] Os católicos passaram a recitar essa prece na conclusão da missão a partir de 1886, mas a prática foi descontinuada em 1964, 78 anos depois, no Concílio Vaticano II, quando foi feita a revisão da liturgia.

A seguir temos uma adaptação da prece do papa Leão XIII para os estudantes dos mestres. Chama-se "São Miguel Arcanjo, Defende-nos em Armagedom". Vocês podem usar essa breve prece em qualquer situação na qual seja necessário que Miguel interfira.

Há uma linha em branco no meio dessa prece na qual vocês podem declarar os fardos em seus corações, bem como as situações das quais vocês queiram que o Arcanjo Miguel tome conta. Entregue essas situações ao Arcanjo Miguel, e eu lhes garanto que ele vai ajudar vocês.

SÃO MIGUEL ARCANJO, DEFENDE-NOS EM ARMAGEDOM

São Miguel Arcanjo, defende-nos em Armagedom, sê a nossa proteção contra os embustes e as ciladas do demônio; rogamos humildemente que Deus o repreenda e que tu, ó Príncipe da milícia celeste, pelo poder de Deus, detenhas as forças da Morte e do Inferno, os descendentes de Satanás, a falsa hierarquia do Anticristo e todos os espíritos malignos que vagueiam pelo mundo para a ruína das almas, e os mandes para o Tribunal do Fogo Sagrado para o seu Juízo Final.

____

(faça os seus chamados pessoais aqui)

Lança aqueles que são das trevas e a sua escuridão, os malfeitores, as suas palavras e obras malignas, causa, efeito, registro e lembrança, no lago do fogo sagrado, que foi "preparado para o demônio e os seus anjos". Em nome do Pai, do Filho, do Espírito Santo e da Mãe, Amém.

DECRETOS DE PROTEÇÃO

Todos nós precisamos de ajuda celestial que nos proteja de forças visíveis e invisíveis. Quando mantemos um momentum regular de orações e decretos, damos ao Arcanjo Miguel e suas legiões mais oportunidade de atender aos nossos pedidos de ajuda quando precisamos. Esse hábito cria uma reserva de luz que fica selada em seu coração, caso surja alguma adversidade inesperada.

Em seguida, temos decretos e fiats que vocês podem usar para trazer o Arcanjo Miguel para suas vidas. Esses decretos sao para proteçao quando estiverem em movimento durante o dia e também à noite, quando as nossas almas viajam para fora do corpo durante o sono. Os decretos e fiats podem ser usados a qualquer momento em que você perceba alguma situação em qualquer parte do mundo que tenha a marca da consciência dos anjos caídos por trás dela. Com esses chamados, podemos convidar os anjos da luz para lidar com problemas de qualquer magnitude.

Ao longo do dia, sempre que sentirem necessidade de reforçar a proteção ao redor de si mesmos, ou sempre que tiverem um tempinho para pedir proteção para as crianças, os jovens e todos os que são cercados pelas táticas e influências dos anjos caídos, parem e chamem esse magnífico arcanjo por meio de um breve e poderoso fiat (ver página 214).

Faça esses decretos e fiats com entusiasmo e saiba que, ao invocar o Arcanjo Miguel e suas legiões, eles imediatamente estarão ao seu lado.

Visualização:

Vejam o Arcanjo Miguel como um arcanjo belo, poderoso e majestoso em sua armadura brilhante e manto e aura luminosos azul-safira. Visualize-o de pé à sua frente e atrás, à sua esquerda, à sua direita, abaixo e acima e no centro de sua forma, acompanhado por um número incontável de anjos que lhes protegerão e acompanharão aonde quer que forem. Vocês também podem visualizar o Arcanjo Miguel empunhando a sua espada espiritual de chama azul para libertá-los de todas as condições negativas que agem contra o progresso de suas almas na senda espiritual.

A espada de chama azul do Arcanjo Miguel cria uma ação de fogo espiritual. Em resposta a seu chamado, Miguel e seus anjos usarão essa espada de fogo sagrado para cortar em torno de suas formas para libertá-los de energias negativas ou lidar com qualquer situação de perigo ou trevas.

Quando estiverem viajando, vejam o Arcanjo Miguel em torno de cada veículo que cruzarem na estrada. Podem também se visualizarem usando o elmo e a armadura de fogo azul que impedirá qualquer perigo físico ou espiritual de alcançar seus corpos ou mentes.

Após fazer o "Decreto do Tubo de Luz" (página 206), vocês podem fazer a invocação abaixo, seguida de decretos para o Arcanjo Miguel, de qualquer outro decreto ou oração. Vocês também podem usá-la como base para criar suas próprias invocações.

Invocação:

Em nome do EU SOU O QUE EU SOU, eu invoco o amado Arcanjo Miguel e as suas legiões de anjos da chama azul para que envolvam a mim, minha família, comunidade e nação com a sua majestosa Presença. Guiem, guardem e protejam a todos os que hoje servem à luz no planeta.

Arcanjo Miguel, que esta terra seja purgada hoje da semente do maligno! Que todo o cosmos da Matéria seja purgado deles e de suas maldades, manipulações e engenharia genética.

Ó Deus, que a batalha se dê na Terra como se deu no céu. Arcanjo Miguel, nós o invocamos em nome de Deus para expulsar da Terra os Nephilim, os Vigilantes e todos os seres caídos! Pois do SENHOR é a terra e a sua plenitude, o mundo e todos os que nele habitam.[4] Portanto, reivindicamos essa Terra para o Deus Todo-Poderoso e todos os filhos e filhas da luz mundos sem-fim.

Aceitamos que isso seja feito com pleno poder, ó Deus. E aceitamos que o vosso fogo sagrado purifique nossas mentes, almas e corpos, e livre a Terra da presença dos seres caídos que saíram para destruir as almas dos vossos filhos.

Instrução:

A seguir, temos um breve preâmbulo que vocês podem usar antes de qualquer decreto. Também podem usar essas palavras como exemplo para criar seu próprio preâmbulo. Depois de fazer o preâmbulo, continuem fazendo um ou mais dentre os decretos de proteção que apresentamos a seguir. Usem qualquer um desses decretos três ou nove vezes ou quantas vezes acharem necessário para reforçar a proteção do Arcanjo Miguel. Podem consultar a Parte II deste livro para invocar a ajuda do Arcanjo Miguel para combater as maldades dos anjos caídos que discutimos anteriormente.

Preâmbulo:

Em nome de minha poderosa Presença do EU SOU e do meu Santo Cristo Pessoal, em nome de Jesus Cristo, Arcanjo Miguel e os sete arcanjos, eu decreto:

Decreto:

Proteção em Viagem

São Miguel à frente, São Miguel atrás,
São Miguel à direita, São Miguel à esquerda,
São Miguel acima, São Miguel abaixo,
São Miguel, São Miguel onde quer que eu vá!

EU SOU o seu Amor, que protege aqui!
EU SOU o seu Amor, que protege aqui!
EU SOU o seu Amor, que protege aqui!

Decreto:

Guarda, Guarda, Guarda-nos!

Guarda, guarda, guarda-nos!
Pelo clarão do Teu Amor!
Guarda, guarda, guarda-nos!
Pelo Teu Ser e resplendor!
Guarda, guarda, guarda-nos!
Pelo poder secreto da Luz!
Guarda, guarda, guarda-nos!
Pelo Teu Poder de proteção!
E sela-nos para sempre
Na Luz diamantina do Teu coração!

EU SOU Miguel, Miguel, Miguel!

Visualização:

Ao fazermos este decreto, o Arcanjo Miguel coloca a sua Presença sobre nós. É como se entrássemos nele. Quando somos o Arcanjo Miguel aonde estamos, nada nos alcança, pois nada pode vencer o poder do Arcanjo Miguel. Vejam esse arcanjo poderoso e imenso com sua espada espiritual de chama azul "libertando-nos" de vícios, fardos, hábitos limitantes e da influência dos anjos caídos.

EU SOU Miguel, Miguel, Miguel!
De pé na sua Chama
EU SOU Miguel, Miguel, Miguel!
Pelo nome de Deus, EU SOU
EU SOU Miguel, Miguel, Miguel!
No ardor na sua fé
EU SOU Miguel, Miguel, Miguel!
Seu querido Poder e Amor!

EU SOU Miguel, Miguel, Miguel!
À Luz e Amor me inclino
EU SOU Miguel, Miguel, Miguel!
A Fé prometo defender
EU SOU Miguel, Miguel, Miguel!
Dos homens Luz venho alistar
EU SOU Miguel, Miguel, Miguel!
Sê das Américas defensor!

EU SOU Miguel, Miguel, Miguel!
Escudo da Fé tenho comigo
EU SOU Miguel, Miguel, Miguel!
Seu anel e espada também trago
EU SOU Miguel, Miguel, Miguel!
Minha armadura é seu Amor
EU SOU Miguel, Miguel, Miguel!
Clarão azul vindo do Céu!

EU SOU Miguel, Miguel, Miguel!
Por sua espada protegido
EU SOU Miguel, Miguel, Miguel!
O Comandante do Senhor
EU SOU Miguel, Miguel, Miguel!
Suas legiões descem agora
EU SOU Miguel, Miguel, Miguel!
Filhos da Luz vem defender!

Selamento:

E com toda a Fé eu aceito conscientemente que isto se manifeste, que se manifeste, que se manifeste! (diga três vezes) Aqui e agora com pleno Poder, eternamente mantido, onipotentemente ativo, em contínua expansão e abrangendo o mundo inteiro, até que todos tenham ascendido totalmente na luz e sejam livres! Amado EU SOU! Amado EU SOU! Amado EU SOU!

Decreto:

São Miguel
[Repita o refrão após cada verso.]

1. São Miguel, São Miguel,
Eu chamo por ti!
Com a tua espada de fogo azul
Liberta-me agora!

Refrão: **De divino poder, proteção**
Vem encher o meu mundo,
Sobre o meu ser,
Tua bandeira de fé!
Raio azul transcendente
Na minha alma faísca,
A graça de Deus
Dá-me cura e fulgor!

2. São Miguel, São Miguel,
Eu amo-te, sim!
Com tua imensa fé
Inunda meu ser!

3. São Miguel, São Miguel,
E legiões de azul!
Venham selar-me, manter-me
Fiel e leal!

Coda: **Por tua Chama Azul EU SOU**
Saturado, abençoado;
Da armadura azul de Miguel
EU SOU agora revestido! (3x)*

*Repetir a coda três vezes após cada recitação do decreto completo.

E com toda a Fé...

FIATS PARA INVOCAR AJUDA IMEDIATA

Anjos não viajam, nem mesmo na velocidade da luz. Eles se materializam. Vocês dizem o nome deles, e eles surgem. Para invocar a Presença imediata do Arcanjo Miguel, seja para si mesmo ou para pedir a intervenção divina em algum incidente sério de alcance nacional ou global, como um terremoto ou ataque terrorista, use um dos fiats a seguir:

Arcanjo Miguel,
Ajuda-me! Ajuda-me! Ajuda-me!

Arcanjo Miguel, assuma o comando desta situação!

CAPÍTULO 17

SAINT GERMAIN: PATRONO DA ERA DE AQUÁRIO

Alquimista e instrutor de mestres e homens, Saint Germain é um mestre da liberdade que ensina como podemos libertar nossas almas e nos desvencilharmos da servidão humana. Ele também é conhecido no mundo espiritual como um diplomata, expressando as qualidades divinas da dignidade, graça, gentileza, equilíbrio e habilidade política. Seu nome vem do latim *Sanctus Germanus*, que significa "Santo Irmão".

Saint Germain ocupa um lugar de grande importância nesta era. Cada era é associada a um dos sete raios, ou qualidades, de Deus. Durante a dispensação da era de Peixes, que é associada ao sexto raio da ministração e do serviço, Jesus ocupou o posto na hierarquia celestial como senhor do sexto raio e da sexta era.[1] Na dispensação de Aquário, associada ao sétimo raio da liberdade, Saint Germain ocupa a posição de senhor do sétimo raio e da sétima era.

Ao longo de muitas vidas na Terra, Saint Germain serviu para ajudar a humanidade a recuperar a sua liberdade. De seu estado ascenso, ele nos ensina a ciência e o ritual da alquimia e da arte da transmutação por meio da chama violeta pelo poder da Palavra falada.

O MESTRE DA LIBERDADE

Saint Germain é conhecido no céu como o mestre alquimista. Alquimia é "toda a química de Deus", que mostra como se faz manifestar cada faceta da criação no mundo material. Ela trata do controle consciente de transmutações na matéria e na energia, de modo que o homem se torna cocriador com Deus.

A alquimia é a ciência que nos permite acessar a luz universal que é a nossa verdadeira herança. Jesus demonstrou essa ciência nas bodas de Caná na Galileia com seu primeiro milagre, ao transformar a água em vinho.[2] Saint Germain demonstrou de modo semelhante seu domínio da alquimia quando, encarnado como o Conde de Saint Germain nas cortes europeias dos séculos XVIII e XIX, ele removeu falhas de diamantes. Tanto para Jesus quanto para Saint Germain a alquimia mais elevada é a ciência da autotransformação, que leva à precipitação da consciência crística.

Ao longo de suas encarnações — como soberano, sacerdote, profeta, defensor de Cristo, cientista e explorador —, Saint Germain batalhou de modo incansável para facilitar o retorno das almas de luz à adoração de sua Grande Origem Divina, e daí para sua liberdade eterna.

As encarnações de Saint Germain[3] abarcam eras da história conhecida e da que foi esquecida, remontando à Lemúria e à Atlântida, e a civilizações ainda mais antigas. Certa vez ele falou da escolha mais importante que ele fez enquanto encarnado no planeta — uma escolha que ele nos convida a fazer hoje:

> Eu sou um ser ascenso, mas nem sempre o fui. Já encarnei no planeta como vós estais encarnados agora, e não foram duas nem três vezes, mas muitas [...] Testemunhei o surgimento e a queda de civilizações. Presenciei as ondulações de consciência à medida que a humanidade seguiu de ciclos de eras de ouro para sociedades primitivas. Eu vi as escolhas que foram feitas, vi a humanidade ao fazer escolhas erradas desperdiçar centenas de milhares de anos de avanços científicos, inclusive em níveis de consciência cósmica que transcendem os níveis dos membros das religiões mais avançadas do momento.
>
> Sim, eu presenciei as escolhas, e eu escolhi. Ao optar por ser livre na magnífica vontade de Deus, eu ganhei a minha liberdade daquele ciclo mortal de encarnações e justificações de uma existência externa ao Ser Único. Eu ganhei minha liberdade por meio dessa chama, dessa nota chave do ciclo aquariano traçado pelos alquimistas de antigamente, aquele elixir púrpura que têm os santos...
>
> Vós sois mortais. Eu sou imortal. A única diferença entre nós é que eu optei por ser livre, e vós ainda tendes de optar. Temos o mesmo potencial, os mesmos recursos, a mesma conexão com o Ser Único. Mas eu usei os meus para forjar uma identidade Divina...
>
> Eu sou Saint Germain, e vim para reivindicar as vossas almas e os fogos de vossos corações para a vitória da Era de Aquário...
>
> Eu tenho uma mensagem [...] É uma mensagem de liberdade, da oportunidade de vos elevardes e serdes quem estais destinados a ser, assim como as estrelas são estrelas. Eu vos ajudarei a implementardes o plano de Deus para as vossas vidas. Eu irei até vós, e falarei aos vossos corações...
>
> Eu estou na senda da liberdade. Tomai essa senda e nela me encontrareis. Se me aceitardes, serei vosso instrutor.[4]

O PODER DA REGENERAÇÃO

Assim como Jesus foi a porta aberta para alcançarmos a consciência crística na Era de Peixes, o mestre aquariano Saint Germain vem hoje nos iniciar na senda da libertação da alma por meio do fogo sagrado do Espírito Santo.

As orações e práticas transmitidas pelas várias tradições espirituais são fórmulas sagradas para invocar a luz do Espírito. A descida desse Espírito traz uma tremenda força de amor — uma ação do amor que é transmutadora. Em outras palavras, ao fluir através de nós essa energia, ela é capaz de nos recriar segundo a imagem do Eu Verdadeiro.

Esse Espírito, mencionado nas escrituras como o Espírito Santo, tem o poder de regenerar e renovar. O Espírito Santo é o ingrediente de vida que é o fogo do cosmos, o poder germinador na natureza; ele é o poder que faz bater o coração e infunde todas as formas de vida com a essência do Deus Pai e Mãe. Toda a manifestação da vida carrega o Espírito Santo em sua natureza, e sem o Espírito Santo não existe manifestação de vida.

A ação renovadora do Espírito Santo é um processo purificador, um refinamento que deve se dar caso se queira substituir o eu irreal pelo Eu Verdadeiro. À medida que a alma é preenchida pelo fogo do Espírito Santo, ela se identifica cada vez mais com o Eu Verdadeiro e, portanto, entra no estado de união ao qual Jesus se referiu ao rezar: "Pai, fazei com que sejam um, como nós somos um."

SOLUCIONAR O NOSSO DILEMA CÁRMICO

O carma é o grande x da questão em nosso progresso espiritual. Ao longo de muitas vidas, o peso do carma planetário e do carma pessoal tem cobrado seu preço à humanidade e ao corpo planetário. O carma que nos oprime, e ao planeta, é uma mistura complexa. Por um lado, temos as obras dos anjos caídos e daqueles que estão comprometidos com o mal. Do outro, estão as façanhas dos filhos de Deus, alguns dos quais aceitaram as mentiras e imitaram o estilo de vida e as maneiras dos seres malignos. Saint Germain está pronto para nos ajudar a solucionarmos os nossos dilemas cármicos para podermos realizar o nosso potencial mais elevado. Para este fim ele nos transmitiu a compreensão do uso científico da chama violeta.

Quando invocamos a chama violeta para nossos seres e nosso mundo, transmutamos as energias que nós e os anjos caídos mal qualificamos coletivamente por milhares de anos. Quando essa energia é pouco a pouco restaurada ao seu estado original de pureza, nós e os demais nos libertamos para caminhar na luz como seres livres em Deus, e também limpamos a Terra.

O conceito da chama violeta pode ser novo para nós, mas ao longo das eras as pessoas que entravam em profunda meditação têm visto luzes e fogos de cor violeta. Conheci estudantes dos mestres que me disseram que viram a chama violeta com a sua visão interna enquanto meditavam antes mesmo de ouvir falar na chama violeta. Quando aprenderam o ensinamento, sua experiência se confirmou.

Foi só no século XX, quando Saint Germain nos revelou a chama violeta e nos ensinou a usá-la para transmutar o carma, que muitas pessoas foram capazes de contactar o poder dessa chama de forma científica mais uma vez.

Saint Germain, originalmente, deu a dispensação da chama violeta por meio de Guy e Edna Ballard, que fundaram o Movimento do EU SOU em 1932. Através desse movimento, Saint Germain deu à humanidade inteira o segredo do mistério interno do Espírito Santo, o qual até então só havia sido ensinado nos retiros da Grande Fraternidade Branca.

A esperança de Saint Germain ao divulgar o ensinamento da chama violeta foi oferecer ao povo da Terra o incentivo e o impulso necessários para trazer a era de ouro de Aquário em manifestação. Para tanto, seu intento é transmitir a todos os filhos de Deus o conhecimento externo da chama violeta e sua aplicação específica para a transmutação do carma mundial, inclusive toda a consciência por trás dos anjos caídos.

Com o uso regular, a chama violeta pode trazer mudanças positivas em nossas vidas e transmutar o carma que, do contrário, resultaria nas trevas profetizadas para nossa época.

De fato, meu presente para a humanidade, a ciência da chama violeta, é a chave alquímica da transformação mundial! Nada mais se compara a ela. E digo isso sem medo de errar. Pois a chama violeta é, sem dúvida, a pedra filosofal. E podeis usá-la generosamente [...] O vosso uso da chama violeta em tudo o que fazeis é algo que pode fazer a diferença que venha a salvar toda a raça humana.

— Saint Germain

CAPÍTULO 18

TRANSFORMAR O MUNDO COM A CHAMA VIOLETA

Antigos alquimistas se aprofundaram minuciosamente em textos cifrados na busca da pedra filosofal, que simboliza a transmutação da natureza animal inferior em um ser superior e divino. Os alquimistas teosóficos guardavam a visão dessa "pedra que não era pedra", não como um objeto físico, mas como uma "chama secreta", um fogo espiritual capaz de regenerar espiritualmente a humanidade.

Graças ao patrocínio da chama violeta promovido por Saint Germain em nossa era, a misteriosa pedra filosofal está ao nosso alcance. A chama violeta é a chave para a transmutação individual e mundial. Quando ela é invocada para entrar em ação, transforma tudo com que entra em contato.

A chama violeta é o aspecto do Espírito Santo que dissolve as ilusões do eu irreal. Ela é a realização da profecia da lei de transmutação de Deus: "Ainda que os vossos pecados sejam como a escarlata, eles se tornarão brancos como a neve; ainda que sejam vermelhos como o carmesim, se tornarão como a branca lã."[1]

Assim como um raio de sol passando por um prisma se reflete nas sete cores do arco-íris, a luz espiritual se manifesta em sete raios ou chamas. Cada um desses sete raios é uma ação concentrada da luz de Deus com uma cor e uma frequência específicas que resultam em ação específica no corpo, na mente e na alma. A energia da chama violeta tem as qualidades da liberdade, misericórdia, perdão e transmutação.

Em nosso mundo físico, a luz violeta tem o comprimento de onda mais curto, tendo, portanto, a frequência mais elevada no espectro visível. Assim, num sentido da palavra, a luz violeta pode ser vista como um ponto de transição entre o visível e o invisível, de um plano do ser para o plano seguinte.

Como a frequência é diretamente proporcional à energia, e a luz violeta tem a frequência mais elevada no espectro visível, a luz violeta é a que tem também mais energia. Isso significa que ela também tem a maior capacidade de transformar a matéria no nível atômico.

Quando invocamos qualquer um dos sete raios em nome de Deus, ele se manifesta na forma de uma chama não física, ou espiritual. (Podemos fazer uma comparação com o raio de sol que passa por uma lupa e gera uma chama.) A chama violeta é a sétima dentre essas chamas.

A função do fogo é a purificação. O fogo físico está um nível abaixo do fogo sagrado. O que se consegue com o fogo físico no plano físico se alcança por meio do fogo sagrado nos planos emocional, mental e etérico.

COMO FUNCIONA A CHAMA VIOLETA?

O homem é um microscosmo — uma representação em miniatura do cosmos. Assim como existe um vasto espaço entre os planetas e o Sol, existe também um vasto espaço entre os elétrons e o núcleo de cada célula e átomo da sua consciência física.

O espaço entre os elétrons e o núcleo de fogo é conhecido como espaço "virgem" ou "santificado". Ele é preenchido com a energia pulsante do Espírito Santo. Esse Espírito é a essência vital, a essência de Deus.

Estamos constantemente usando essa essência vital que existe entre os elétrons e o núcleo do átomo. E, portanto, estamos constantemente qualificando essa energia, marcando-a com as impressões de nossas mentes e nossos corações.

Imagine preencher esse espaço entre os elétrons com uma substância pegajosa feito melado que bloqueie o fluxo da luz do Macrocosmo de Deus para o microcosmo do homem. O que acontece com os elétrons? Eles desaceleram, e a luz não consegue mais passar.

Isso, na prática, é o que temos feito por centenas de milhares de anos. Temos preenchido o espaço entre os elétrons com discórdia, com emoções negativas tais como a raiva, o medo, o ódio e a frustração. Assim, as vibrações densas de energia mal-qualificada se acumulam e entopem os poros da vida com aquela pegajosa substância, ou resíduos. Em essência, qualquer manifestação de imperfeição preenche aquele espaço santificado com densidade — causando resistência mental, dureza de coração e falta de sensibilidade às necessidades alheias, além de criar uma massa densa que impede que a alma receba os delicados comunicados do Espírito.

Esse é o conceito básico de onde estamos hoje. O dilema é como acelerar nossos elétrons! Isso pode ser feito ao se remover os miasmas desses amplos espaços abertos. Só há uma forma de se fazê-lo, ou seja, usando as mesmas energias que antes utilizamos de forma errada — as energias do Espírito Santo.

Quando invocamos a chama violeta, essa energia acelerada envolve cada átomo individualmente. De forma instantânea, uma polaridade é estabelecida entre o núcleo de fogo branco do átomo (que, sendo matéria, assume a polaridade negativa) e o núcleo de fogo branco da chama (que, sendo Espírito, assume a polaridade positiva). Essa dupla ação do fogo sagrado no centro do átomo e da chama violeta no lado de fora estabelece um campo de força que faz com que as densidades não transmutadas sejam desalojadas do meio dos elétrons.

Quando essa substância se solta, os elétrons começam a girar mais rapidamente em suas órbitas, e por meio dessa força centrífuga os resíduos são jogados dentro da chama violeta. Em contato com essa essência de fogo, a energia mal-qualificada é transmutada de volta à sua pureza original, e ficamos cada vez mais leves no mais verdadeiro sentido do termo. Quanto maior a quantidade de substância mal-qualificada lançada no fogo sagrado, maior a aceleração no girar dos elétrons.

A chama violeta não destrói, pois a lei é precisa: a energia de Deus jamais é criada ou destruída. A chama violeta *transforma* a água em vinho. Ela remove dos átomos e moléculas os densos envoltórios de imperfeição humana e restaura a perfeição divina natural dos átomos, células e elétrons da alma.

Quando regularmente invocamos a chama do Espírito Santo, passando-a através de nossos quatro corpos inferiores sob o comando do Cristo Pessoal, as coisas começam a se mover. Ficamos acelerados. A luz começa a fluir pelos nossos poros, pelo nosso sangue; os nossos órgãos se transformam, o corpo mental é acelerado; as emoções se tornam agentes que refletem as energias de Deus, os desejos de Deus. Nossa memória pode até melhorar à medida que o corpo etérico é limpo dos registros de nossa descida desde a Queda. Descobrimos que se dá uma aceleração em nosso ser.

Esse é o processo de ascensão que acontece todas as vezes que o discípulo invoca o fogo sagrado até que todo o seu corpo esteja "cheio de luz". Mas, como disse Jesus, o olhar deve ser "bom".[2] Isso significa que, para reter a luz que invoca, ele precisa expulsar a consciência da dualidade, a consciência de uma existência à parte de Deus.

MITIGAR AS PROFECIAS COM A CHAMA VIOLETA

Como as profecias preveem o retorno de carma, e a chama violeta pode transmutar o carma, o resultado é que a chama violeta pode alterar, mitigar ou até mesmo reverter totalmente uma profecia.

Vocês podem achar que isso é impossível, mas Jesus disse, e eu acredito: "Para os homens é impossível, mas não para Deus: para Deus todas as coisas são possíveis."[3] Com Deus podemos reverter o que ainda não foi formado antes que se cristalize na forma. Só assim, com Deus, podemos reverter o carma que retorna antes que ele nos atinja como um tornado, inundação ou incêndio; podemos invocar o fogo violeta do Espírito Santo e direcioná-lo através de nossos chacras para os vórtices de energia mal-qualificada para transmutar esse carma que retorna antes que ele se manifeste.

Portanto, cabe a nós agir a tempo e invocar a chama violeta para que ela transmute o carma que retorna profetizado com o fogo todo-consumidor de Deus e o comando dos sete arcanjos para que o povo de Deus seja libertado nesse tempo de adversidade.

A astrologia dos próximos anos — a assinatura do carma da humanidade — nos mostra que podemos esperar mudanças monumentais. Os mestres nos dizem que o resultado depende de nós: se fizermos a nossa parte, poderemos fazer com que essas mudanças marquem o início de uma era de ouro de paz e iluminação.

DECRETOS DA CHAMA VIOLETA

Eu os convido agora a experimentar os decretos da chama violeta nas páginas seguintes, aplicando os princípios da Ciência da Palavra Falada que já abordamos.

EU SOU um Ser de Fogo Violeta!

Saint Germain nos deu a seguinte afirmação para a Era de Aquário: "EU SOU um ser de fogo violeta! EU SOU a pureza que Deus deseja!" Lembrem-se, isto significa "Deus em mim é um ser de fogo violeta, Deus em mim é a pureza que Deus deseja!".

Vocês podem repetir essa afirmação várias vezes, como um mantra cantando em seu coração. Ao fazê-lo, visualizem chamas violetas dançando e saturando o corpo da Terra — as cidades e as pessoas, os oceanos e as florestas — e as vejam consumir o carma negativo e os padrões de hábitos que representam um atraso para vocês ou para aqueles por quem vocês rezam. Vocês podem criar suas próprias variações desse tema sempre que acharem necessário, tais como:

EU SOU um ser de fogo violeta!
EU SOU a pureza que Deus deseja!

Meu coração está vivo com o fogo violeta!
Meu coração é a pureza que Deus deseja!

Minha família está envolta pelo fogo violeta!
Minha família é a pureza que Deus deseja!

A Terra é um planeta de fogo violeta!
A Terra é a pureza que Deus deseja!

Uma variação deste mantra também pode ser feita para ajudá-los a sentir a plenitude da energia de seus decretos. Às vezes, não sentimos imediatamente a ação da luz que invocamos. Isso ocorre porque nossos centros espirituais, ou chacras, estão obstruídos.

Seus chacras são estações de recepção e de emissão da energia de Deus que flui de vocês e para vocês todos os dias. Situados ao longo da coluna no nível etérico do ser, eles são invisíveis aos olhos físicos, apesar de sua própria vida e seu progresso espiritual dependerem da vitalidade de seus chacras.

Em sânscrito, chacra quer dizer "roda" ou "disco". Cada chacra tem uma função e frequência únicas, e representa um nível diferente de consciência. Infelizmente, ao longo de muitas encarnações, nós fomos absorvendo as energias dos seres caídos ao interagir com eles e com os demais, e os resíduos cármicos se acumularam ao redor de nossos chacras. Esses resíduos são como folhas que entopem as calhas depois da chuva. Para manter o escoamento da água, é preciso remover as folhas.

Para a luz de Deus fluir pelos seus chacras, vocês precisam limpar a emanação que entope esses centros sagrados. Quando os seus chacras e os circuitos de energia que os conectam estão limpos, a pessoa se sente mais cheia de energia, mais positiva, alegre e generosa. Quando os circuitos estão obstruídos, a pessoa se sente indolente, pessimista e doente sem sequer saber a razão.

Use este simples mantra enquanto visualiza os seus chacras banhados em chama violeta para ajudar a purificá-los:

Meus chacras são centros de fogo violeta!
Meus chacras são a pureza que Deus deseja!

EU SOU a Chama Violeta

"EU SOU a Chama Violeta" é um mantra poderoso. É curto e vocês podem repeti-lo várias vezes para construir um momentum forte de chama violeta.

Visualização:

Visualizem a si mesmos envoltos pela chama violeta, como se vê na Imagem do Seu Eu Divino, envolvendo a figura de baixo (página 207). Veja a chama violeta ganhar vida como se você estivesse vendo um filme. As chamas sobem e pulsam ao seu redor em diferentes formas e graduações de púrpura, rosa e violeta. Veja essas chamas passando pelo seu corpo, acariciando cada órgão e cada chacra, e restaurando a sua integridade. Veja as chamas saturando sua mente e suas emoções, aliviando todos os fardos.

Uma de minhas visualizações favoritas para este decreto é ver os sete mares repletos de chama violeta. Meditem no poder dos sete mares e então traduzam essa forma-pensamento em um gigantesco e calmo mar de chama violeta que envolve o planeta inteiro. Imagine seu peso, seu poder, sua energia! A chama violeta tem a capacidade de transformar totalmente o corpo planetário.

Vocês podem usar qualquer um dos preâmbulos seguintes antes de fazerem decretos de chama violeta, ou usá-los como base para criar seus próprios preâmbulos:

Preâmbulo 1:

Em nome de Deus, EU SOU O QUE EU SOU, e do meu Santo Cristo Pessoal, eu invoco a intercessão divina de Saint Germain e dos anjos da chama violeta para a seguinte situação [nome de qualquer pessoa ou condição planetária]. Enviem o fogo sagrado da chama violeta na causa e no âmago dessa situação e da consciência por trás dela.

Preâmbulo 2:

Em nome da minha poderosa Presença do EU SOU e do meu Santo Cristo Pessoal, eu invoco Saint Germain e os anjos da chama violeta para a transmutação de toda a acumulação de energia gerada pelos anjos caídos que se recusam a dobrar o joelho e a se alinhar à vontade sagrada de Deus. Eu peço que venham saturar a Terra com a chama violeta para que os filhos da luz em toda parte sejam despertados, em todas as nações. Despertem os corações onde arde uma chama trina. Despertem-nos da manipulação dos anjos caídos e da ameaça às liberdades concedidas por Deus. Eu peço que estes chamados sejam ajustados de acordo com a sagrada vontade de Deus.

Decreto:

EU SOU a Chama Violeta
Que atua em mim e reluz
EU SOU a Chama Violeta
Só me submeto à Luz
EU SOU a Chama Violeta
Cósmico Poder, farol

EU SOU a Chama Violeta
Radiante como um sol
EU SOU a Luz de Deus
A toda hora brilhando
EU SOU o Poder de Deus
Que a todos vai libertando

Mais Fogo Violeta

Visualização:

O decreto "Mais Fogo Violeta" é conhecido por seu ritmo e pela ação espiral da chama violeta que segue o ritmo.

Ao fazer este decreto, entre em comunhão com a sua Presença do EU SOU. Sintam o amor da sua "adorável Presença de Deus" envolvendo-os completamente à medida que vocês deixam ir toda a raiva, preocupações e medos.

Visualizem uma cachoeira de luz descendo da sua Presença do EU SOU. Vejam essa luz sendo lançada através de seus chacras como córregos de energia cintilante, avançando para abençoar e confortar aqueles por quem vocês estão rezando.

Vejam a chama violeta dissolvendo a causa, o efeito, o registro e a memória do carma pessoal e planetário. Lembrem-se de que nenhum problema é insignificante demais ou grande demais para a chama violeta.

Decreto:

Presença de Deus EU SOU em mim,
Escuta, agora, o que decreto:
Derrama as bênçãos que agora invoco
Sobre o Santo Cristo de cada um.

Que o Fogo Violeta da Liberdade
Pelo mundo avance a todos curando;
Que sature a Terra e os povos também
Com o resplendor crístico cada vez maior.

EU SOU esta ação do Deus no alto
Mantida pela mão do Amor dos Céus,
Transmutando as causas da discórdia aqui,
Extraindo o núcleo, derrotando o medo.

EU SOU, EU SOU, EU SOU
O poder do Amor da Liberdade
Que ergue a Terra inteira aos Céus.
O Fogo Violeta, radiante agora,
Em vívida beleza é a Luz de Deus

Que neste instante, e para sempre
Dá ao mundo, ao meu ser e a toda a vida
Liberdade eterna na Perfeição do Mestre Ascenso!
Onipotente EU SOU! Onipotente EU SOU! Onipotente EU SOU!

DECRETOS DE PERDÃO

Praticar o perdão é parte importante da nossa senda espiritual. Sendo o perdão um aspecto da chama violeta, podemos usar os decretos da chama violeta para nos ajudar com esse processo, que começa com o perdão de si mesmo.

> PERDOAR A SI MESMO

Entendam que, se vocês não se perdoarem primeiro, não poderão perdoar aos outros. E, a não ser que perdoem a si mesmos, não poderão se libertar da condenação dos seres caídos. Portanto, vocês têm de perdoar a si mesmos por aceitar a condenação deles e por internalizá-la sob a forma de menosprezo, autocondenação e autopiedade. Entendam que essas coisas não são de nossas almas, mas sim projeções dos seres caídos e daqueles que foram influenciados por eles.

Por causa dessa autocondenação, a humanidade tem uma enorme tendência a endurecer o coração, a condenar a si mesma pelo mal que cometeu aos outros ou a si mesma, e fica imaginando que por isso Deus a expulsou transformando-a em exilada da eterna Presença.

Se vocês estiverem se autocondenando, se colocaram fora do círculo de Deus. Se fizeram algo de condenável, voltem para o altar e confessem o erro. Se o fizerem novamente, voltem de novo ao altar e confessem o erro novamente. Procurem aconselhamento. Estudem a sua psicologia, a sua infância, os seus pais e assim por diante. Invoquem a lei do perdão sempre que condenarem a si mesmos. Então serão capazes de pular direto de volta ao círculo de Deus. Ele nos perdoa antes mesmo que nós peçamos perdão.

> PERDOAR AO PRÓXIMO

Perdoar a nós mesmos e aos outros nem sempre é fácil, mas sem o perdão não podemos progredir espiritualmente. Quando nos recusamos a perdoar um amigo ou a um suposto inimigo que nos fez mal, mesmo que ele nos tenha feito mal repetidas vezes, o que fazemos na verdade é nos prendermos não só à pessoa, mas à sua raiva ou aos seus outros sentimentos negativos. Portanto, não somos verdadeiramente livres enquanto não resolvemos essa raiva e ressentimento e transmutamos o carma.

Pode haver momentos em que nos sentimos incapazes de perdoar alguém, pois acreditamos que o crime cometido contra nós ou contra uma pessoa que amamos foi terrível demais. Pode ser muito difícil perdoar certas atos das pessoas. Pode ser difícil perdoar o pedófilo que molestou uma criança, roubando uma parte irrecuperável de sua alma. Pode ser difícil perdoar o assassino, o estuprador, aquele que incendeia uma casa ou destrói um negócio, e assim por diante.

Então, qual seria a anatomia do perdão que podemos seguir em confiança e boa consciência, sem reservas e com profunda sinceridade?

Em situações assim, Deus me ensinou que devemos perdoar a alma e pedir a Deus que até o eu irreal, que fez a pessoa cometer o crime em questão. Não importa a gravidade dos atos de uma pessoa, devemos sempre perdoar a alma, evitando assim o emaranhado cármico. O ódio prende; o amor liberta.

A Presença de Deus dentro de nós é o que nos permite direcionar a luz de Deus por meio de nossas preces e invocar a Deus por justiça divina, misericórdia e perdão. Fazemos isso com absoluta paz e harmonia divina, e depois submetemos nossas preces à vontade de Deus e esquecemos o assunto. Não precisamos saber o resultado de nossas preces. Deus sabe os segredos de todos os corações e é infalível em seus julgamentos.

A alma pode estar maculada, impura e ter todos os tipos de problema, mas ainda assim ela tem o potencial de um dia conhecer Deus. Portanto, não importa quão terrível tenha sido o crime ou ação da pessoa, podemos ainda assim invocar a lei do perdão por aquela alma.

Podemos pedir para que aquela alma seja instruída por Deus nos níveis internos, e ser libertada dos *momentuns* de uma psicologia atormentada e de registros do passado que fizeram a alma optar pelo pecado. Podemos fazer os mantras da chama violeta e pedir perdão a Deus, e orar para que essa alma mude e passe a servir a Deus.

Visualização e meditação:

Ao fazer o decreto do "Perdão" a seguir, envie o seu amor e perdão a todas as pessoas a quem você possa ter feito algum mal, e a todos os que já lhe fizeram mal, entregando essas situações nas mãos de Deus.

Decreto:
PERDÃO

EU SOU o Perdão aqui atuando,
Dúvidas e medos expulsando,
Com asas de cósmica Vitória,
Os homens para sempre libertando.

Com pleno poder invoco agora
O Perdão a toda hora;
Toda vida sem exceção
Envolvo com a graça do Perdão.

DECRETOS PARA UM MUNDO DE LIBERDADE E MISERICÓRDIA

Ao decretar vocês podem se concentrar em situações urgentes de um bairro, cidade ou país específico, de um continente inteiro ou da Terra inteira. Vocês podem, também, pedir para que a ação do fogo sagrado invocada por seus decretos para uma situação específica seja multiplicada e espalhada por todos os cantos do planeta.

Manter-se em dia com os eventos locais, nacionais e mundiais permite fazer chamados específicos e direcionar a luz de Deus, de acordo com a vontade Dele, para as situações de maior urgência.

Visualização:
Quando direcionarem a chama violeta para um problema específico ou para todo o planeta, visualizem a área sendo inundada pela chama violeta para apagar todos os problemas que nela existam.

Vejam anjos marchando pelas ruas das cidades ou outros locais, formando grades de luz que substituem as velhas grades do carma humano. Vejam a chama violeta envolvendo países e pessoas, libertando a todos da opressão. Vejam a chama violeta penetrando cada vez mais fundo na Terra, transmutando os registros da presença de anjos caídos.

Invocação:

Em nome da Presença de Deus, EU SOU em mim, do meu Santo Cristo Pessoal e Santo Cristo Pessoal de todos os homens, do amado Saint Germain e seus anjos da chama violeta:

Assumam o comando de todo o terrorismo, guerra, crimes violentos, abuso infantil, pornografia e [cite situações urgentes]**! Inunde**

essas situações com a chama violeta. Que a misericórdia seja amplificada por toda a Terra. Libertem a Terra e toda a humanidade da opressão e dos fardos de carma. Penetrem na Terra para consumir os registros dos anjos caídos e de seus crimes. Que isto seja feito segundo a vontade de Deus.

Decreto para a Misericórdia no Mundo

Inundai, inundai, inundai o mundo pelo poder do três-vezes-três e pelo poder do fogo sagrado, com uma quantidade suficiente da qualidade cósmica da Misericórdia, vinda do coração de Deus no Grande Sol Central e do coração dos amados Hélios e Vesta no nosso querido Sol, para saturar a Terra e todos os que nela vivem, incluindo o meu próprio ser, com uma quantidade maior de misericórdia de que precisemos, até que todos tenham ascendido completamente e estejam livres!

Que esta Misericórdia seja ampliada sem limites, alargando o seu serviço para libertar a todos do poder de qualquer substância, pensamento ou manifestação obstinada, transmutando toda a vida — humana, elemental e anjos cativos —, transformando tudo no poder iluminado e invencível da Vitória Crística sobre todas as situações negativas, o que automaticamente eleva todos os homens à sua condição divina e à vitória total da Ascensão!

Derretei, dissolvei e transmutai diariamente toda a ira e criações de ódio, incluindo toda a discórdia humana acumulada sobre as grandes cidades do mundo! Mitigai os efeitos do carma coletivo, e restringi a sua ação através da sabedoria e misericórdia cósmicas em perfeito equilíbrio divino como uma vitória triunfante para todos aqueles cujos corações anseiam pela Vitória, e reconhecem o poder da sua Presença para mantê-la sem limites, até que todo o mundo tenha alcançado a Vitória Divina e a iluminação, tenha ascendido, e esteja eternamente livre na Luz. (3x)*

E com toda a Fé eu aceito conscientemente que isso se manifeste, que se manifeste, que se manifeste! (3x) Aqui e agora com pleno Poder, eternamente mantido, onipotentemente ativo, em contínua expansão e abrangendo o mundo inteiro, até que todos tenham ascendido totalmente na Luz e sejam livres!

Amado EU SOU! Amado EU SOU! Amado EU SOU!

CAPÍTULO 19

MAIS DECRETOS PARA PROBLEMAS PESSOAIS E PLANETÁRIOS

Há decretos para invocar a orientação divina, para pedir cura e integridade, para superar hábitos arraigados e aumentar as qualidades divinas dentro de nós. Outros decretos invocam a ajuda do céu para transcender o eu irreal, para remover o que bloqueia a abundância pessoal, para sanar a economia, acabar com o mal e restaurar a fraternidade e a paz na Terra.

Seja qual for a prática espiritual que já usemos, é possível incrementá-la com decretos e conseguir ajuda adicional em qualquer área da vida.

UM DECRETO PARA A ECONOMIA

Qualquer um dos decretos e orações neste livro pode ser usado com o propósito de sanar a economia. Todavia, Saint Germain identificou um mantra para usarmos especificamente para este fim. "EU SOU a Luz do Coração" é um mantra que ele nos ofereceu como uma dádiva do seu coração. Ele é fácil de memorizar e pode ser usado como um mantra contínuo que, ao fluir pelo seu coração e mente, pode também fluir pelas artérias do comércio, negócios e bancos internacionais. Com esse decreto, conferimos poder aos anjos para trabalhar em níveis internos para curar as feridas na economia e no corpo político dos países.

Como Saint Germain é nosso patrono no uso da chama violeta, também podemos usar o decreto para fazer contato com o seu coração e celebrar a chama divina no interior de nossos corações.

EU SOU a Luz do Coração
por Saint Germain

Visualização:

Primeiro visualize a luz descendo da sua Presença do EU SOU e do seu Santo Cristo Pessoal pelo seu cordão de cristal. (Ver as figuras de cima e do meio na Imagem do Seu Eu Divino na página 153). Vejam a luz fluindo para o seu chacra do coração, de onde ela será liberada de acordo com o texto do seu decreto.

Em seguida, concentrem a atenção no coração. Visualizem-no como uma fascinante esfera de luz branca. Visualizem o brilho do sol ao meio-dia e transfiram a visualização para o meio do seu peito.

Depois visualizem a luz do coração de Deus brilhando em seus corações. Vejam milhares de raios de sol saindo de seus corações de modo a penetrar e dissolver qualquer escuridão, desespero ou pessimismo que possa haver em vocês ou nas demais pessoas do planeta.

Vejam-se projetando seu amor (que é o amor de Deus) nas cidades do mundo. Vejam esse amor como um intenso raio laser de fogo rosa quebrando todas as barreiras em suas vidas, nos governos e nas economias das nações.

Decreto:
EU SOU a Luz do Coração

EU SOU a Luz do Coração
Que brilha nas trevas do ser
E tudo transforma no tesouro dourado
Da Mente de Cristo.

O meu Amor eu envio
Para o mundo
Para apagar todos os erros
E todas as barreiras derrubar.

EU SOU o poder do Amor infinito
Que se expande
Até alcançar a vitória,
No mundo que não tem fim!

UM DECRETO PARA O JULGAMENTO

Como já foi explicado no Capítulo 14, o Chamado do Juízo é usado para lidar com as forças do mal neste planeta. É importante lembrar que nós não fazemos o Chamado do Juízo para nos vingarmos de indivíduos ao lhes desejarmos mal. Um erro não conserta outro. Fazemos esse chamado para impedir a proliferação do mal, a energia por trás dele e impedir injustiças. Nós o usamos porque, sem nossas intensas súplicas por intervenção divina, muitas almas inocentes podem se tornar vítimas da ganância, da luxúria ou do ódio dos malfeitores.

Instrução:

Antes de usar o Chamado do Juízo devemos fazer os decretos do "Tubo de Luz" e do Arcanjo Miguel (Capítulo 16) para estabelecer um poderoso campo de proteção ao nosso redor. Podemos também fazer decretos da chama violeta (Capítulo 18).

Depois devemos fazer uma oração nomeando especificamente os problemas que queremos que terminem em resposta a este decreto e submeter o resultado à vontade de Deus. Podemos repetir o decreto várias vezes para o atar dos anjos caídos e a libertação de todas as pessoas.

A postura mais eficiente para fazer este decreto é de pé, com a mão direita levantada na altura do ombro, fazendo o *abhaya mudra* (gesto do destemor). A palma fica voltada para a frente, e os dedos apontados para cima. A mão esquerda deve ficar no meio do peito, sobre o chacra do coração, com o polegar e os dois primeiros dedos unidos apontando para dentro. Concentrem-se em seu coração e sintam o intenso amor de Deus fluindo de seu coração.

JESUS O CRISTO

O Chamado do Juízo
"Não passarão!"

Para o Julgamento dos Anjos Caídos que Juraram Inimizade contra os Filhos de Deus

Em nome do EU SOU O QUE EU SOU,
Invoco a Presença Eletrônica[1] de Jesus Cristo:
Não passarão!
Não passarão!
Não passarão!
Pela autoridade da cruz cósmica de fogo branco,
assim será:
Tudo o que é dirigido contra o Cristo
em mim, nos santos inocentes,
nos nossos amados Mensageiros,
em todos os filhos e filhas de Deus,
É devolvido agora
pela autoridade de Alfa e Ômega,
pela autoridade do meu Senhor e Salvador Jesus Cristo,
pela autoridade de Saint Germain!

EU SOU O QUE EU SOU no centro deste templo
e declaro na plenitude de
todo o Espírito da Grande Fraternidade Branca:
Que aqueles que praticam as artes negras
contra os filhos da Luz
São detidos agora pelas hostes do Senhor,
Recebem agora o juízo do Senhor Cristo
em mim, em Jesus
e em todos os Mestres Ascensos,
Recebem agora a total devolução —
multiplicada pela energia do Cristo Cósmico —
dos feitos nefastos que vêm praticando
desde a encarnação do Verbo!

Olhai, EU SOU um Filho de Deus!
Olhai, EU SOU uma Chama de Deus!
Olhai, estou firme sobre a rocha do Verbo vivo
E declaro com Jesus, o Filho vivente de Deus:

Não passarão!
Não passarão!
Não passarão!
Elohim. Elohim. Elohim. *(cantem esta última linha)*

UM DECRETO PARA ATAR O MORADOR DO UMBRAL

O decreto para atar o morador do umbral é uma fórmula alquímica para expulsar o acumulo da mente carnal de nos mesmos e dos anjos caídos.

Se vocês ainda não fizeram o decreto do "Tubo de Luz", o decreto do Arcanjo Miguel e da chama violeta nesta sessão de oração, façam-nos agora para que sua aura seja selada na luz. Depois continuem a fazer o próximo decreto.

Instrução:

Concentrem-se em seus corações e nomeiem os elementos do morador do umbral que desejam atar e expulsar. Também é possível nomear aspectos da consciência que foram infiltrados no tecido da sociedade pela consciência dos anjos caídos, tais como orgulho, egoísmo, ganância, medo, raiva, ódio e rebeldia.

"Eu Expulso o Morador do Umbral!"

Em nome da minha amada e Poderosa Presença do EU SOU e do meu Santo Cristo Pessoal, do Arcanjo Miguel e das hostes do SENHOR, em nome de Jesus Cristo, eu desafio o morador do umbral pessoal e planetário, e digo:

***Tu* não tens qualquer poder sobre mim! *Tu* não podes ameaçar ou manchar a face do meu Deus na minha alma! *Tu* não podes escarnecer ou tentar-me com passado, presente ou futuro, pois EU SOU e estou escondido com Cristo em Deus! EU SOU sua noiva! EU SOU aceito pelo SENHOR.**

Não *tens* poder para me destruir!
Por isso, sê *detido* pelo próprio SENHOR!
***Acabaram-se* os teus dias! Não podes mais viver neste templo!**

Em nome do *EU SOU O QUE EU SOU*, sê *detido*, ó tentador da minha alma! Sê *detido*, ó ponto de orgulho da queda original dos caídos! Não tens poder, não tens realidade, não tens valor! Não ocupas tempo ou espaço no meu ser.

Não tens poder no meu templo! Não podes mais roubar a Luz dos meus *chacras*! Não podes roubar a Luz da chama do meu coração ou na minha Presença do EU SOU!

Que sejas *preso*, portanto, ó Serpente e descendentes, e tudo o que foi implantado pela força sinistra, porque E*U SOU O QUE EU SOU*!

EU SOU o Filho de Deus neste dia e ocupo este templo completa e integralmente até o advento do SENHOR, até o Novo Dia, até que tudo tenha sido cumprido e até que esta geração de descendentes de Serpente desapareça.

***Consome* tudo, ó Palavra vivente de Deus!**

Pelo poder de Brahma, Vishnu e Shiva, pelo nome Brahman: EU SOU O QUE EU SOU e com toda a firmeza expulso o morador.

Que seja detido pelo poder das hostes do SENHOR! Que seja entregue às chamas do fogo sagrado de Alfa e Ômega, para que nunca mais possa tentar os inocentes e as crianças de Cristo.

***Que brilhe* o poder dos Elohim!**

Elohim de Deus! Elohim de Deus! Elohim de Deus!

Descei agora em resposta ao meu apelo. Como mandato do SENHOR — embaixo como no Alto —, ocupai agora!

***Detende* o eu caído! Detende o eu sintético! *Fora* daqui!**

***Detente* o caído! Pois não há nenhum resto ou resíduo na minha vida de qualquer parte desse ser.**

Eis que EU SOU, em nome de Jesus, o vencedor da morte e do inferno! (2x)

Eis que o *EU SOU O QUE EU SOU* em mim — em nome de Jesus Cristo — é *aqui e agora* o vencedor da morte e do inferno! Eis que está consumado!

DECRETOS PARA A MÃE DIVINA

Nesta Era de Aquário, devemos expressar mais o aspecto da Mãe em Deus. Podemos aumentar essa experiência oferecendo orações e devoções à Mãe Divina. Nos aproximarmos da energia do Feminino Divino nos ajuda a liberar a energia criativa feminina que há dentro de homens e mulheres — a energia da beleza, da criatividade, da intuição e da inspiração.

Quando elevamos o fogo sagrado da Mãe, podemos acessar o poder da Mãe Divina para ir em defesa de seus filhos. Podemos invocar a luz da Mãe para desafiar e vencer todo o abuso e profanação dos corpos da humanidade, alguns dos quais foram descritos no Capítulo 8 deste livro.

O conceito de Deus como Mãe não é novo na espiritualidade oriental. Os hindus que meditam na Mãe como a deusa Kundalini a descrevem como uma serpente enroscada cuja energia de luz ativa níveis de consciência espiritual em cada chacra conforme ela se eleva pela coluna vertebral, desde a base até a coroa.

Quer sejamos homens ou mulheres, estamos todos destinados a elevar essa luz sagrada de nosso ser mais profundo que jaz, dormente, dentro de nós. A chave para desatar a energia da *kundalini* é a adoração ao princípio da Mãe.

Mãe Maria me garantiu que a elevação da *kundalini* faz de fato parte da tradição ocidental, e foi por isso que ela apareceu para vários santos através do seguro método da elevação da luz da Mãe por meio do rosário. Os santos têm sido retratados com uma luz branca, ou halo, ao redor da cabeça porque eles elevaram a *kundalini* e abriram o chacra da coroa.[2] Eles entraram na bem-aventurança de Deus.

Sabemos que todos os grandes místicos do oriente e do ocidente (inclusive Ramakrishna, São João da Cruz, Santa Teresa de Lisieux e Padre Pio) passaram pela experiência interna de preenchimento pleno pela paixão divina, pela bem-aventurança do Amado, de modo a desafiar a compreensão.

Podemos começar a curar as aflições desta era nos unindo à Mãe Divina por meio da oração e do serviço. Para aumentar a eficácia de nossas orações é bom estabelecer fortes laços de devoção com aqueles que personificaram a Mãe Divina ao longo dos séculos — grandes luzes tais como Maria, a Mãe; Kuan Yin, a Bodhisattva da Compaixão; e as deusas hindus Parvati, Lakshmi, Kali e Durga.

> UMA FUGA MILAGROSA — O PODER DO ROSÁRIO

Em suas muitas aparições pelo mundo, a Mãe Abençoada enfatizou várias vezes que o rosário é a chave para a paz mundial.

Um dos exemplos mais espetaculares do poder dele aconteceu na Segunda Guerra Mundial, quando lançaram a bomba atômica em Hiroshima, em 1945, e cerca de 80 mil pessoas morreram instantaneamente. Todos dentro de um raio de um quilômetro e meio sucumbiram ao estrondo abrasador — com a exceção de oito homens que estavam vivendo perto do centro do ofuscante *flash* atômico. Outros, que moravam mais longe, também morreram, mas devido aos efeitos letais da radiação, menos esses oito homens.

Desde então, cerca de duzentos cientistas examinaram esses homens, tentando, em vão, determinar o que poderia tê-los salvado da morte por incineração. Um dos sobreviventes, o padre H. Shiffner, S.J. (Sociedade de Jesus), deu uma resposta dramática na TV americana: "Naquela casa se rezava o rosário todo dia. Naquela casa, nós vivíamos a mensagem de Fátima."[3]

Se um número suficiente de pessoas rezasse o rosário diariamente, disse Mãe Maria, isso "daria um reforço a todos os corações" e "preveniria a destruição de muitas vidas humanas durante os dias que virão". Ao fazermos o rosário de Maria, estamos participando do primeiro passo de seu plano para ajudar a trazer paz ao mundo.[4]

> UM ROSÁRIO DA NOVA ERA

No rosário escritural de Maria da nova era a oração da Ave Maria é diferente da versão católica tradicional. Ela substituiu a palavra "pecadores" por "filhos e filhas de Deus" e substituiu as palavras "agora e na hora da nossa morte" para "agora e na hora da nossa vitória sobre o pecado, a doença e a morte". Ela disse que era importante não continuarmos a aceitar o rótulo de "pecadores", e que devíamos afirmar a nossa verdadeira identidade como vitoriosos filhos e filhas de Deus.

A seguir, a Ave Maria no novo rosário:

AVE MARIA

Ave Maria, cheia de graça
O Senhor é convosco
Bendita sois vós entre as mulheres
e bendito é o fruto do vosso ventre, Jesus.

Santa Maria, Mãe de Deus,
Rogai por nós, filhos e filhas de Deus,
Agora e na hora da nossa vitória
Sobre o pecado, a doença e a morte.

Mãe Maria ensinou que quando dizemos "Ave, Maria", não estamos dando a nossa adoração a uma imagem ou pessoa de uma maneira idólatra, estamos saudando o raio da Mãe, o raio de Ma, que é o significado do nome Maria. Estamos oferecendo devoção ao princípio de Deus que é Mãe. Este princípio é universal em todas as culturas e religiões. O reconhecimento do princípio da Mãe, seja em culturas primitivas como deusa da fertilidade ou sob qualquer outra forma, é fundamental para a vida, para o nascimento, para as colheitas e assim por diante.

Então saudamos o raio da Mãe em Deus, no universo, em Mãe Maria e em todos os portadores de luz. Adoramos a luz dentro de cada santo — a luz que é Deus —, e não à personalidade. Ao rezar a Ave Maria regularmente, podemos elevar de forma segura e delicada as energias da *kundalini* para realizarmos o pleno potencial da nossa alma. E podemos invocar a luz da Mãe para derrotar as estratégias e as intenções malignas dos anjos caídos e para defender o povo de Deus neste planeta.

ORAÇÕES DE RENÚNCIA, SINTONIA E PAZ

Deixar o nosso eu espiritual atuar é uma atitude, é um modo de vida. Se algo na vida parece difícil demais para resolvermos, se sentimos que estamos vivendo no passado, sobrecarregados por eventos mundanos ou preocupados com o futuro, devemos dar um passo atrás, entregar conscientemente o problema ao nosso Eu Superior e esquecer o assunto. Use uma das orações simples a seguir: "Oração de Renúncia", "Oração de Sintonia" e "Afirmações para a Paz".

ORAÇÃO DE RENÚNCIA

Amado Cristo Pessoal, ocupa o meu ser e age através de mim hoje, para realizar o melhor nesta situação. Liberta-me de toda limitação autoimposta, da cegueira espiritual e dos hábitos que não sejam saudáveis, que não me permitem ver claramente a Ti e a Tua vontade. Amém.

PRECE DE SINTONIA

Amada e poderosa Presença do EU SOU, Pai de toda a Vida
— Intercede por mim hoje:
Preenche a minha forma.
Libera a Luz necessária
Para que eu faça a Tua Vontade,
E faz com que todas as decisões que eu tomar
Estejam de acordo com a Tua santa Vontade.
Faz com que as minhas energias sejam usadas para magnificar o SENHOR
Em todos os que encontrar.
Faz com que a Tua santa Sabedoria que me é transmitida
Seja usada de forma construtiva para a expansão do reino de Deus.
E acima de tudo, amado Pai Celeste,
Entrego-Te o meu espírito
E peço que, conforme a Tua Chama se torne uma só com a minha chama,
A união destas duas Chamas possa pulsar
Para produzir no meu mundo
A vigilância e sintonia constantes
Que preciso ter com a Tua Santa Presença,
Com o Espírito Santo e com a Mãe do Mundo.

AFIRMAÇÕES DE PAZ

Eu aceito o dom da paz no meu coração.
Eu aceito o dom da paz na minha alma.
Eu aceito o dom da paz na minha mente
E nas minhas emoções.
Digo a tudo o que procura tentar-me,
Afastando-me do meu centro de paz:
Paz, aquieta-me! Paz, aquieta-me!
Paz, aquieta-me!
EU SOU a chuva suave da paz.
EU SOU um servo da paz.
Estou selado no coração da paz.
Que o mundo permaneça
Numa aura de Paz Divina!

CAPÍTULO 20

A ERA DE OURO VINDOURA: UMA VISÃO PARA O FUTURO

Os registros de civilizações da era de ouro têm estado enterrados com os continentes que afundaram nos oceanos Atlântico e Pacífico. Mas esses registros não estão perdidos para sempre. Eles permanecem como impressões no éter, naquela substância e dimensão conhecida como *akasha*.[1] Portanto, ainda podem ser lidos e estudados por quem tiver a sensibilidade na alma elevada.

Apesar de tudo o que permanece acessível à nossa consciência desperta seja um conceito nebuloso ou sonho de uma era de ouro, essas memórias estão profundamente impressas nos recessos subconscientes das nossas mentes. Historiadores podem considerar contos de fadas, lendas ou mitologia essas memórias de alma sobre a história antiga do planeta, memórias bem antigas, de tempos antes da Queda do homem. Mas as nossas almas sabem a verdade, de modo que sentimos saudades daquele ideal que pode existir e que deve existir.

Ao longo das eras, homens de extraordinária visão acessaram os registros etéricos e nos inspiraram com seus escritos. Entre tais visionários se encontram Platão, Thomas More e Francis Bacon, que sonharam com a possibilidade de uma sociedade mais perfeita.

O mandamento de Jesus "Sede vós, pois, perfeitos, como perfeito é o vosso Pai que está nos céus"[2] se aplica a todas as nações, bem como a todos os indivíduos. Alcançar a perfeição de Deus é possível porque a perfeição é o estado natural do homem em direção ao qual a alma gravita, e porque esse estado já foi alcançado antes.

Como já foi dito, a Queda do homem se deu com a queda do princípio feminino na humanidade. Antes da queda dessa energia, antes da sujeição do aspecto feminino no homem e na mulher, existia uma fusão do Macrocosmo de Deus com o microcosmo da humanidade, uma fusão dos princípios do Masculino Divino e do Feminino Divino. E como esse estado de união e harmonia existiu durante períodos anteriores na história da humanidade, temos o sonho e a luta contínua para que isso volte a se realizar novamente.

Os membros das primeiras três raças-raízes foram os primeiros a caminhar no solo virgem do planeta. Eles não conheciam o sentimento de limitação ou de dificuldade, nem mesmo o peso de uma forma física densa como a que agora usamos. Os poderes que eles tinham seriam considerados milagrosos por aqueles cujas memórias rastreiam apenas o período relativamente curto no qual o planeta se encontra imerso em uma civilização e consciência sintéticas.

Essas primeiras almas saíram de Deus com corpos de luz transparentes, e mantinham-se vivas em um corpo por até mil anos. Quando reencarnavam, mantinham a memória, as faculdades e a mestria que haviam adquirido nas vidas anteriores.

Mark Prophet leu os registros akáshicos dessas primeiras eras de ouro e compartilhou a sua visão. É uma visão do que pode acontecer de novo na Terra:

> O planeta inteiro era um verdadeiro Jardim do Éden, e o homem comia de todas as frutas e ervas que eram carregadas com a essência do Espírito imortal pelos ajudantes da Natureza para energizar e revivificar sua mente e sua forma. O chão era transparente como cristal, e os raios do sol no centro da Terra brilhavam suavemente sob os pés do homem.
>
> A total ausência de maldade nessas primeiras civilizações da era de ouro não diminuíam a variedade e o atrativo da vida. Pelo contrário, as atividades e oportunidades para a criatividade dessas evoluções eram potencializadas pelas infinitas manifestações de Verdade e potencial ilimitado de expressão em ciência, arte, arquitetura, devoção e adoração ao Ser Supremo e comunhão sagrada entre o homem e a natureza — tudo inerente à consciência divina à qual todos tinham acesso direto.
>
> Durante o período de descanso, quando as almas da humanidade, junto a seus veículos inferiores, eram recarregadas para outro turno de serviço, havia um constante esplendor do núcleo de fogo branco, como uma aurora boreal. Assim, a escuridão total era desconhecida, e o mal como véu de energia não era mais real do que um conto de fadas. Para o Todo-Poderoso, o homem dava glória por cada conquista.
>
> O foco da adoração do homem era o Sol por trás do sol que dominava o dia, o símbolo da expressão do Filho Unigênito de Deus, cuja promessa se cumpriria em cada um. As estrelas definiam intervalos de tempo e de espaço e eram refletores gigantes da jubilosa adoração que o homem dedicava ao Ser Supremo Único. Essas coordenadas de cristal marcavam os cursos do homem — passado, presente e futuro — e aumentavam seus sentimentos místicos de alegria celestial, que reverberavam por toda a teia de vida, a *antahkarana* do cosmos.[3]

UM NOVO CÉU E UMA NOVA TERRA

Uma era de ouro na Terra é, sem dúvida, uma possibilidade, mas um pré-requisito para sua vinda é o julgamento final dos seres caídos. O requisito de que os Vigilantes sejam aniquilados e que os Nephilim sejam julgados, junto com sua descendência e seus gigantes, é deixado claro nos pronunciamentos do SENHOR Deus registrados nos anais de Enoque e na Bíblia. A visão de São João de "um novo céu e uma nova Terra" a virem após o juízo final da semente do maligno está registrada no Capítulo 21 do Apocalipse:

> Vi também a cidade santa, a nova Jerusalém, que de Deus descia do céu, ataviada como uma noiva para o seu noivo. E ouvi uma grande voz, vinda do trono, que dizia: Agora o tabernáculo de Deus está com os homens. Deus habitará com eles, e eles serão o seu povo, e o próprio Deus estará com eles, e será o seu Deus.
>
> Deus enxugará de seus olhos toda lágrima. Não haverá mais morte, nem pranto, nem clamor, nem dor, pois já as primeiras coisas são passadas.
>
> E o que estava assentado no trono disse: Faço novas todas as coisas. E disse-me: Escreve, pois estas palavras são verdadeiras e fiéis.
>
> Disse-me mais: Está cumprido. Eu sou o Alfa e o Ômega, o princípio e o fim. A quem tiver sede, de graça lhe darei da fonte da água da vida.
>
> Quem vencer herdará todas as coisas; e eu serei seu Deus, e ele será meu filho...

João descreveu uma cidade de ouro e joias, onde só prevalecia a luz de Deus:

> Então veio um dos sete anjos...
>
> E levou-me em espírito a um grande e alto monte, e mostrou-me a grande cidade, a santa Jerusalém, que descia do céu, da parte de Deus.
>
> Ela brilhava com a glória de Deus, e o seu brilho era semelhante a uma pedra preciosíssima, como o jaspe cristalino...
>
> O muro era construído de jaspe, e a cidade era de ouro puro, semelhante a vidro límpido.
>
> Os fundamentos do muro da cidade estavam adornados de toda espécie de pedras preciosas. O primeiro fundamento era de jaspe; o segundo, de safira; o terceiro, de calcedônia; o quarto, de esmeralda;
>
> O quinto, de sardônica; o sexto, de sárdio; o sétimo, de crisólito; o oitavo, de berilo; o nono, de topázio; o décimo, de crisópraso; o décimo primeiro, de jacinto; o décimo segundo, de ametista.
>
> As doze portas eram doze pérolas; cada uma das portas era uma só pérola. A praça da cidade era de ouro puro, como vidro transparente.
>
> Nela não vi templo, porque o seu templo é o Senhor Deus Todo-Poderoso, e o Cordeiro.
>
> A cidade não necessita nem do sol, nem da lua, para que nela resplandeçam, pois a glória de Deus a ilumina, e o Cordeiro é a sua lâmpada.

As nações andarão à sua luz; e os reis da terra trarão para ela a sua glória e honra.

As suas portas não se fecharão de dia, e noite ali não haverá.

E a ela trarão a glória e a honra das nações.

E não entrará nela coisa alguma impura, nem o que pratica abominação ou mentira, mas somente os que estão inscritos no livro da vida do Cordeiro.[4]

Assim São João nos assegura que ver o fim da era da semente do maligno implica presenciar o alvorecer de uma era de ouro.

ACELERAÇÃO É O REQUISITO

Passar para uma era de ouro requer uma aceleração de consciência nas pessoas e, portanto, a eliminação da consciência dos anjos caídos. O Arcanjo Uriel, o servo do SENHOR que leva a semente do maligno ao banco dos réus, explica:

Quando os anjos caídos são levados a julgamento, quando o joio é separado do trigo... há a mão de Deus [...] que desce, simbolicamente, e há a aceleração das próprias vibrações da Terra. E há o apanhar dos filhos de Deus num poderoso arrebatamento, pois eles são levantados na nova onda de luz e na nova vibração de luz.

O arrebatamento é a descida do Cristo ao templo de seu povo, acelerando assim a sua vibração para que não vejam mais a morte,[5] porque não usam mais corpos sujeitos às leis da mortalidade e da morte. E há uma elevação planetária pelo poder da ressurreição, por meio do imenso poder dos arcanjos que se colocam como coordenadas na Terra [...] E há um fogo sagrado. E vós vereis que todas as poluições da terra, dos rios, das águas, da atmosfera e do corpo terrestre se aceleraram e que é restaurada a pureza.

E, portanto, a era de ouro... virá no comprimento de onda e na vibração que não está neste plano denso, mas que se acelerou a partir dele. Todos os que são da luz serão encontrados juntos nesse arrebatamento da união com o amado Cristo Pessoal. E todos que o receberam como o Deus dos deuses dentro do templo estão unidos pelo Espírito Santo e se reconhecem para todo sempre como um (na consciência crística) [...]

[...] Há o período anterior ao julgamento dos anjos que caíram e o período após o seu julgamento. Estes períodos são conhecidos no céu como as eras das trevas que precedem a grande era de ouro, que não pode se manifestar na Terra a não ser que venha o julgamento.

Portanto, entendei o significado da aceleração da luz. Entendei a nova luz dentro do vosso corpo e da vossa alma. Entendei que esse povo precisa elevar-se à sagrada montanha de Deus e [...] separar-se do mundo que ainda é controlado pelos anjos caídos.[6]

O ARCANJO URIEL COM SATÃ CAÍDO

A OPORTUNIDADE AO ALCANCE DA MÃO

Considerem o princípio da névoa e do cristal. A névoa é carente de forma, não se solidifica. É a energia do retorno do carma que ainda não desceu à forma física. Antes que se cristalize, a névoa pode ser lida e conhecida como um registro cármico ainda não resolvido cujo tempo ainda não chegou. Quando toda a areia tiver caído da ampulheta e a resolução for de fato exigida, podemos dizer que a névoa virou cristal.

Portanto, o tempo e o espaço nos concedem uma opção de transmutar o carma antes que aquele carma seja cobrado — como pagar uma hipoteca, por assim dizer, antes que o cobrador tome de nós a nossa fazenda, o nosso negócio ou a nossa casa. E estarmos encarnados no nosso planeta significa precisamente isto. Que temos uma janela de oportunidade para transmutar tudo de ruim que fizemos e todos os registros de iniquidade no planeta, uma oportunidade agora de fazer coisas boas e de implorar a intercessão misericordiosa do Todo-Poderoso.

A união com Deus é a chave da vitória de uma era. Se bilhões de pessoas no planeta pudessem compreender isto e saber como Deus está próximo de nós e como ele nos quer bem, não haveria ameaça de cataclismo, de grande reviravolta planetária e de coisas terríveis ocorrendo no fim desta era.

Certo dia, ao meditar, eu considerava os problemas da Terra e vi a alma da humanidade como se estivesse em um veleiro. Vi com muita clareza esse navio passando por um canal estreito ladeado por montanhas altas, como um fiorde. As águas estavam agitadas, e as laterais do barco tiveram de ser cuidadosamente guiadas para evitar colisão contra as paredes. (Entendi isso como um símbolo dos extremos de esquerda e direita no mundo.) Eu vi o navio sendo guiado pela mão de Deus. Indivíduos responsáveis pegaram o leme e passamos em segurança pelo caminho estreito. E finalmente vi, lá bem longe, há muitas milhas de distância, a abertura e a grande luz do sol brilhando sobre o mar dourado.

Eu compartilho com vocês esta visão e os convido a rezar. Convido-os a usar a oração como grande força que guia as suas vidas. Eu acredito que se invocarmos a chama violeta para a transmutação dos registros negativos no planeta e em nossas almas e subconscientes, então Deus abrandará as profecias das trevas.

Tenho a suprema confiança de que Deus pôs em nós os recursos naturais e espirituais para que possamos enfrentar todos esses problemas. Acredito que a profecia que trago é esta: Se nós, o povo de Deus, temos a verdade sobre o que enfrentamos no planeta Terra hoje em dia, e se aproveitarmos nossa capacidade e oportunidade de entrar em contato com Deus por meio da Ciência da Palavra Falada e da oração feita de coração, então, e só então, pela graça de Deus, nós podemos mudar o curso da história.

NOTAS

PREFÁCIO — UM DAQUELES GRANDES MOMENTOS...

1. Lemúria, ou Mu, era o nome do continente perdido do Pacífico, que, de acordo com as pesquisas de James Churchward, arqueólogo e autor de *O continente perdido de Mu,* se estendia por 5 mil quilômetros do norte do Havaí ao sul da Ilha de Páscoa e das Ilhas Fiji, e consistia em três áreas que abrangiam mais de 8 mil quilômetros de terra de leste a oeste. A história que Churchward conta da antiga Terra da Mãe tem por base os registros inscritos em tábuas sagradas que ele diz ter descoberto na Índia. Com a ajuda do sumo sacerdote de um templo indiano, Churchward decifrou as tábuas e, durante cinquenta anos de pesquisas, confirmou seu conteúdo ao encontrar mais escritos, inscrições e lendas no sudeste da Ásia, na península de Iucatã, nas Américas do Norte e Central, nas ilhas do Pacífico, no México, no antigo Egito e em outras civilizações. Ele acreditava que Mu tenha sido destruída há aproximadamente 12 mil anos pelo colapso das câmaras de gás que sustentavam o continente.

A Atlântida era a ilha continente que ficava onde hoje se encontra o oceano Atlântico, e que afundou em um cataclismo (o Dilúvio de Noé) há cerca de 11.600 anos, de acordo com os cálculos de Churchward. O continente perdido foi vividamente descrito por Platão, "visto" e descrito por Edgar Cayce em suas leituras, relatado em cenas da obra *O romance da Atlântida*, de Taylor Caldwell, e cientificamente explorado e autenticado pelo falecido cientista alemão Otto Muck. Em seus diálogos, Platão relata que, "na ilha da Atlântida, havia um enorme e maravilhoso império" que governava a África até o Egito, a Europa até a Itália e "partes do continente" (entendido como referência à América, especificamente à América Central, Peru e o Vale do Mississipi). Foi reconhecido que a Atlântida e as pequenas ilhas a leste e oeste formavam uma só faixa ininterrupta de terra ligando a América à Europa e à África.

Ver James Churchward, *O continente perdido de Mu* (São Paulo: Hemus, 1972); Otto Muck, *O fim da Atlântida* (São Paulo: Círculo do Livro, 1982); Ignatius Donnelly, *Atlantis: The Antidiluvian World* (Nova York: Dover Publications, 1976); Phylos, o tibetano, *Um habitante de dois planetas* (Curitiba: Biblioteca Rosacruz, 1994).

2. Ver Robert Belle Burke (trad.), "The Opus Majus of Roger Bacon", Vol. 1 (Filadélfia: University of Pennsylvania Press, 1928), pp. 400-401.

3. Jesus veio demonstrar a senda da cristicidade pessoal para que pudéssemos realizar a plenitude do Filho de Deus em nós. A palavra *Cristo* vem do grego *Christos*, que significa "ungido". Jesus era chamado de "Cristo" por ter a plena unção da

luz do Deus Todo-Poderoso. O cristianismo não tem direito exclusivo sobre a senda universal da consciência mais elevada como ensinada e demonstrada por Jesus Cristo. João 1:9 dá a confirmação das escrituras de que este é o direito de nascença de todo filho de Deus. "A luz verdadeira que ilumina a todos os homens estava vindo ao mundo." (Jo 1:9) Por isso, ser a manifestação do Cristo significa ser a luz daquela consciência crística universal, ou o Filho de Deus universal.

4. George Santayana, *Reason in Common Sense*, Vol. 1 de *The Life of Reason* (Nova York: Dover Publicatons, 1980), p. 284.

CAPÍTULO 1 — OS MISTÉRIOS PROIBIDOS DE ENOQUE: A HISTÓRIA DOS HOMENS E DOS ANJOS QUE NÃO FOI CONTADA

1. Is 14:12-15; Lc 10:18; Ap 12:7-9.

2. Gn 32:24-26; Os 12:4.

3. Gn 19:1-11.

4. Jz 13:2-21.

5. Franz Delitzsch, *New Commentary on Genesis*, trad. Sophia Taylor, 2 vols. (Edimburgo: T. & T. Clark, 1888), 1:225.

6. Filastrius, *Liber de Haeresibus*, no. 108.

7. Delitzsch, *New Commentary on Genesis*, p. 223.

8. A tradução do Dr. Laurence (edição de 1883), atualizada com novas notas de rodapé, foi reimpressa em *Anjos caídos e as origens do mal*, de Elizabeth Clare Prophet.

9. Enoque 10:15. Acredito que as setenta gerações já passaram pelo planeta há muito tempo e que esta é a era do julgamento. A descendência dos Vigilantes está à solta e foi espalhada pelo planeta para o teste final das almas de luz.

10. R. H. Charles, ed. e trad., *The Book of Enoch* (Oxford: Clarendon Press, 1893), pp. 148-50.

11. Enoque 15:8.

12. Zohar: 1:55 a-55b.

13. Ver "Referências ocultas aos Vigilantes (e Nephilim) nas Escrituras", p. 297 em *Anjos caídos e as origens do mal*, de Elizabeth Clare Prophet (Rio de Janeiro: Nova Era, 2003).

14. Mt 5:5.

15. Mt 26:24.

16. Enoque 38:2.

17. Lc 6:24.

18. Enoque 93:7.

19. Jd 4, 12, 13.

20. Jd 14, 15.

21. Ef 3:16; Cl 1:27.

22. Do grego *ho eklelegmenos*, literalmente, "o ser eleito".

23. Charles Francis Potter, *The Lost Years of Jesus Revealed*, versão revista (Greenwich, Conn.: Fawcett, 1962), p. 97.

24. Filhos de Belial: a semente do anjo caído Belial, que tentou suplantar a semente de Cristo a todo custo. No Antigo Testamento, *belial* costuma ser interpretado como substantivo comum, significando inutilidade, impiedade ou maldade. Em II Co 6:15 Belial é usado como nome próprio para um príncipe dos demônios. Alguns trabalhos judeus apócrifos fazem de Belial sinônimo de Satanás, e, em seu *Paraíso perdido*, Milton o descreve como um dos anjos caídos.

25. Enoque 54:5.

26. Jo 12:31. Ver *The Scofield Reference Bible* (Nova York: Oxford University Press, 1945), p. 1.133, anotação de margem d.

27. Mt 5:28.

28. Todos nós temos quatro corpos inferiores que são invólucros de nossa alma. A alma usa esses corpos como veículos para progredir espiritualmente: (1) o corpo físico, que podemos ver e tocar; (2) o corpo astral, ou corpo de desejos, que contém nossas emoções; (3) o corpo mental, que vem a ser nossa mente consciente; e (4) o corpo etérico, o corpo da memória que contém todas as lembranças de todas as nossas vidas passadas.

29. Is 14:16-19.

30. A não ser que se descubra que etimologicamente o termo "homem" foi aplicado em certas instâncias para outros seres além dos habitantes da Terra (isto é, os extraterrestres, ou os Nephilim), o uso de "homem" para Lúcifer indica fortemente que Isaías acreditava que "o exilado" havia tomado corpo de homem mortal.

31. Cipriano, *The Treatises of Cyprian, Ante-Nicene Fathers*, 5:556; Aphrahat, "Select Demonstrations", em *Gregory the Great, Ephraim Syrus, Aphrahat*, ed. James Barmby e John Gwynn, *A Select Library of Nicene and Post-Nicene Fathers of the Christian Church*, ed. Philip Schaff e Henry Wace, 2d ser. 14 vols. até hoje (1890-1899; reedição ed. Grand Rapids, Mich.: Wm. B. Eerdmans, 1979-) 13 (1898): 353.

32. Algumas cópias do Septuaginto grego traduzidas para o hebraico usam "anjos de Deus" no lugar de "filhos de Deus" (Gn 6:2). Ver Charles, *The Book of Enoch*, p. 62.

33. Bernard Jacob Bamberger, *Fallen Angels* (Filadélfia: Jewish Publication Society of America, 1962), pp. 78-79; Julius Africanus, *The Extant Fragments... of the Chronography of Julius Africanus*, Ante-Nicene Fathers, 6:131.

34. Jd 6.

35. J. H. Kurtz, *History of the Old Covenant* (Edimburgo: T & T. Clark, 1859), 1:98. Ver também Jó 1:6; 2:1 e comentários em 1:6 na Bíblia de Jerusalém e na Bíblia de Estudo

de Ryrie, cap. Pss. 29:1; 82:1; 89:6. Os "filhos de Deus" em Dt 32:8 (Bíblia de Jerusalém) são geralmente considerados pelos eruditos como sendo anjos — especificamente, os anjos guardiães designados a nações. Existe uma teoria segundo a qual escribas massoréticos dos séculos VI a X consideravam que essa ideia levava à adoração desses anjos guardiães, e, portanto, mudaram as palavras originais em hebraico, "filhos de Deus" (que eles sabiam que significava "anjos"), para "filhos de Israel" — que acabou chegando à Bíblia do Rei James. Manuscritos prémassoréticos descobertos recentemente provam que "filhos de Deus" era o termo original em hebraico.

Devemos considerar que o termo "filhos de Deus" pode originalmente ter se referido aos filhos de Deus no céu, seres crísticos dois quais Jesus foi um. Alguns desses filhos de Deus podem ter caído por causa da ambição inapropriada de criar no planeta, por meio de sua semente crística, uma super-raça que comandaria os meros habitantes da Terra ou a criação dos Nephilim para seguirem as sendas da virtude e, enfim, se reunirem a Deus. Apesar de bem-intencionados em seu desejo de melhorar a evolução do planeta, esses filhos de Deus, provavelmente, não tiveram aprovação divina. Portanto, os Vigilantes, que já caíram e foram julgados indignos de ascender a Deus e perderam o fogo sagrado de sua unção original, teriam se determinado de um jeito ou de outro a dominar a vida no planeta com seu intelecto superior e sua presença avassaladora, resto de sua herança perdida. Se os Vigilantes realmente fossem os filhos caídos de Deus e os Nephilim fossem os anjos caídos, poderíamos entender tanto a diferença de seus *modus operandi* e de suas razões de ser, e a diferença de suas naturezas, que segue notável ainda hoje.

Após ser mal-interpretada, a doutrina do filho único gerado por Deus — ou seja, Jesus, o Ungido — se mostra sem cabimento para os cristãos de hoje em dia. Todavia, quando corretamente compreendida, a doutrina de Cristo, "o Filho Unigênito de Deus", é revelada à alma pelo Espírito Santo como sendo o Eu verdadeiro de todo filho de Deus, "a Luz que ilumina (acende a centelha divina em) todo homem que vem ao mundo". Cristo, a Luz, o Verbo, é, portanto, um cargo e um manto que o filho de Deus, pela graça do Pai, pode "vestir" e "se tornar," plenamente integrado com e assimilando o Filho Unigênito de Deus até que ele encarne esse Cristo — isto é, essa chama do Cristo ou consciência crística, a qual Jesus, como a encarnação do Filho de Deus, tinha o poder de acender, como escreve João: "Mas a todos os que o receberam, àqueles que creem no seu nome, deu-lhes o poder de serem feitos filhos* de Deus — filhos nascidos não do sangue, nem da vontade da carne, nem da vontade do homem, mas de Deus." (João 1:12-13)

Acredito que João e Paulo receberam esse ensinamento de Jesus. Pois João também diz: "Amados, agora somos filhos de Deus, e ainda não se manifestou o que havemos de ser. Mas sabemos que, quando ele se manifestar, seremos semelhantes a ele, porque assim como é, o veremos. E todo o que nele tem esta esperança, purifica se a si mesmo, como também ele é puro." (1 João 3:2-3)

---

* Em grego *tekna*, "crianças" ou "prole".

Paulo, que foi instruído diretamente por Jesus, de planos superiores, menciona a unidade de Cristo, bem como o "homem interno" em várias passagens: "Sejais fortalecidos com poder pelo seu Espírito no homem interior, para que Cristo habite nos vossos corações." (Ef. 3:16-17) "Porque sois filhos, Deus enviou aos nossos corações o Espírito de seu Filho, que clama: Aba, Pai. Assim, já não és mais escravo, mas filho; e se és filho, és também feito herdeiro por Deus por meio de Cristo." (Gl. 4:6-7) "Eu vivo, e já não vivo, mas Cristo vive em mim." (Gl. 2:20) "A eles Deus quis fazer conhecer quais são as riquezas da glória deste mistério entre os gentios, que é Cristo em vós, a esperança da glória." (Cl. 1:27) "Porque todos os que são guiados pelo Espírito de Deus são filhos de Deus. Pois não recebestes o espírito de escravidão para outra vez estardes em temor, mas recebestes o espírito de adoção, pelo qual clamamos: Aba, Pai! O mesmo Espírito testifica com o nosso espírito que somos filhos de Deus. Se nós somos filhos, logo somos também herdeiros; herdeiros de Deus e co-herdeiros de Cristo, se é certo que com ele padecemos, para que também com ele sejamos glorificados. [...] A ardente expectativa da criação aguarda a revelação dos filhos de Deus." (Rm 8:14-17,19) "Para que sejais irrepreensíveis e sinceros, filhos de Deus inculpáveis no meio de uma geração corrompida e perversa, entre a qual resplandeceis como astros no mundo." (Fp 2:15)

Apesar de a Bíblia se referir claramente aos filhos de Deus no céu e a anjos no céu, parece que a distinção entre estes dois tipos de seres espirituais com dois tipos distintos de cargos celestiais se perdeu para o entendimento dos filhos de Deus na Terra. Parece que o termo "filho de Deus" designa um ser de maior luz e mestria, que foi coroado com mais glória e honra do que a que foi conferida aos anjos, mas que ainda precisa crescer para a plena estatura do Jesus Cristo escolhido pelo Pai para ser o Verbo encarnado, nutridor de nossas almas.

36. Bamberger, *Fallen Angels*, p. 79.

37. J. T. Milik, ed. e trad., *The Books of Enoch: Aramaic Fragments of Qumram Cabe 4*, (Oxford: Clarendon Press, 1976).

38. Ibid., p. 31.

39. Ibid.

40. Julian Morgenstern, The Mythological Background of Psalm 82, *Hebrew Union College Annual* 14 (1939): 106.

41. Ibid., pp. 106-7.

42. Bíblia de Jerusalém.

43. Morgenstern, *Mythological Background of Psalm 82*, p. 107.

44. Ibid., p. 82.

45. Paul D. Hanson, "Rebellion in Heaven, Azazel and Euhemeristic Heroes in 1 Enoch 6-11", *Journal of Biblical Literature* 96, nº 2 (1977): 218.

CAPÍTULO 2 — A QUEDA DE LÚCIFER, DO HOMEM, E A CHEGADA DOS RETARDATÁRIOS

1. Gospel of Bartholomew, 4:54, em *The Apocriphal New Testament* (Novo testamento apócrifo), trad. M. R. James (Oxford: Clarendon Press, 1924), em www.gnosis.org/library/gosbart.htm

2. Ver Hb 9:23.

3. Gn 2:17.

4. Ver Ap 20:14; 21:8. Ver também Ez 18:4, 20.

5. Gn 4:2-8.

6. Gn 4:22.

7. Gn 4:26.

8. O segundo livro de Adão e Eva, caps. 19-22, em *The Lost Books of the Bible and the Forgotten Books of Eden* (Nova York: New American Library, Meredian Book, 1974). Também publicado em *Anjos caídos e as origens do mal*, de Elizabeth Clare Prophet, pp. 367-377.

9. Filhos de Deus, homens ou anjos. Ver notas do Capítulo 1, número 39.

10. Dt 7:1-3.

11. Antes do afundamento da Atlântida, enquanto Noé ainda estava construindo sua arca e avisando às pessoas do grande Dilúvio que haveria, o Mestre R (de Rakoczy) pediu a Saint Germain e a alguns sacerdotes leais para transportar a chama da liberdade para um lugar seguro nos contrafortes dos montes Cárpatos que hoje é a Romênia. Ali eles executaram o ritual sagrado de expandir os fogos da liberdade, apesar de o carma da humanidade já estar sendo exigido por decreto divino. Em encarnações posteriores, Saint Germain e seus seguidores, sob a liderança do Mestre R, continuaram a guardar o santuário. Depois, o Mestre R, assistido por Saint Germain, estabeleceu um retiro espiritual no local da chama e fundou a Casa Real de Rakoczy. O retiro, que um dia já existiu no plano físico agora se encontra no plano etérico.

12. Mark L. Prophet, *The Soulless One: Cloning a Counterfeit Creation*, pp. 95-96, 99.

13. Mt 13:24-30, 36-43.

14. Jo 8:44.

15. Ef 6:12.

16. Mark L. Prophet, *Soulless One*, pp. 96, 98.

CAPÍTULO 3 — ESTRATÉGIAS, TÁTICAS E MENTIRAS DOS ANJOS CAÍDOS

1. Mt 10:16.

2. O termo "Filho do homem" (com "f" maiúsculo), que Jesus usou em referência

à sua própria missão, define a alma que desceu da Presença do EU SOU como o Filho de Deus (ver explicação da Imagem do Seu Eu Divino). Integrada ao Cristo Pessoal, essa alma é agora, como um arquétipo, a presença da alma universal da humanidade. Como na vida de Jesus, o Cristo (Luz) de um se torna o Cristo (Luz) para todos. E o Filho do homem é perpetuamente um com o Santo Cristo Pessoal, e passa a representar o Santo Cristo Pessoal de todas as almas em evolução no planeta.

O termo "filho do homem" (com "f" minúsculo) se aplica a todas as almas que encarnam com a missão de manter a Luz, de equilibrar o seu carma, de cumprir o seu plano divino e de retornar a Deus no ritual da ascensão. O termo "filho do homem" indica que o potencial de Filiação Divina existe por meio da senda da cristicidade pessoal — vestindo, dia a dia, a veste do seu Senhor.

3. Ap 12:12.

4. 1 Sm. 17:4-50.

5. Gn 11:1-9.

6. Gn 11:8.

7. Ap 12:14; Dn 7:25; 12:7.

8. Jo 1:9.

9. Citado em *A senda do crescimento pessoal*, de Mark L. Prophet e Elizabeth Clare Prophet, (Carrancas, MG: Summit Lighthouse do Brasil, 2009).

10. Ap 12:10.

11. Jo 14:12.

12. Filhos e Filhas de Deus. Até nos tornarmos o Cristo, somos filhos e filhas de Deus, com "f" minúsculo. À medida que avançamos na cristicidade, podemos chegar ao ponto de sermos chamados de Filho ou Filha de Deus com "F" maiúsculo, aqueles que se tornaram no Cristo Jesus é o Filho de Deus com "f" maiúsculo e ele é a plena encarnação do Cristo, a plena encarnação do Verbo. Não somos iguais a Jesus Cristo por não termos alcançado a plena mestria que ele alcançou. Mas temos o potencial e a semente de luz dentro de nós pela qual Deus espera que sigamos os passos de Jesus Cristo.

13. Jo 1:9

14. Ver Jo 14:23

15. Os nove dons do Espírito são (1) a palavra de sabedoria, (2) a palavra de conhecimento, (3) a fé, (4) dons de curar, (5) operar milagres, (6) profecia, (7) discernimento de espíritos, (8) variedades de línguas, (9) interpretação de línguas. (Ver 1 Co 12:1, 4-11.)

16. Santo Agostinho (354-430), bispo e um dos primeiros Patriarcas da Igreja. Teólogos da primeira hora embalaram a ideia de que o estado miserável em que nos encontramos é de alguma forma relacionado à Queda de Adão e Eva no Jardim do Éden. No entanto, foi Santo Agostinho quem formulou esse conceito na forma que veio a se tornar um dos pilares da teologia cristã — o pecado original. Agostinho ale-

gou que coisas ruins acontecem a pessoas boas porque todas são más por natureza, e a única chance de superar essa maldade original seria acessando a graça de Deus por meio da Igreja. Como Agostinho escreveu: "Ninguém será bom sem ter antes sido mau" ("City of God" 15.1, em *Nicene and Post-Nicene Fathers*, 1st. ser., 2:285.).

17. Sl 51:5.

18. Rm 8:17.

CAPÍTULO 4 — O JOIO NO MEIO DO TRIGO

1. Os arquivos da Grande Fraternidade Branca ficam no mundo celestial. Esses registros contêm a verdadeira história da Terra, do sistema solar, da galáxia e do universo. Eventos desconhecidos e não registrados na história dos homens, mas que precisam ser de conhecimento comum, estão registrados de modo que os filhos de Deus possam realizar seu destino nesta era.

2. Jo 3:3.

3. Jo 3:13.

4. Jo 8:23.

5. Enoque 14:4; 12:7; 13:1.

6. Mt 23:27.

7. Erich Fromm, *O coração do homem* (Rio de Janeiro: Zahar, 1970).

8. Mt 13:24-30.

9. Mt 7:1; Lc 6:37.

10. I Jo 4:1.

11. O Eu Verdadeiro também é conhecido como Eu Superior, a parte de nós identificada com Deus. Trata-se do Espírito imortal que é o princípio animador de toda manifestação. Ver também o Capítulo 11.

12. Mc 4:25; Mt 13:12; 25:29; Lc 8:18; 19:26.

13. Sl 94:3.

14. Jo 9:39.

PARTE II

INTRODUÇÃO: ACUMULANDO PODER E CONTROLE

1. Chacra – sânscrito: "roda", "disco", "círculo". Os chacras são os centros de energia espiritual no homem. Os sete chacras principais estão posicionados ao longo da coluna, da base até a coroa. São transformadores redutores internos que regulam a energia de Deus de acordo com as necessidades de nossos quatro corpos inferiores.

CAPÍTULO 5 — MANIPULAÇÃO ECONÔMICA GLOBAL

1. William Rees-Mogg, *The Reigning of Error: The Crisis of World Inflation*, p. 66. Ver também David Hackett Fischer, *The Great Wave: Price Revolutions and the Rhythm of History* (Nova York: Oxford University Press, 1999).

2. *Pérolas de sabedoria*, Vol. 23, no. 7. Apesar de Saint Germain ter dito isto em 1980 e estar se referindo aos Estados Unidos, suas palavras são igualmente relevantes para as condições econômicas de muitas nações atualmente, mesmo tendo se passado mais de trinta anos. Todas as citações de Saint Germain neste capítulo vêm dessa fonte.

3. Labor sagrado. O chamado, meio de vida ou profissão específica pela qual uma pessoa estabelece o valor de sua alma, tanto para si mesma quanto para seus semelhantes. O ser aperfeiçoa seu labor sagrado ao desenvolver os talentos concedidos por Deus, bem como os dons e as graças do Espírito Santo, usando-os a serviço da humanidade. O labor sagrado não é apenas a contribuição que se faz à comunidade, mas é também um componente indispensável da senda de reunião com Deus pela doação de si mesmo na vida dedicada à Deus.

4. Gl 6:7, 8.

5. *Pérolas de sabedoria*, Vol. 31, número 3.

6. *Encyclopaedia Britannica*, Macropaedia, 15a. edição, s.v. "Fugger Family."

7. O uso de mensagens subliminares na publicidade foi analisado em três livros de Wilson Bryan Key: *Subliminal Seduction: Ad Media's Manipulation of a Not So Innocent America, Media Sexploitation* e *The Clam-Plate Orgy* (Nova York: New American Library, 1973, 1976, 1980).

8. Gn 3:4.

CAPÍTULO 6 — TERRORISMO E ANARQUIA INTERNACIONAIS

1. Rm 3:8.

CAPÍTULO 7 — MANIPULAÇÃO GENÉTICA

1. Registros akáshicos. As impressões de tudo que já se tornou conhecido no universo físico fica registrado em uma substância e dimensão conhecida como *akasha* (sânscrito, da raiz *kās*, que significa "ser visível, aparecer", "brilhar forte", "ver claramente"). O *akasha* é uma substância primordial, a essência etérea que preenche todo o espaço; energia "etérica" vibrando a certa frequência para absorver, ou registrar, todas as impressões da vida. Esses registros podem ser lidos por adeptos e por aqueles cujas faculdades (psíquicas) da alma estão desenvolvidas.

2. Edgar Evans Cayce, *Edgar Cayce on Atlantis*, ed. Hugh Lynn Cayce (Nova York: Warner Books, 1968), pp. 71-72.

3. Ibid., pp. 60, 69.

4. Brad Steiger, *Atlantis Rising* (Nova York: Dell Publishing Co., 1973), p. 63

5. Gn 1:11, 12.

6. Gn 6:4.

7. Golem — em hebraico, substância embriônica ou incompleta, matéria disforme: no folclore judaico, um servo robotizado feito de argila e trazido à vida por meio da pronúncia do nome sagrado de Deus sobre sua forma, escrevendo o nome de Deus em um pedaço de papel e colocando-o na boca do golem, ou escrevendo o termo para verdade (*emeth*) em sua testa. Se o papel ou inscrição fosse removido, o golem se reduziria a um monte de argila. Na Idade Média, a crença na criação de golens era comum, e foi atribuída a vários rabinos por toda a Europa.

A mais famosa lenda de golem, que tem diversas variações e inspirou novelistas e dramaturgos, é a do rabino Judah Loew (ou Löw), de Praga (c. 1520-1609), figura histórica, praticante de cabala e literato talmudista. Dizem que ele criou um homem de argila e lhe deu vida para defender os judeus de Praga de cristãos supersticiosos que os acusavam de usar o sangue de bebês cristãos para assar seus *matzohs* (pães não fermentados). O golem servia como agente do rabino e descobriu quem estava espalhando os falsos rumores. Ele fazia tarefas para o rabino Loew durante a semana, e toda sexta-feira à noite o rabino o transformava novamente em um monte de argila, tirando a inscrição de sua testa, pois todas as criaturas devem descansar no Sabbath (ou, de acordo com outra versão da lenda, porque o rabino temia que o golem profanasse o Sabbath).

Numa sexta-feira, contudo, o rabino se esqueceu de fazer isso, e o golem se transformou em um louco perigoso logo antes de começar o Sabbath. O rabino Loew foi atrás da criatura e finalmente o pegou, o atacou furiosamente e arrancou de sua testa o sagrado nome de Deus, e jamais o trouxe de volta à vida. A história do rabino Loew foi a base da famosa novela de Gustav Meyrink, *Der Golem* (1915); de um filme do cinema mudo baseado na novela de Meyrink (1920), que serviu como arquétipo para filmes posteriores que tinham Frankenstein como tema; e a peça de H. Leivick, *The Golem: A Dramatic Poem in Eight Scenes* (1921). Ver Isaac Bashevis Singer, "The Golem is a Myth of Our Time", *New York Times*, 12 de agosto de 1984; Arnold L. Goldsmith, *The Golem Remembered, 1909-1980: Variations of a Jewish Legend* (Detroit: Wayne State University Press, 1981), pp. 15-20: Gershom Scholem, *On the Kabbalah and Its Symbolism*, trad. Ralph Manheim (Nova York: Schocken Books, 1969), pp. 180, 199, 202-3; The Universal Jewish Encyclopedia, s.v. "Golem".

CAPÍTULO 8 — PROFANAÇÃO DA CULTURA DA MÃE

1. 1 Co 3:16.

2. Kabir, de acordo com citação de Swami Prabhavananda e Christopher Isherwood (trad.), *How to Know God* (Hollywood, Calif.: Vedanta Press, 1981), p. 158.

3. Ap 12:3-6, 13, 15-17.

4. *Pérolas de sabedoria*, Vol. 17, no 5.

5. Os Senhores do Carma distribuem a justiça no planeta Terra, sentenciam o carma, a misericórdia e o julgamento em prol de cada alma. Todas as almas devem passar pelo Conselho do Carma antes e depois de cada encarnação, recebendo previamente suas tarefas e fardos cármicos para cada vida e a avaliação de seu desempenho no fim. Os Senhores do Carma têm acesso aos registros completos de todas as encarnações no planeta de cada alma. Eles determinam quem vai encarnar, bem como onde e quando. Eles encaminham almas para famílias e comunidades, levando em consideração o carma que deve ser equilibrado. O Conselho do Carma, agindo em consonância com o Eu Superior do indivíduo, determina quando a alma ganha o direito de se libertar da roda do carma e do ciclo de renascimento.

6. Como registrado em *The Forgotten Books of Eden*, os filhos de Jarede (descendentes de Sete) foram enganados, para que descessem a Sagrada Montanha de Deus, pelos filhos de Caim, que cometiam todo tipo de abominação e cantavam músicas sensuais vale abaixo. Ver Elizabeth Clare Prophet, "Prólogo aos filhos de Jarede extraído do Segundo Livro de Adão e Eva", *Anjos caídos e as origens do mal*, pp. 367-77.

7. Pv 14:12.

8. *Pérolas de sabedoria*, Vol. 27, nº 32.

9. Cerca de 4,5 milhões de crianças e jovens americanos abaixo de 18 anos de idade foram diagnosticados com distúrbio de hiperatividade com déficit de atenção (DHDA), de acordo com estatísticas de 2006 dos centros de controle e prevenção de doenças.

Os médicos costumam tratar essas doenças com drogas modificadoras de comportamento para permitir que a criança se acalme e se concentre no aprendizado. Ritalina, a droga prescrita com maior frequência, contém um poderoso psicoestimulante que está na mesma classe das drogas que a cocaína, mas com efeitos descritos como ainda mais potentes e potencialmente viciantes. Outras drogas usadas para tratar crianças com DHDA podem causar alucinações, comportamento progressivamente agressivo, pensamentos e comportamentos suicidas, derrame e ataque cardíaco. Os efeitos de longo prazo que essas drogas causam nas crianças e jovens são desconhecidos.

Uma preocupação crucial é o diagnóstico equivocado, pois não há testes específicos para a enfermidade, apenas avaliação subjetiva. Cerca de 1 milhão de crianças podem estar sendo impropriamente diagnosticadas com DHDA por razões que incluem observação inadequada antes do diagnóstico, pressão para acelerar o tratamento e avaliação de comportamento imaturo para o grau da criança ou jovem. (Esta última razão, em alguns casos, é atribuída quando a criança é mais jovem do que seus colegas de sala.)

Hoje em dia, 90% das vendas de Ritalina estão concentradas nos EUA. Há relatos de crianças de até 2 anos de idade sendo medicadas com Ritalina, apesar de a droga ser aprovada apenas a partir dos 6 anos de idade.

Para mais informações, inclusive possíveis causas e terapias naturais, ver http://search.mercola.com/Results.aspx?k=ritalin. Ver também "Ritalin and ADHD — Recent Developments", de J. Huber, http://webhost.bridgew.edu/jhuber/readings/ritalin_and_adhd_recent_developments.html (visto em 09/01/2010).

10. Ver David Gutierrez, "Prescription Drugs Kill 300 Percent More Americans Than Illegal Drugs" (Remédios com receita matam 300% mais americanos do que drogas ilegais), *Natural News*, 10 de novembro de 2008, http://www.truth-out.org/111208HA

11. Richard Martin, "Prescription Drug Epidemic Spreads to Babies" (Epidemia de remédios controlados se espalha entre bebês), *St. Petersburg Times*, em 16 de julho de 2010, http://www.tampabay.com/news/health/prescription-drug-epidemic-spreads-to-babies/1109348

12. Só nos Estados Unidos, mais de 440 mil mortes por ano estão ligadas ao fumo. Cerca de 49 mil das mortes relacionadas ao tabaco por ano se devem à exposição à fumaça produzida por fumantes, ou fumo passivo. Em todo o mundo, o uso do tabaco costuma causar cerca de 5 milhões de mortes por ano, e este número deve aumentar para 8 milhões de mortes por ano em 2030. Fumantes morrem em média de 13 a 14 anos antes que os não fumantes. Ver http://www.cdc.gov/tobacco/data_statistics/fact_sheet/fast_facts/index.htm

13. Ver Helen Wambach, *Life before Life* (Vida antes da vida) (Nova York: Bantam Books, 1979), p. 26.

14. Em *Life before Life* a Dra. Wambach apresenta constatações sobre tópicos tais como "optando por viver novamente", "quando a alma entra no feto" e "filhos adotivos, nascimentos prematuros e cesarianas".

15. A hipnose, mesmo quando realizada com a melhor das intenções, pode nos tornar espiritualmente vulneráveis. Ela pode nos expor a elementos do subconsciente e do inconsciente do praticante. Por meio da hipnose também podemos descobrir prematuramente registros de eventos de vidas passadas para os quais não estamos preparados para lidar.

16. Wambach, *Life before Life*, p. 164.

PARTE III

INTRODUÇÃO: RELEMBRANDO A PROFECIA DE ENOQUE

1. Jd 14,15.

CAPÍTULO 9 — ENTENDENDO A PROFECIA

1. Mt 24:6-8.

2. Jn 3:7-9.

3. *Pérolas de sabedoria*, Vol. 29, nº 75.

4. *Pérolas de sabedoria*, Vol. 30, nº 46.

5. *Pérolas de sabedoria*, Vol. 39, nº 12.

6. Crianças de rua. Saint Germain transmitiu esta mensagem no Brasil em 1996. Em áreas urbanas e países em desenvolvimento de todo o mundo, crianças sem lar, chamadas de crianças de rua, moram e trabalham em público. Dormem em edifícios vazios, parques, até mesmo em caixas de papelão, e procuram comida em latas ou depósitos de lixo. É comum que essas crianças acabem se voltando para a mendicância, o crime — roubos, tráfico de drogas e prostituição — ou comecem a trabalhar para vendedores de rua. Em algumas cidades, a polícia e grupos civis, tentando "limpar" tais áreas, acabam agredindo e, em casos extremos, até matando essas crianças.

7. *Pérolas de sabedoria*, Vol. 39, nº 12.

PARTE IV

INTRODUÇÃO: NUM PISCAR DE OLHOS

1. Mt 3:10; 7:17-20; Lc 3:9, 6:43.

2. 1 Co 15:52.

CAPÍTULO 11 — ACEITE SUA IDENTIDADE DIVINA

1. Gn 1:26, 27.

2. Sl 82:6, 7. Ver também Jo 10:34.

3. Ex 33:16; Lv 20:24, 26; 2 Co 6:14-18.

4. Ex 3:13-15.

5. 1 Jo 3:1,2.

6. Sidney Spencer, *Mysticism in World Religion* (1963; reedição, Gloucester, Mass.: Peter Smith, 1971), p. 250.

7. De 303 a 311, os cristãos sofreram sua mais severa perseguição em Roma, durante o império de Diocleciano. Seus decretos, que foram levados adiante por seu sucessor, Galério, levaram à destruição de Igrejas e livros sagrados, à escravização de empregados domésticos cristãos, tortura e morte de cerca de 1.500 devotos. A obstinação dos cristãos, que se recusavam a oferecer sacrifícios aos deuses e a homenagear o imperador romano, e também o estarrecedor crescimento de sua religião, representavam uma ameaça à ordem estabelecida. Porém as perseguições não con-

seguiram suprimir a expansão do cristianismo, e Galério, que estava doente e desenganado, emitiu um decreto de tolerância em 311, pouco antes de falecer, pedindo em troca pela "gentil clemência" que os cristãos rezassem por ele. No que é considerado uma virada crucial do cristianismo, Constantino, competindo para controlar o Império Romano, venceu uma batalha decisiva em 312 após ter a visão de uma cruz no céu com as palavras "com este símbolo vencerás", e então ordenou a seus soldados para que pintassem a cruz em seus escudos, de acordo com as instruções que recebera em sonho. Constantino se tornou imperador em 324 e, apesar de se declarar cristão, continuou a apoiar tanto o cristianismo quanto o paganismo.

Apesar de Constantino ter se tornado um defensor ainda mais resoluto da causa cristã, batizado em seu leito de morte, alguns historiadores sustentam que ele usou a religião espertamente como forma de alcançar seus objetivos políticos. Em 325, quando a amarga controvérsia ariana ameaçou causar uma dissidência na Igreja, o próprio Constantino convocou o primeiro conselho ecumênico com mais de trezentos bispos em Niceia, presidiu a sessão de abertura e participou dos debates, pois "na controvérsia ariana jaz um enorme obstáculo à realização da ideia de Constantino de um império universal que seria alcançado com a ajuda da universalização de culto" (*The New Schaff-Herzog Encyclopedia of Religious Knowledge*, s.v. "Nicaea [Nice], Councils of").

Arius ensinou que Cristo não era igual nem eterno com o Criador, mas, como o *Logos*, era o primeiro e mais elevado dos seres criados, considerando que seus oponentes disseram que o Filho era "de uma substância com o Pai". Como observa o historiador Will Durant: "Se Cristo não era Deus, toda a estrutura da doutrina cristã começaria a rachar, e se fosse permitida divisão nessa questão, o caos na crença acabaria destruindo a unidade e a autoridade da Igreja e, portanto, seu valor enquanto apoio ao Estado." O conselho rejeitou a posição de Arius e adotou o Credo de Niceia, que dizia em parte: "Acreditamos em um Deus, o Pai Todo-Poderoso [...] e em um Senhor Jesus Cristo, o Filho de Deus, o Filho unigênito de seu Pai [...] Deus de Deus, Luz da Luz, Deus verdadeiro do Deus verdadeiro."

Atanásio, que se tornou o principal proponente do Credo de Niceia, explicou que o objetivo de seu credo era mostrar que "as semelhanças entre Filho e o Pai, e sua imutabilidade, são diferentes das nossas: pois em nós elas são características adquiridas e crescem através do cumprimento dos mandamentos divinos" (*A Select Library of Nicene and Post-Nicene Fathers of the Christian Church* [Grand Rapids, Mich.: Wm. B. Erdmans Publishing Company, 1979], 2ª ed, 14:3-4).

Ário, excomungado pelo conselho, foi exilado por decreto de Constantino, que também ordenou que todos os seus livros fossem queimados, punindo a desobediência com pena de morte. Alguns dos bispos que concordaram com o decreto na presença de Constantino expressaram remorso posteriormente. "Só ao retornar para casa", diz Wilson, "Eusébio de Nicomédia, Maris de Chalcedon e Teógnis de Niceia reuniram coragem para expressar a Constantino, por escrito, o quanto se arrependiam de ter assinado a fórmula de Niceia: 'Nós cometemos um ato ímpio, ó príncipe', escreveu Eusébio de Nicomédia, 'ao subscrever uma blasfêmia por medo de Sua Alteza' [...] Apesar de nenhum evangelho tratar Jesus como Deus, nem mesmo Paulo ter feito isso, o mestre judeu fora declarado Deus Verdadeiro por toda eternidade, e toda uma nova teologia fluiu a partir disso [...] Mesmo no evangelho de João, que é o mais inclinado a fazer de Jesus um ser divino, está escrito que ele disse categoricamente: 'o Pai é maior do que eu." (João 14:28)

Ademais, o envolvimento do imperador em assuntos da Igreja criou um precedente para a liderança civil em conselhos eclesiásticos. Niceia "marcou a substituição do paganismo pelo cristianismo como expressão religiosa e apoio ao Império Romano", diz Durant. "Com a ajuda de Constantino, o cristianismo se tornou um estado, bem como uma Igreja, e o modelo, por 14 séculos, da vida e do pensamento europeu". Ver Ian Wilson, *Jesus: The Evidence* (São Francisco: Harper and Row, 1984), pp. 162, 168, 176; e Will Durant, *Caesar and Christ*, Vol. 3 de *The Story of Civilization* (Nova York: Simon and Schuster, 1944), pp. 652, 659, 661, 664.

8. Hans Jonas, *The Gnostic Religion* (Boston: Beacon Press, 1963), p. 34.

9. Evangelho de Felipe 67:26, 27; 61:29-35, in James M. Robinson, ed., *The Nag Hammadi Library in English* (São Francisco: Harper & Row, 1977), pp. 140, 137.

10. Êx 33:20.

11. Êx 3:2.

12. 1 Co 15:41.

13. Cl 2:8-10.

14. Filhos e Filhas de Deus. Ver nota do Capítulo 3, número 12.

15. Mt 3:17.

16. Ec 12:6.

17. *Ratnagotravibhāga* 1.28, in Edward Conze *et al.*, edit., *Buddhist Texts through the Ages* (1954; reedição, Nova York: Harper and Row, Harper Torchbooks, 1964), p. 181.

18. *The Upanishads*, trad. Juan Mascaró (1974; reedição, Baltimore: Penguin Books, 1965), pp. 61, 60, 59.

19. Ibid., p. 66.

20. *Meister Eckhart: Sermons and Treatises*, trad. e ed. M. O'C. Walshe (Longmead, Shaftesbury, Dorset: Element Books, 1987), 3:107.

21. Joseph James, comp., *The Way of Mysticism* (O caminho do misticismo) (Nova York: Harper and Brother Publishers, s.d.), p. 64.

CAPÍTULO 12 — DOMINE O INIMIGO INTERNO

1. Elaine Pagels, *The Gnostic Gospels* (Nova York: Random House, 1979), p. 152.

2. Robinson, *Nag Hammadi Library in English*, p. 125.

3. Mt 6:24.

4. Robinson, *Nag Hammadi Library in English*, p. 149.

5. Robert McQueen Grant, *Gnosticism and Early Christianity* (Nova York: Harper, 1966), p. 80.

6. G. R. S. Mead, trad., *Pistis Sophia: A Gnostic Gospel* (Blauvelt, N.Y.: Spiritual Science Library, 1984), pp. 278, 279.

7. Fp 4:7.

8. Citado em Mark L. Prophet e Elizabeth Clare Prophet, *Paths of Light and Darkness*, pp. 206-8.

CAPÍTULO 13 — RECRIE A SI MESMO

1. Jo 5:30; 14:10.

2. Fp 2:6.

3. Dt 33:25.

4. Mt 18:20.

5. Mt 6:34.

6. Sl 38:12; 64:5; 141:9; Pv 22:5; Jr 5:26; 18:22.

7. Ver Mark L. Prophet e Elizabeth Clare Prophet, *Os ensinamentos ocultos de Jesus 4 - Descobrindo o Deus interior* (Rio de Janeiro: Nova Era, 2006).

8. Citado em Mark L. Prophet e Elizabeth Clare Prophet, *Mensagem de Maria para um novo dia* (Rio de Janeiro: Nova Era, 2006).

9. Mãe Maria transmitiu o Rosário Escritural para a Nova Era junto com mensagens e cartas dirigidas às suas crianças, publicadas em *Mensagem de Maria para um novo dia* e *Mensagem de Maria sobre o amor divino*. Os 13 rosários contidos nesses livros correspondem a cada dia da semana, mais seis noites. Maria transmitiu o Décimo Quarto Rosário (o Mistério da Renúncia), bem como outro rosário escritural, o Rosário da Criança, de 15 minutos e indicado para crianças e adultos, publicado em *Mensagens de Maria para os momentos felizes*.

10. *Alquimia de Saint Germain: fórmulas para a autotransformação* (Rio de Janeiro: Nova Era, 1996).

11. *Bhagavad-gita*, VIII:12.

12. Zohar 3:294a, citado em *The Wisdom of the Zohar: An Anthology of Texts*, 3 Vols., comp. Isaiah Tishby e Fischel Lachower, trad. David Goldstein (1989; reedição, Nova York: Oxford University Press para a Litman Library of Jewish Civilization, 1991), 3:952.

13. Mark L. Prophet, 21 de agosto de 1970.

14. Gn 18:20-32.

15. Gn 19:24.

16. *Pérolas de sabedoria*, Vol. 29, no 58.

17. 1 Jo 4:4.

CAPÍTULO 14 — O JULGAMENTO DE DEUS SOBRE HOMENS E ANJOS

1. Js 24:15.

2. Ver At 1:7.

3. Ap 20:11, 12.

4. Mt 21:33-41.

5. Enoque 16:5.

6. Ver Enoque 37:3; 38:1; 45:1; 56:1. O Livro de Enoque e todos os outros textos de Enoque foram publicados em *Anjos caídos e as origens do mal: por que a Igreja ocultou o Livro de Enoque e suas impressionantes revelações*, de Elizabeth Clare Prophet (Rio de Janeiro: Nova Era, 2002).

7. 1 Co 6:2-3.

8. Mt 16:19, 18:18.

9. Jo 16:23, 24. Ver também Mt 21:22, João 14:13; 15:16.

PARTE V

INTRODUÇÃO — O INGREDIENTE-CHAVE DE TODA ALQUIMIA

1. Mt 12:37.

2. A sílaba sagrada AUM (ou OM) tem sido entoada há milhares de anos. O Aum transmite a frequência do Verbo, que se expressou como origem da criação. Tudo que se manifesta vem do Aum sagrado, e a ele tudo retorna. No Oriente, os iogues reconheceram o Aum como o mantra dos mantras. Na Bíblia, o apóstolo João escreveu: "No princípio era o Verbo, e o Verbo estava com Deus, e o Verbo era Deus." (João 1:1)

Considera-se o Aum o símbolo mais abstrato e, simultaneamente, o mais concreto da divindade. Como manifestação de poder espiritual, ele significa a presença do Absoluto dentro de *maya*, o transitório. Quando entoamos o Aum, estamos afirmando o nosso ser verdadeiro. Cantar essa silaba é como cantar o EU SOU O QUE EU SOU, o nome de Deus dado a Moisés. Ele sintoniza a alma com esta energia, a plenitude do Eu Verdadeiro, em cuja imagem e semelhança somos feitos.

CAPÍTULO 15 — O PODER CRIATIVO DO SOM

1. Aryeh Kaplan, *Jewish Meditation: A Practical Guide* (Nova York: Schocken Books, 1985), pp. 56-57.

2. Um mantra é uma palavra ou combinação de palavras consideradas sagradas. Muitos mantras são compostos de palavras em sânscrito. De acordo com a tradição hindu, os mantras foram recebidos por ascetas inspirados por Deus que conseguiam ouvir os sons fundamentais do universo.

3. Js 6:1-20.

4. Lâminas de arado e podadeiras. Ver Is 2:4; Jl 3:10; Mq 4:3.5.

5. Is 45:11; Jó 22:27, 28.

6. Is 65:24.

7. John Woodroffe, *The Garland of Letters* (Pondicherry, Índia: Ganesh and Co.,

5. s.d.) pp. 4-5; Jo 1:1; Gn 1:3.

8. Sl 18:8; Jó 41:19; Jr 5:14; Ap 11:5.

9. Arcanjo Gabriel, *Mysteries of the Holy Grail*, pp. 268-69.

10. Hb 1:3.

11. Jo 5:8; Mc 4:39; Lc 8:24.

12. Jo 5:25; 11:43.

13. Mt 6:9.

14. Jo 11:25; 8:12; 10:10; 14:6.

15. Ver Herbert Benson, com Miriam Z. Klipper, *The Relaxation Response*, rev. ed. (Nova York: Harper Collins Publishers, Quill, 2001).

16. Para saber mais sobre as encarnações de Saint Germain, ver Mark L. Prophet e Elizabeth Clare Prophet, *Senhores dos sete raios* (Carrancas, MG: Summit Lighthouse do Brasil, 2002).

17. Gautama Buda, *The Dhammapada*.

18. Para mais ensinamentos sobre a ciência dos decretos, ver Mark L. Prophet e Elizabeth Clare Prophet, *A ciência da palavra falada* (Carrancas, MG: Summit Lighthouse do Brasil, 2007).

CAPÍTULO 16 — INVOCAR A PROTEÇÃO ESPIRITUAL

1. Êx 13:21, 22; Nm 14:14; Ne 9:12, 19; Sl 78:14.

2. Dn 12:1.

3. *St. Michael, Defend Us in Battle* (s.l.: Marian Press, s.d.).

4. Sl 24:1; 1 Co 10:26, 28).

5. São é usado aqui como termo de honra, denotando que o Arcanjo Miguel carrega o poder e a presença de Deus.

CAPÍTULO 17 — SAINT GERMAIN: PATRONO DA ERA DE AQUÁRIO

1. Cada um dos sete raios tem um hierarca, chamado de senhor, que focaliza a consciência crística daquele raio. Antes de ser designado para o cargo na hierarquia celestial o candidato deve demonstrar mestria no raio ao longo de numerosas encarnações. Cada era astrológica é acompanhada por uma dispensação de Deus

para o avanço espiritual da humanidade. A visão de uma era é mantida pelo mestre em comando, chamado hierarca, ou senhor, dessa era.

2. João 2:1-11.

3. Encarnações de Saint Germain. Ver nota 16 do Capítulo 15.

4. Citado em *Saint Germain: Master Alchemist*, pp. 13-15.

CAPÍTULO 18 — TRANSFORMAR O MUNDO COM A CHAMA VIOLETA

1. Is 1:18.

2. Mt 6:22.

3. Mc 10:27.

CAPÍTULO 19 — MAIS DECRETOS PARA PROBLEMAS PESSOAIS E PLANETÁRIOS

1. Presença Eletrônica: uma poderosa réplica de um mestre ascenso, a plenitude de seu corpo de luz tangível, que pode ser focalizada no tempo e no espaço dentro da aura de um discípulo. Um devoto que invoca um mestre ascenso (em nome do EU SOU O QUE EU SOU) pode receber a bênção de sua Presença Eletrônica.

2. De acordo com o escritor Philip St. Romain: "Não há nada no cristianismo comparável com o conceito hindu de chacras [...] e da energia da *kundalini*. Também não se encontra no cristianismo nada parecido com a espiritualidade do sistema de ioga, que foi feito para conduzir a pessoa pelos vários centros para vivenciar a união. Todavia, os chacras [...] e o despertar da *kundalini* podem ser identificados nas experiências de inúmeros místicos cristãos." (*Kundalini Energy and Christian Spirituality* [Nova York: Crossroad, 1991], pp. 74-75.)

3. Francis Johnston, *Fatima: The Great Sign* (Washington, N.J.: AMI Press, 1980), p. 139. Em sua mensagem às crianças em Fátima, Mãe Maria avisou que o mundo é frágil, que os "pecados" da humanidade (carma) deixaram a Terra em situação precária. Seu remédio: rezar e rapidamente reparar os erros cometidos que magoaram os outros. Ela descreveu três passos específicos para alcançar a paz mundial: recitação do rosário, devoção a seu Imaculado Coração e penitência. Ver "O plano de Maria para a paz", em *As profecias de Saint Germain para o novo milênio*, Capítulo 10 (Rio de Janeiro: Nova Era, 1999).

4. Ver o Rosário Escritural de Maria "Os Mistérios Gloriosos" em *Mensagem de Maria para um novo dia,* (Rio de Janeiro: Nova Era, 2006). Esse rosário é especialmente adequado para os tópicos abordados neste livro.

CAPÍTULO 20 — A ERA DE OURO VINDOURA: UMA VISÃO PARA O FUTURO

1. Registros akáshicos. Ver nota do Capítulo 7, nº 1.

2. Mt 5:48.

3. Ver Mark L. Prophet e Elizabeth Clare Prophet, A *senda do crescimento pessoal*, (Carrancas, MG: Summit Lighthouse do Brasil, 2005).

4. Ap 21:2-7, 9-11, 18-27.

5. Gn 5:24; Hb 11:5.

6. *Pérolas de sabedoria*, Vol. 24. nº 15.

CRÉDITOS DAS IMAGENS

Queremos reconhecer e agradecer aos seguintes editores pela autorização recebida para publicar o seguinte material:

ARCANJO MIGUEL, vitral de Tifanny Studios, frontispício, Capela de São Pedro, Mare Island, Vallejo, Califórnia, EUA.

LÚCIFER CAÍDO: LÚCIFER (o gênio do mal), de Guillaume Geefs, Catedral de São Paulo, Liége, Bélgica, fotografia de Luc Viatour, www.lucnix.be

ATLANTIS
de Ariel Bessemer
SAINT GERMAIN
de Charles Sindelar
NOSSO PAI ENOQUE
JACÓ LUTANDO COM O ANJO DO SENHOR
de Gustave Doré
LÚCIFER CAÍDO
de Guillaume Geefs
ANJOS EXPULSOS DO PARAÍSO
de Gustave Doré
SATÃ CAÍDO SE RENDE AOS ANJOS DO SENHOR
de Gustave Doré
ADÃO E EVA NO JARDIM
de Gustave Doré
ADÃO E EVA SENDO EXPULSOS DO JARDIM
de Gustave Doré
O ASSASSINATO DO VIRTUOSO ABEL
de Gustave Doré
A TORRE DE BABEL
de Gustave Doré
O CONSELHO DE NICEIA
PÁGINAS DA BIBLIOTECA DE NAG HAMMADI
A IMAGEM DO SEU EU DIVINO
JESUS, O CRISTO
ARCANJO URIEL COM SATÃ CAÍDO
W. Harley, *Obras Poéticas* de John Milton

Este livro foi composto na tipologia Lucida Fax Regular, corpo 9/13, com títulos em Mason Bold, corpo 15/17, e impresso em papel off-set 75g/m^2 na Yangraf.